教育部人文社会科学研究项目（05JA79007）研究成果

东北老工业基地
循环经济发展模式研究

Development Mode of Circular Economy in
Old Northeast Industrial Base

尚杰　姜国刚　于晓萍◎著

人民出版社

目　录

前　言

循环经济理论起源于20世纪60年代，是一种以资源的高效利用和循环利用为核心，以"减量化、再利用、再循环"为原则，以低消耗、低排放、高效率为基本特征的符合可持续发展理念的经济增长模式。20世纪80年代末90年代初以来，随着可持续发展战略的普遍推行，发达国家对发展循环经济的重视程度日渐提升，将其作为实现环境与经济协调发展的重要途径，各国在循环经济理论研究和经济实践中已经取得一定成果，积累了丰富的经验，对我国的循环经济发展具有借鉴意义。

东北地区资源和能源储量丰富，为新中国工业化进程提供了充足的动力。在新中国成立之初的大规模建设中，东北地区基本形成以钢铁、机械、石油、建材、煤炭等重工业为主体的工业基地。粗放型增长方式对资源的过度开采和低效率利用，不仅使资源日渐枯竭，同时也对环境造成了严重污染，东北地区的经济发展面临着资源环境瓶颈，也面临着经济结构调整和增长方式转变的考验。当前，东北地区正处于重要的战略转型期，国家振兴东北老工业基地的战略为东北加快产业调整、加速经济振兴创造了历史性机遇，通过发展循环经济实现东北老工业基地的振兴是东北地区经济发展的必然选择，也是东北老工业基地新型工业化道路的必然选择。

本书的研究重点在于通过借鉴发达国家循环经济发展的经验，结合东北老工业基地的现实情况，探讨如何正确认识并贯彻经济与资源、环境协调发展的原则,在东北振兴进程中实现资源节约和有效利用,实现经济与环境的整体协调发展,为东北老工业基地循环经济发展的模式和带动机制的选择提供参考,为东北老工业基地走新型工业化道路、实践科学发展观提出具有理论意义和现实意义的对策建议。

本书是教育部人文社会科学研究项目(05JA79007)《东北老工业基地循环经济发展模式与带动机制研究》和黑龙江省博士后启动基金项目《黑龙江省循环经济发展战略与对策研究》的研究成果。

第一章　循环经济概述

第一节　研究循环经济的背景与意义

自然资源是人类赖以生存和发展的基础,是经济和社会可持续发展的保证,资源供给能力的保障是区域经济发展的基础,更是国家安全战略的重要组成部分。

20世纪90年代中后期,主要发达国家进入后工业化时代,科学技术的发展推动了生产工艺和产业技术的进步,同时也在逐步解决工业污染和生活污染问题,但是,大量生产、生活废弃物以及垃圾处理产生的再次污染等问题逐渐成为后工业化阶段环境保护和可持续发展的主要障碍。循环经济作为一种符合可持续发展理念的经济增长模式,以"减量化、再利用、再循环"为核心原则,以低消耗、低排放、高效率为基本特征,以提高社会经济活动生态效率为目标,成为各国解决环境问题的重要途径和有效手段。从20世纪60年代美国经济学家E.鲍尔丁在"宇宙飞船理论"中提出循环经济这一概念,到现在经过几十年的发展,国外循环经济实践已经构建起比较完善的法律法规体系,摸索形成有效的循环经济发展模式,为我国进行循环经济实践提供了宝贵经验。

改革开放以来,我国经济发展态势良好,呈现高速增长趋势,但是,随着资源过度开发和能源消费的迅猛增长,我国生态环境污染十分严重,制约着经济社会的可持续发展。根据相关研究机构计算,20 世纪 90 年代中期,我国每年由生态和环境破坏带来的损失占 GDP 的比重达到 8% 以上,这说明我国的经济增长是以生态环境为代价的①。我国在实施循环经济方面是具有超前意识的,1999 年以来,国家环保总局将发展循环经济、建设生态工业园区作为提供区域环境治理、促进区域可持续发展、实现经济和环境"双赢"的重要举措,积极试点,稳步推广,在理论探索、技术研究、政策引导和试点实践等方面取得很大进步。

相对于发达国家在后工业化阶段发展循环经济而言,我国目前处于以重化工为特征的工业化中期,所面临的各种生态环境问题更加具有复杂性,解决这些问题的艰巨性是发达国家并未遇到的。所以,在借鉴发达国家循环经济理论与实践的核心内容的基础上,我国的循环经济理论与实践首先指向了污染严重的工业生产领域,然后扩展到农业生产和社会消费领域,旨在转变"高消费、低产出、高排放"的经济增长方式,解决经济发展与资源环境之间的尖锐矛盾,创建资源节约型和环境友好型社会,为构建和谐社会服务②。

东北老工业基地作为国家经济发展的重工业基地,在过去的粗放型经济增长过程中,对资源无度开发,造成资源的巨大浪费,同时也对生态环境造成严重破坏。近年来,东北三省在国家振兴东北老工业基地战略的带动下,加快发展和改革步伐,在经济水平、社会发展方面都有所进步,但是资源的过度开发利用和环境严

---

① 马凯:《大量推进循环经济发展》,《中国投资》2004 年第 11 期。
② 徐云:《绿色概念——21 世纪经济与环境发展大趋势》,中国科学技术出版社 2004 年版,第 25 页。

重污染,使东北地区面临能源、资源和生态环境方面的矛盾,经济发展遇到了资源与环境的瓶颈问题。目前东北老工业基地正处于经济振兴期,正确认识并贯彻经济与资源、环境协调发展的原则,认识到资源和环境保护是振兴东北老工业基地的基础,正确处理好能源、资源与生态环境方面的矛盾,抓住东北振兴的战略机遇,走新型工业化道路,是东北三省未来发展的必然选择和重大挑战。如何实现"资源节约与环境友好型社会",如何实现经济的可持续发展,如何从根本上实现生产方式的转变,在经济振兴进程中避免或减轻对资源、环境的进一步破坏,依据区域特色实现区域内资源的节约与有效利用,实现区域经济与环境的整体协调发展,这些问题的出现使各界纷纷展开讨论。循环经济作为新型经济发展模式,具有与传统线性经济完全不同的特点,是解决上述问题的有效途径。

本书将探索如何使东北老工业基地在改造过程中,不仅关注企业的发展、产量的提高、效益的创造,更要关注资源的节约与环境的保护。对产生污染的企业,不再采取简单的罚款、限产与停产手段,而是通过技术与制度的创新,使其将环境的外部性内部化,从长期促进经济、社会与环境的协调发展。本书将论证通过发展循环经济模式提升和改造东北地区传统产业,使老工业基地摆脱以往高能耗、高污染的传统工业化道路,走人与自然和谐发展的新型工业化道路,从而促进东北地区实现可持续发展,真正实现社会、经济、环境的协调发展。本书对东北老工业基地的振兴具有较强的实际借鉴意义,循环经济是东北地区走新型工业化道路,实践科学发展观,长期全面建设小康社会和构建和谐社会的必选道路。

本书将环境价值计量、环境伦理学、可持续发展理论、生态经济理论、制度经济学等理论与学科作为循环经济的基础学科,为循环经济奠定了基础理论。同时,回顾总结发达国家在循环经济发展过程中的模式、方法。针对循环经济发展提出区域循环经济发展水平评价指标及评价模型,提高了循环经济发展模式的可操作性,有助于循环经济的深入发展。探索具有区域特色的循环经济发展模式,使循环经济理论在区域经济发展中具体化,增强实践层面的可行性,进一步完善与丰富循环经济的基础理论。

第二节　循环经济理论框架

循环经济作为一种新型经济发展模式,是对传统线性经济模式的根本性转变,也是实现经济社会可持续发展的重要途径。探讨东北老工业基地循环经济发展问题,必须首先深刻认识循环经济的基本理论,包括其基本概念和内涵、特征、原则、实施方式及其与传统线性经济之间的区别。在此基础上,才能根据循环经济理论指导,针对东北老工业基地经济发展存在的问题和不足,对其循环经济发展模式及带动机制进行更为深刻的研究。

一、循环经济的概念与内涵

(一)循环经济的概念

循环经济(Cycle Economy, Closed Cycle Economy, Circular Economy)一词,是对物质闭环流动型经济(Closing Materials Cycle Economy)、资源循环经济(Resources Circulate Economy)的简称,对于循环经济的概念和定义,在理论界尚未形成统一的意见。

德国于1996年出台《循环经济和废物管理法》,将循环经济定义为物质闭环流动型经济,明确企业生产者和产品交易者担负着维持循环经济发展的最主要责任①。日本学者对于循环经济大多用"循环型社会"表示。所谓循环型社会，是指在资源开采、生产、流通、消费、废弃等社会经济活动的整个过程中，通过抑制废弃物的产生及利用循环资源等，尽可能减少对天然资源的消费量，尽可能减轻环境负荷的社会②。

　　国家发展与改革委员会环境和资源综合利用司指出，循环经济应当是指通过资源的循环利用和节约，实现以最小的资源消耗、最小的污染获取最大的发展效益的经济增长模式。其原则是"减量化、再利用、资源化"。其核心是资源的循环利用和节约，最大限度地提高资源的利用效率。其结果是节约资源、提高效益、减少环境污染。国务院发展研究中心研究员周宏春将循环经济定义为，通过废弃物和废旧物资的循环再生利用来发展经济，目标是使生产和消费过程中投入的自然资源最少，向环境中排放的废弃物最少，对环境的危害或破坏最小，即实现低投入、高效率和低排放的经济发展③。上海发展循环经济研究课题组认为，循环经济是针对工业化以来高消耗、高排放的线性经济而言的，是可持续发展战略的经济体现，即以环境友好方式利用资源，保护环境和发展经济，逐步实现以最小的代价、更高的效率和效益，实现污染排放减量化、资源化和无害化④。

　　虽然学术界尚未严格界定循环经济的概念，但是对于循环经

---

　　①　黄海峰、刘京辉等：《德国循环经济研究》，科学出版社 2007 年版，第 20 页。

　　②　[日]《循环型社会形成推进基本计划》，2008 年。

　　③　周宏春、刘燕华：《循环经济学》，中国发展出版社 2005 年版，第 18 页。

　　④　上海发展循环经济研究课题组：《上海发展循环经济研究》，《宏观经济研究》2001 年第 8 期。

济"资源—产品—再生资源—再生产品"的物质反馈过程却已经基本达成共识。从本质上来看,循环经济是一种生态经济,是建立在物质不断循环利用基础上的经济发展模式,循环经济以"最优消耗、最适消费和最少废弃"作为基本目标,以"减量化、再利用、再循环"为基本原则,将人类经济社会发展与生态系统紧密联系起来,将资源与环境要素纳入到经济系统内部,要求人类社会经济活动在生态学规律的指导下进行,实现资源利用效率的提高与废弃物排放的降低,从而实现经济发展与生态环境的协调发展,最终达到生态经济的最优目标。

(二)循环经济的内涵

循环经济理论尚处于不断发展阶段,理论界对于循环经济的认识角度也呈现多样化。总体来看,具有代表性的角度主要有自然生态学角度、物质流动角度、环境保护角度、资源利用角度等,当然不同的研究视角也相应体现着不同学科的理论支持。

1. 自然生态学角度

自然生态学的相关理论认为人类生存和发展的基础是对地球的自然生态系统发生和演化过程、演替规律有清晰的认识。通过研究从古至今人类活动对地球生态系统的结构、功能、运行和发展的影响,从而指导人们顺应地球生态系统的基本原理,去保护和促进人类社会经济的可持续发展。自然生态演化遵循的基本原则包括:生物进化原则①、竞争—互利的和谐演化原则②、物质循环利

---

① 在地球生态系统演化过程中,各种生物的生命形式不断由简单变为复杂,功能不断加强,利用能量和转化效率不断提高,所以生态系统的一个重要特性就是生物生态进化。

② 成熟的自然生态系统,各物种之间形成复杂关系,并在竞争—互利过程中和谐演化。没有竞争就没有进化,即所谓的"物竞天择"。

用原则①、链式传输原则②、并行多样原则③以及生物的生态共生原则④。

　　循环经济为优化人类社会经济系统的各个组成部分之间的关系提供了一种新的思路,也为传统经济向可持续发展的经济模式转变提供理论依据。自然生态系统具有和谐、高效和健康的特点,强调物种多样性和群落稳定性,而循环经济模式也提供了解决资源、环境和发展之间的矛盾与冲突的途径。

　　2. 物质流动角度

　　从物质流动的角度看,传统工业社会的经济模式是一种单向流动的线性经济发展模式,一方面大量利用化石和原生矿物能源,加工成商品,供社会消费,一方面又大量废弃消费后的垃圾,造成多种环境污染,这样长期发展,必然导致环境污染和自然生态退化,使

---

　　① 地球上的复杂生命系统大体上可以分为植物、动物和微生物三类,物质在植物(生产者)—动物(消费者)—微生物(分解者)之间循环往复地被利用,各种化学元素作为原料和废物的角色不断变换。物质循环的推动力仅仅依靠单位面积上能量密度很低的太阳光,所以地球生态系统如此繁茂,生生不息地持续发展,没有遇到过资源与能源的匮乏问题,其中最主要的是物质循环利用原则。从工业社会开始,对高效率、高利率的追求促成了工业经济线型生产模式,产生大量消费垃圾,造成环境污染,长期将导致严重的环境污染和自然生态退化,社会经济单向发展模式应追求自然界原本存在的物质循环利用原则进行深刻转变,以保障人类社会的持续繁荣。

　　② 生态系统中能量流动可以沿食物链(物质链)在几个物种之间进行传输,各种食物链能流利用率是不同的,通过生物的进化可以使食物链能流效率得到提高,为研究工业生产中产业链的能流分析提供参考。

　　③ 生态的系统多样性原则是指,由于复杂生命本身的脆弱性,为使这一循环过程不因偶然因素被切断,而导致系统的破坏,演化出多渠道食物链的并联、串联生命体系,以保障整个生命体系有足够的柔性和韧性,即使在承受外界各种打击、摧残下,仍然能够保持循环的正常运转。

　　④ 生物个体之间形成各种共生关系,使单个生物体在地球生态体系中,有更大的发展空间和生存竞争能力,使资源和能源的整体利用率达到优化和最大化。

人类社会难于持续发展,再一次形成严重的生存危机①(如图1.1)。

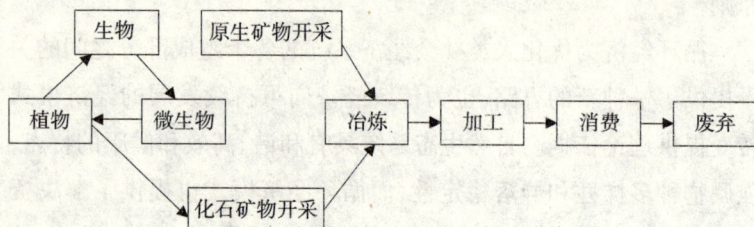

图1.1　工业社会经济的单向发展模式

　　循环经济是对传统线性经济的变革,随着资源、环境问题在全球范围内的日益突出,传统经济发展中的单向发展模式必将逐渐为循环经济模式所取代。单向流动的线性经济依靠对资源的高强度开发和利用,造成生态环境恶化,是导致当前资源、环境问题日益恶化的根本原因。而循环经济模式下,所有的物质和能源处在一种连续的经济循环中,资源得到合理和持久的利用,从而将经济活动对自然环境的影响降低到尽可能小的程度。

　　3. 环境保护角度

　　循环经济是经济增长和生态环境耦合的产物,兼顾经济增长和环境保护,强调"自然资源—清洁生产—绿色消费—再生资源"的生产、消费模式。一方面提高资源利用效率,节约资源,另一方面减少污染物排放,将清洁生产、资源综合利用、生态设计和可持续消费融为一体,可以说,发展循环经济的就是保护环境资源,提高环境资源配置效率的根本途径。

---

　　①　金涌,[荷兰]Jakob de Swaan Arons:《资源·能源·环境·社会——循环经济科学工程原理》,化学工业出版社2008年版,第36页。

4. 资源利用角度

循环经济强调资源的重复多次的再生利用,最大限度实现资源高效利用和废弃物排放最小化。资源利用的关键问题在于资源的稀缺性,而经济学就是研究稀缺资源有效配置和利用问题的学科,纵观经济发展历程,从农业社会到工业社会,始终伴随着生产资料的稀缺,当今社会科技进步在一定程度上提高了资源利用效率,但是人口数量和生产规模的不断扩大,环境的日益恶化等都导致生态环境中自然资源、环境消纳污染的容量日渐稀缺(如图1.2),人类社会面临着资源匮乏和再生利用效率低下的困境。

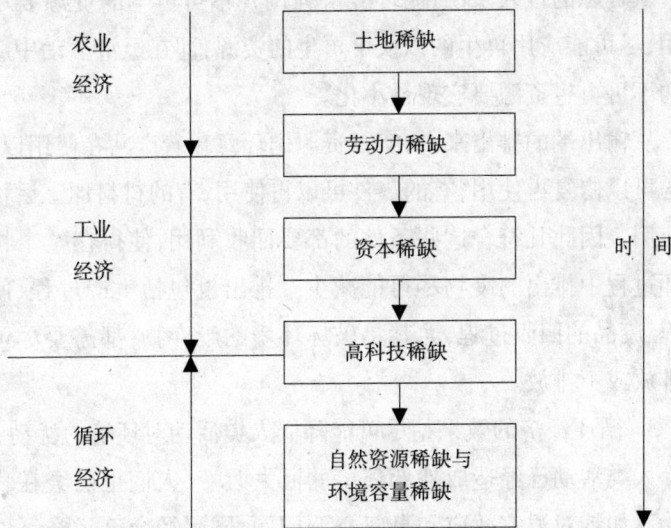

图 1.2　资源的稀缺①

----

① 金涌,[荷兰]Jakob de Swaan Arons:《资源·能源·环境·社会——循环经济科学工程原理》,化学工业出版社 2008 年版,第 56 页。

二、对循环经济理念的再认识①

1. 循环经济的核心是自然资源使用效率的最大化

由于资源的循环,即新投入的资源反复使用,导致投入的资源变成废物的时间大大延长,因而资源的使用效率会大大提高。通过提高资源的使用效率,可以减少生产和生活活动中对自然资源的消耗,也可以使资源在利用过程中减少废弃物的排放,减少对资源和环境的破坏。

2. 循环经济的实现途径是经济活动投入、排出的最小化

从资源的投入来说,循环经济强调凡不可再生的资源要尽量少用,尽可能应用再生的以及可再生的资源,即在经济活动中新投入的不可再生资源要实现最小化。

从输出端的排出来说,实行资源循环意味着产品在使用以后,有的可以修复再使用,有的零件可以再使用,有的材料加工后可以再使用。因此凡符合这些条件的都要回收利用,使得在整个物质循环过程中排出的废物尽可能减少。排出也包括生产过程、使用过程、废品的回收过程,尤其是破坏环境的废弃物,都需要尽可能少排放或不排放。

3. 循环经济的效果是尽可能降低人类活动对环境的扰动

人类活动已经造成外部环境的巨大改变,人们也已经在积极行动。如针对温室效应和臭氧空洞问题,国际社会已经经采取了行动;对其他如二噁英等有害的排出物也要加以控制,并使以前生成的逐步分解完,使环境恢复到原有的水平。通过治理排气、排

① 姜国刚:《东北地区循环经济发展研究》,中国经济出版社 2007 年版,第34—35 页。

水,发展清洁生产,使大气、水系恢复洁净,从而使区域环境以及局部地区环境由于排出最小化能保持或恢复良好状态,不会进一步恶化。

不可否认,由于人类大量燃烧化石燃料,大气中的 CO_2 不可能恢复到工业化以前的含量。另外,由于人类开采了各种矿藏,这些矿藏也不可能恢复。但由于循环经济模式的导入,通过输入端生产所需的资源输入减少和输出端生产和生活废弃物排放减少,可以有助于降低人类活动对环境的扰动。

4. 循环经济的目标是实现可持续发展

可持续发展理论强调,自然资源总量与环境承载力都是有限的,经济与社会发展不能超越其上限。而循环经济就是依据资源与环境的危机而提出的,进而提高到国民经济与社会整体的协调发展层面,为可持续发展的实施提供了具体的模式。因此循环经济的最终目标就是可持续发展战略的实现。

第三节　循环经济的"3R"原则

循环经济的基本原则被称为"3R"原则,即"减量化(Reduce)、再利用(Reuse)、再循环(Recycle)",每一个原则都是循环经济成功实施必不可少的基本要求。其中,减量化原则属于输入端方法,是循环经济发展最基本的原则,旨在减少进入生产和消费过程中的物质和能源流量。再利用原则属于过程性方法,目的是延长产品和服务的时间强度。再循环原则属于输出端方法,通过把废弃物再次变成资源以减少废弃物的最终处理量(见图1.3)。

1. 循环经济的第一个原则是减量化原则 (Reduce), 也称作

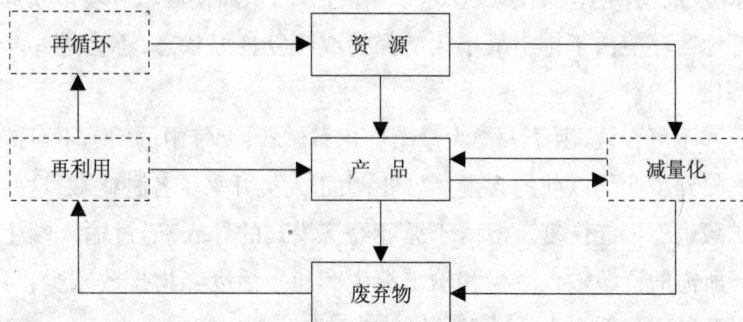

图 1.3   循环经济的"3R"原则

减物质化原则，该原则是对物质循环的输入端进行的控制，强调人们应该以不断提高资源和能源的利用效率为目标，致力于减少对不可再生资源的开采和利用，减少投入生产和消费领域的物质和能源，在经济活动源头就注意节约资源和减少污染，即对废弃物或污染的产生是通过预防的方式而非末端治理的方式加以避免的。

（1）在生产环节，用减少原料和能源投入或重新设计制造工艺来节约资源和降低排放。以资源投入最小化为目标，采用替代性的可再生资源，提高资源利用效率。尽可能使用较少资源和能源，特别是对环境造成污染的资源，满足既定生产需求。

（2）在消费中，人们可以选择包装物较少的物品，购买耐用、可循环使用的物品，减少对一次性物品的购买量，应该选择包装物较少和可循环的产品，购买更耐用的高品质产品，来达到既定的生产目的或消费目的。

以上两个环节的积极结果是减少了自然资源消耗的压力，也降低了人类活动对生态环境系统的压力。

2. 循环经济的第二个原则是再利用原则(Reuse),属于过程性方法,其含义是对于人们已经购买的商品,应当尽可能多次或以尽可能多的方法对其进行利用,而不是使用一次就丢弃,也就是延长产品的使用周期,降低废弃物产生量。通过再利用,可以有效防止这些物品过早地成为垃圾,延长产品和服务的寿命。事实上,"再利用原则"同时控制着循环经济的过程和末端环节。

(1)在生产环节,厂商应当尽可能使产品标准化,当产品损坏时,只需要更换局部的零件即可,而不必更新整件产品,当某一产品报废后,人们还可以拆下其中尚可利用的部分。在设计和生产过程中,也要充分采用可以延长产品和服务使用时间的技术和材料。

(2)在消费环节,当人们要扔掉某件东西之前,应确定是否有继续利用的可能性。对于已损坏的物品应当尝试通过修理使其发挥原有的功能,而不是代之以新品。对于自己不需要但仍具有使用价值的东西,应当通过市场途径或捐赠供他人使用。

3. 循环经济的第三原则是再循环原则(Recycle),它属于输出端方法,是指对于已经产生的废弃物,人们应当尽可能多地对其再生利用,使之转化为原材料而再次进入生产过程,通过把废弃物变成再生资源以减少最终处理量并减少自然资源的消耗量。生产者应尽量利用再生资源代替自然资源,消费者应该购买含最大比例的再生资源制成的产品,使经济的整个过程尽量实现闭合,即所谓废物回收利用和资源综合利用。

"3R"原则在循环经济中的重要性并不是并列的,循环经济也并不是简单通过循环利用实现废弃物资源化,而是强调在优先减少资源消耗和减少废物产生的基础上综合运用"3R"原则。循环经济的根本目标是要求在经济流程中系统地避免和减少废物,废物再生利用只是减少废物最终处理量的途径之一。因此,循环经济的三大原则的重要性并不是并列的,减量化原则是循环经济发展中首要的原则,"3R"原则的基本顺序是:减量化—再利用—再循环。例如,1996 年生效的德国《循环经济与废物管理法》,规定了对待废物问题的优先顺序为:避免产生→循环利用→最终处置。日本在《落实循环型社会形成推进基本计划的指导性意见》中首次将"优先顺序"法规化,将"3R"原则扩展到五步来实施(见图 1.4)。

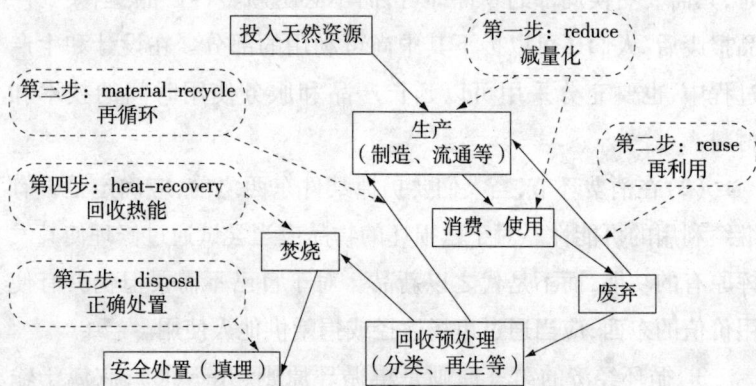

图 1.4　"3R"原则的优先顺序①

第四节　循环经济的发展模式

循环经济以"减量化、再利用、再循环"三项基本原则为基础,强调自然资源的低投入、高利用和低废弃排放,循环经济发展模式实际上就是在实践过程中如何运用循环经济理论和原则组织经济

---

①　戴备军:《循环经济实用案例》,中国环境出版社 2006 年版,第 9 页。

活动。自20世纪90年代以来,发达国家开始将发展循环经济作为实施可持续发展战略的重要手段和途径。随着循环经济理论的不断完善,循环经济在实践过程中形成的发展模式和发展经验也逐渐被世界各国接受并纷纷效仿。

　　循环经济有三个层面的物质循环,即小循环——企业内部的物质循环、中循环——区域企业间的物质循环、大循环——整个社会的物质循环。这三个层面的循环是由小到大依次递进的,三个层面的循环构成了循环经济发展模式的三种基本类型,即生态企业、生态产业园区和社会循环经济系统。

一、基于企业层面的小循环经济模式——生态企业

　　基于企业层面的循环经济模式即生态企业是循环经济在微观层面的基本表现形式,最具有代表性的是美国杜邦化学公司。生态企业是以生态经济理论为基础,具备生态系统承载能力、具有高效的经济过程及和谐的生态功能的网络进化型企业,它通过两个或两个以上的生产体系或缓解生产体系之间的系统耦合使物质和能量多级利用、高效产出或持续利用[①]。

　　根据生态经济理论和生态效率的理念,在企业内组织各个生产环节之间的生产资料循环,推进清洁生产。减少产品和服务过程中原材料和能源的使用量,实现污染物排放量最小化,这是循环经济在微观层面的最基本表现形式。从中不难看出,生态企业的核心是清洁生产技术,包括清洁的能源、清洁的生产过程及清洁的产出品三个方面。

---

① 李云燕:《循环经济运行机制——市场机制与政府行为》,科学出版社2008年版,第235页。

　　生态企业内部循环是循环经济的微观基础,一般而言,企业内部资源再生循环包括三种情况:一是将流出生产系统之外的资源回收后,作为原料返回生产流程;二是将生产过程中生成的废弃物经过适当处理之后,作为原料或原料替代物返回原生产流程;三是将生产过程中生成的废弃物经过适当处理后,作为厂内其他生产流程中的部分资源进行利用①(见图1.5)。

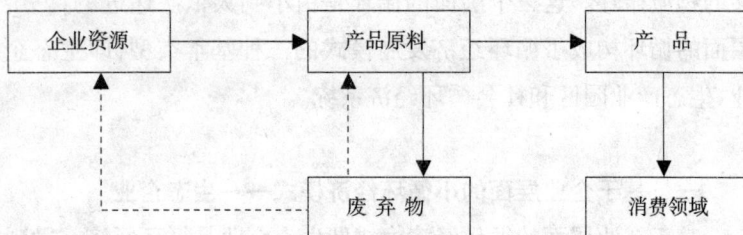

图 1.5　生态企业物质循环

二、基于区域层面的中循环经济模式——生态产业园区

　　生态产业园区是循环经济在中观层面的基本表现形式,是由两个或两个以上具有产业关联度的生态企业,在特定或虚拟产业园区内的组合,是循环经济模式的重要形式之一。

　　生态产业园区是根据循环经济理念和生态学基本原理设计建立的一种新型工业组织形态,是通过模拟自然系统建立产业系统中"生产者—消费者—分解者"的循环途径,形成共享资源和互换副产品的企业间共生网络,使上游企业的废弃物成为下游企业的

---

　　①　张思锋、周华:《循环经济发展阶段与政府循环经济政策》,《西安交通大学学报(社会科学版)》第9期。

资源,通过企业间的物质集成、能量集成和信息集成,形成企业间的"代谢"和"共生"关系①(见图1.6)。

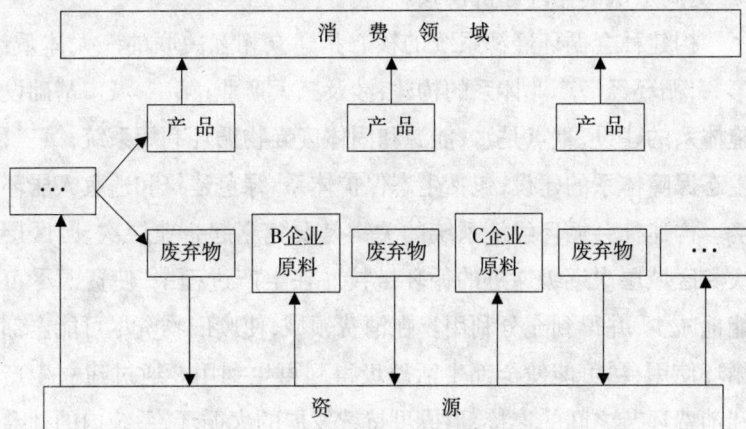

图1.6　生态产业园区物质循环

单独企业实现清洁生产和厂内循环具有一定的局限性,对于厂内无法自行消除的一部分废料和副产品需要在更广泛的范围内进行处理,生态产业园区的形成和建设实现了在更大范围内遵照"3R"原则实施循环经济法则的要求,通过企业内部的清洁生产和企业之间废物的交换实现了园区的物质利用循环化、能量利用最大化和废物排放量的最小化。

三、基于社会层面的循环经济模式——社会循环经济系统

社会循环经济系统是指整个社会的经济体系在宏观层次上实

---

① 张思锋、周华:《循环经济发展阶段与政府循环经济政策》,《西安交通大学学报(社会科学版)》2004年第9期。

现网络化,使资源实现跨产业循环利用,是循环经济在宏观层面上的表现形式,是建立在生态企业和生态产业园区基础上的更大范围、更高层次的循环经济模式。

　　构建社会循环经济系统的核心是建立相互关联的三大体系:第一,循环经济产业体系的构建,涉及三大产业;第二,城市基础设施体系的建设,重点是水、能源和固体废弃物循环利用系统;第三,生态保障体系的建设,包括生态保护体系、绿色建筑和适宜人居环境。构建社会循环经济系统的关键是要建立起企业层次、园区层次和区域层次逐级递进的循环链接。在生产过程中,使资源尽可能地减少,并得到充分利用。在消费领域,使废旧物资尽可能全部循环使用,尽可能使全部生活垃圾得到再生利用。通过建立生产和消费环节之间的连接,形成可持续发展的大循环,系统内的社会资源将得到充分利用,整个系统将降低废弃物的排放,从而建立社会经济、生态环境良性循环的经济系统①(见图1.7)。

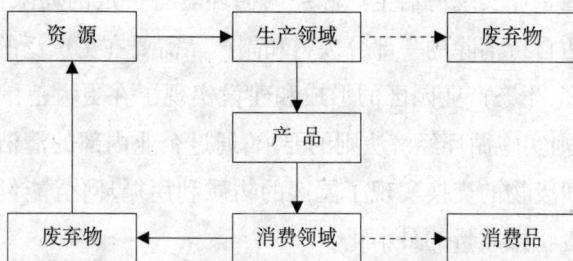

图1.7　社会循环经济系统物质循环

_____

　　①　李云燕:《循环经济运行机制——市场机制与政府行为》,科学出版社2008年版,第239页。

第五节　循环经济与线性经济的比较

一、传统线性经济的物质流程

传统经济是一种高资源高能耗的经济体系,依赖于大量自然资源的持续投入维持基本运行。从物质流动和表现形式角度看,传统线性经济是单向线性运动的经济过程,其物质转化过程是"资源—产品—废弃物(或污染排放)"的单向流动模式(如图1.8)。在传统经济的线性流动过程中,资源消耗量大、产品产出水平高、废物排放亦高,从而增大自然环境压力,造成自然资源浪费和枯竭短缺,对生态环境造成极大破坏和严重污染。

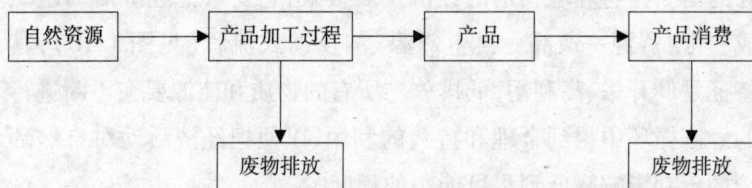

图 1.8　线性经济的开环式物质流程

传统线性经济以高开采、低利用、高排放为特征的经济发展模式和运行模式可以表现为"资源—生产—流通—消费—丢弃"和"资源—产品—污染物"的单向流动(见图1.9),这样的运行模式忽视了经济活动对环境和自然的影响与冲击,经济增长以自然资源的大量消耗和自然环境的严重破坏为代价,无法实现经济社会的可持续发展。而循环经济转变传统经济"资源高投入、废弃物高排放"的增长方式,建立"资源低消耗、废弃物低排放"的新型经济发展模式,并建立经济运行过程中全新的行为准则和经济规范。

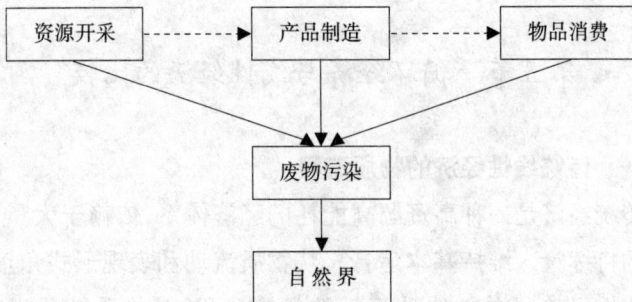

图 1.9　传统线性经济运行模式

二、循环经济的物质流程及特征

　　循环经济与传统经济发展模式有着本质性区别。循环经济倡导的是一种与环境和谐的经济发展模式,它要求把经济活动组织成一个"资源—产品—再生资源"的反馈式流程(见图 1.10),其特征是低开采、高利用、低排放。所有的物质和能源要在不断进行的经济循环中得到合理和持久的利用,以便把经济活动对自然环境的不利影响降低到尽可能小的程度。

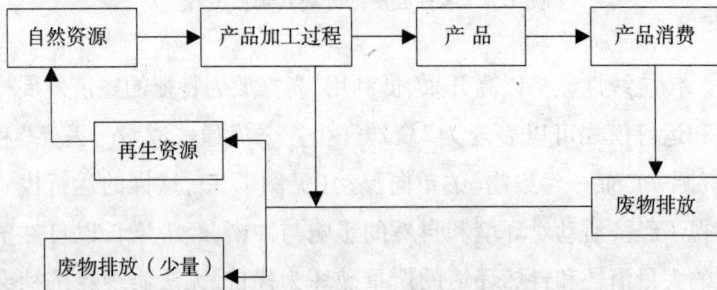

图 1.10　循环经济的闭环式物质流程

　　相对于传统线性经济模式,循环经济具有如下特征。

　　第一,新的系统观。循环经济是一个涉及社会再生产领域各个环节的系统性、整体性和协调性的经济运作方式,是由人、自然资源和科学技术等要素构成的大系统。要求人类在考虑生产和消费时将其自身作为这个大系统的一部分来研究。要从自然—经济大系统出发,对物质转化的全过程采取战略性、综合性、预防性措施,降低经济活动对资源环境的过度使用及对人类所造成的负面影响,使人类经济社会的循环与自然循环更好地融合起来,实现区域物质流、能量流、资金流的系统优化配置。

　　第二,新的经济观。经济活动要在生态可承受范围内进行,超过资源承载能力的循环是恶性循环,会造成生态系统退化。只有在资源承载能力之内的良性循环,才能使生态系统平衡地发展。循环经济是用先进生产技术、替代技术、减量技术和共生链接技术以及废旧资源利用技术、"零排放"技术等支撑的经济,不是传统的低水平物质循环利用方式下的经济,要求在建立循环经济的支撑技术体系上下功夫。循环经济将自然资源列为经济发展最重要的资本形式,始终认为自然资本是人类经济社会最大的资本储备,认为提高资源利用率是解决资源环境问题的根本途径和关键所在。

　　第三,新的资源观。传统线性经济认为自然资源是取之不尽、用之不竭的无价资源,因此对自然资源开采无度,资源开发较为粗放,资源利用率较低。相比而言,循环经济对资源的认识范围更广更深,不仅将传统观念上的自然资源列为资源,同时也将再生资源视为资源,并且认为资源是稀缺的,强调对资源的保护、合理开发、高效利用和有效配置。一方面,循环经济充分考虑到自然资源的稀缺性和生态环境的承载能力,从而倡导节约资源、提高利用率和循环使用;另一方面,也从降低经济发展对资源的损耗和对生态环境的破坏角度,提出建立新型的资源供应循环渠道。

第四,新的生产观。就是要从循环意义上发展经济,用清洁生产、环保要求从事生产。它的生产观念是要充分考虑自然生态系统的承载能力,尽可能地节约自然资源,不断提高自然资源的利用效率。从生产的源头和全过程充分利用资源,使每个企业在生产过程中少投入、少排放、高利用,达到废物最小化、资源化、无害化。上游企业的废物成为下游企业的原料,实现区域或企业群的资源最有效利用,并且用生态链条把工业与农业、生产与消费、城区与郊区、行业与行业有机地结合起来,实现可持续生产和消费,逐步建成循环型社会。

第五,新的消费观。提倡绿色消费,也就是物质的适度消费、层次消费。是一种与自然生态相平衡的、节约型的低消耗物质资料、产品、劳务和注重保健、环保的消费模式。在日常生活中,鼓励多次性、耐用性消费,减少一次性消费。而且是一种对环境不构成破坏或威胁的持续消费方式和消费习惯。在消费的同时还考虑到废弃物的资源化,建立循环生产和消费的观念。

第六节　本章小结

通过对循环经济基本理论的回顾和总结,本章针对循环经济的核心、本质目标及实现途径等进行了重新认识,指出循环经济三个基本原则,即"减量化、再利用、再循环",在循环经济发展中的重要地位并不是并列的。本章总结了循环经济发展的三层次物质循环模式,并对比分析了循环经济与传统的线性经济发展模式在物质循环流程等方面的差异性。

第二章　循环经济发展模式的国际经验及其启示

20 世纪 60 年代,循环经济思想开始出现,循环经济得到了不断发展。在发达国家,循环经济已经进入实际应用阶段,三种发展模式都已经出现较为成功的典型,为循环经济的进一步发展积累了大量成功经验。据统计,20 世纪末发达国家再生资源产业规模为 2500 亿美元,21 世纪初已增至 6000 亿美元,预计 2010 年可达18000 亿美元。循环经济在发达国家已经逐渐成为一股新经济的潮流和趋势。在我国,循环经济发展机制的建立刚刚起步,对于循环经济的健康持续发展要求迫切。因此,对循环经济发展过程中的典型模式进行分析研究,对我国未来循环经济发展模式的探索具有积极意义。

第一节　美国循环经济发展概况

作为循环经济发展的先行者,美国在 1976 年就制定了《资源回收利用法》,并已经进行了多次修改和完善。经过几十年的发展,循环经济已经成了美国经济中的重要组成部分。美国的循环经济涉及多个行业,既包括传统的造纸业、炼铁业、塑料、橡胶业,也包括新兴的家用电器、计算机设备业,还包括办公设备和家居用品等行业。据美国全国物质循环利用联合会公布的数字,全美共有5.6万家企业涉及该行业,为美国人提供了110万个就业岗位,每年的毛销售额高达2360亿美元,为员工支付的工资总额达370亿美元。在循环经济中,废弃物的回收利用发挥着十分重要的作用。

一、通过立法推动循环经济日趋完善

美国在循环经济立法方面十分完善,其循环经济的良好发展就是建立在较好的法律基础上的。2003年,美国城镇产生的废弃物为5.5亿吨,回收利用率达到40%。

1976年制定和颁布的《资源回收利用法》对有关促进废弃物回收处理方式、补助金分配等方面的问题作了明确规定。之后,又相继出台了鼓励对资源进行循环利用的法规和政策,以减少有害废弃物对环境的影响。

为推动资源的回收利用,美国环境保护署1988年宣布用5年时间,使城市垃圾回收利用率达到25%,到2005年,这一指标则要提高到35%。根据这一原则,美国加州1990年通过了《综合废弃物管理法令》,要求通过削减和再循环减少50%的废弃物。由7个州组成的州际联盟规定40~50%的新闻纸必须采用再生纸。威斯康星州规定塑料容器必须使用10~25%的再生原料。纽约州和加利福尼亚州提出要使回收利用率达到50%,新泽西州要达到60%,而罗德岛州的目标则高达70%。另外已有半数以上的州制定了不同形式的再生循环法规,还列出了详尽的实施细则,以便于居民有章可循。如宾西法尼亚州卫生环保当局规定,装有可回收利用的废弃物的垃圾箱或密封的塑料袋的重量不得超过75磅。报纸、硬纸箱、碎木板等零散物品应捆为长不超过4英尺、直径不超过2英尺的捆。居民必须依照制定方式,在规定时间内将可回收废弃物放在指定地点。

二、采取经济、行政干预手段

在政府立法不断完善的同时,美国政府也采取了一些调控手段,对循环经济的发展同样发挥着重要的引导作用。在不影响环境的前提下,充分合理利用现有资源是美国政府的一贯方针。1993年克林顿总统签署了行政令,要求再生产品在所有政府机构的办公用纸中应占20%,1999年将这一比例提高到30%。这一命令的实施使再生产品在联邦政府的采购物品中两年内增加了35%。在政府的带动下,各州和地方政府也相继制定了相关政策。到20世纪90年代中期,美国的回收利用项目已达7500多个,影响到近50%的人口。近年来,美国提出了"让煤更干净"的口号,联邦政府在2004年到2012年期间,每年将拨款2亿美元,用于减少煤电环境污染等技术的开发和相关工程建设。美国政府近期还承诺为建设更安全、更高效的新核电站提供贷款担保。

美国通过征收新鲜材料税、生态税、填埋和焚烧税以及原料税等税收,很大程度上推动了循环经济的深入发展。以生态税为例,美国的生态税主要包括4类:对损害臭氧层的化学品征收消费税①、与汽车使用相关的税收②、开采税③和环境收入税④。根据

----

① 对损害臭氧层的化学品征税包括破坏臭氧层化学品生产税、破坏臭氧层化学品储存税、进口和使用破坏臭氧层化学品进行生产的生产税,危险化学品生产税和进口化学品税等。

② 与汽车使用相关的税收包括汽油税、轮胎税、汽车使用税、汽车销售税和进口原油及其制品税等。汽油税最初并未作为环境税征收,但其实施对环境尤其是空气质量具有明显的改善作用。

③ 开采税是对自然资源(主要是石油)的开采征收的一种消费税,目前已经有38个州开征此税。

④ 环境收入税是根据1986年美国国会通过的《超级基金修正案》设立的,它与企业经营收益密切相关,规定凡收益超过200万美元以上的法人均应按照超过部分纳税。

OECD 的调查报告,虽然美国汽车使用量不断增大,但二氧化碳排放量却比 20 世纪 70 年代减少了 99%,而且空气中的一氧化碳减少了 97%,二氧化碳减少了 42%,悬浮颗粒物减少了 70%。可以看出,美国通过采用各种税收政策在进一步促进"减量化"方面取得了显著的成效。

在 2004 年到 2006 年间,美国政府每年拨款 34 亿美元给地方州政府,用于旧家电回收和鼓励购买节能新产品。美国还在法律中对一些耗能型商用产品和消费者产品设定了新的节能标准。这些产品包括变压器、电风扇、自动售货机、商用冷柜和冰箱等。另外,美国还为生产节能型家电的厂家提供抵税优惠。同时,消费者购买节能设备也将获得抵税优惠。为节约石油资源,减少对石油的依赖,使能源来源多样化,美国政府规定,购买燃料电池车等新型车辆的消费者可享受抵税优惠。美国还鼓励乙醇和氢电池的研发和生产,以便为车辆提供新的燃料。

三、重视社会舆论宣传与监管

美国政府重视通过各种途径在全社会进行循环经济发展的宣传。以纽约为例,纽约市卫生局官员与其他政府机构、私人团体合作,发起了多项支持回收利用的项目。例如,对居民在装修住房、搬迁等过程中产生的大量建筑垃圾,政府建议居民将可以利用的旧门窗、旧家具与他人交换,或捐献给慈善机构。纽约市卫生局还设立了物品交换电话服务,通过数据库,免费提供 1 万多家机构有关捐献、收购、租赁、修理旧货的录音信息。卫生局还与纽约市文化事务局合作,收集废弃办公设备,无偿提供给非营利文化团体组织。鼓励居民举办物品交流日,并为他们出售、交换、捐献自己不需要的物品提供场地。纽约市民 1/3 的邮件是各种广告、商品目

录、购物优惠券等,这些邮件绝大部分被收件者随手扔掉。为此,
纽约市有关当局建议消费者可考虑申请一个名为"直接销售协
会"的邮件选择服务,以减少邮件垃圾。

同时,美国在循环经济发展实践中也强调动员各种社会力量
同时进行监管,充分发挥各种社会组织的监督作用。对企业而言,
"有毒污染排放清单(TRI)"将协助企业进行自我监督,在生产过
程中时刻关注可能出现的资源利用低效率等情况。同时,同行业
企业之间也可以利用 TRI 进行互相监督。非政府组织、社区以及
媒体都是进行监督工作的重要力量,各种社会力量的共同监督,也
有效促进并推动了美国循环经济的良性、健康发展。

第二节　德国循环经济发展概况[①]

在循环经济发展过程中,德国走在世界前列。1972 年德国就
制定和颁布了《废弃物处理法》。1986 年,在修订的《废弃物限制
和废弃物处理法》中,提出"避免废物产生"。1996 年又颁布《循
环经济和废物管理法》,确立了循环经济原则:"避免产生—循环
使用—最终处置",这也是其规定的废物管理优先顺序。

具体说,首先是避免产生废物,减少污染物的产生量,在生产
和消费过程中尽量减少各种废物的产生。其次是对不能避免产生
又可利用的废物要加以回收利用,使之回到经济循环中去。最后,
只有那些不能利用的废物,才允许进行最终的无害化处置,把垃圾
处理提高到发展循环经济的思想高度。在《循环经济和废物管理

---

① 姜国刚:《东北地区循环经济发展研究》,中国经济出版社 2007 年版,第
80—82 页。

法》的框架下,德国还根据各个行业的不同情况,制定了促进各行业废物再利用的法规,包括《包装条例》、《限制废车条例》和《循环经济法》等法规,使饮料包装、废铁、矿渣、废汽车、废旧电子商品等都"变废为宝"。这些立法措施极大地推动了德国循环经济的发展。

从激励手段上看,德国采用征收环境税、签订环境保护协议、建立排污收费及押金退款制度等几种常见的经济激励手段。同时,德国还设立了专门的机构,专门负责监督企业发展循环经济和处理垃圾的情况,要求企业必须向监督机构证明其有足够的能力对生产垃圾进行管理,有能力回收废旧产品,才能够被允许进行生产和销售。产生垃圾的企业必须将垃圾种类、规模及处理措施等情况向监督管理部门进行报告。每年排放 2000 吨以上、具有较大危害性垃圾的企业有义务事先提出垃圾处理方案,以便于相关监督管理部门进行有效监督[1]。

德国采取双元系统模式和双轨制回收系统,成立专门组织对包装废弃物进行分类收集和回收利用,有效地保护了原材料资源,将整个消费和生产改造成为统一的循环经济系统。目前德国的循环经济发展规模已经十分可观。2000 年,德国 50% 的生活垃圾得到了再利用,包装纸和废旧玻璃的回收率达到 80%,废纸回收率达到 60%,建筑废物回收率达到 90%。此外,2003 年在冶金行业,95% 的矿渣、75% 以上的粉尘和矿泥。以及至少有 2000 万吨废旧钢材被重新利用。目前,废弃物处理成为德国经济支柱产业,年均营业额约 410 亿欧元,并创造了 20 多万个就业机会。德国推

---

[1]　袁云峰、朱启贵:《西方发达国家循环经济发展状况及借鉴》,《经济纵横》2005 年第 3 期。

行循环经济,使 GDP 在增长两倍多的情况下,主要污染物减少了近 75%,循环经济的发展取得了巨大的成效(见表 2.1)。

表 2.1 德国垃圾收集和再利用情况分类

垃圾种类	收集率/%	再利用率/%
有机物	50	96
纸和纸板	87	100
玻璃	78	100
铁皮、铝及其他金属	65	100
塑料和纸包装	75	97
电池	35	100
汽车用电池	95	100
轮胎	94	98
纺织品	70～80	70～80

资料来源:中国环境科学学会 2004 年学术年会。

现在,在欧盟乃至全世界对 PET 瓶的使用正在加速发展,PET 瓶包装已应用于很多液态食品中,如饮料、牛奶、啤酒等等。在欧洲,PET 瓶的市场占有率为 60%,而铝罐为 33%。可复装的 PET 瓶已进入欧洲大陆和欧洲中部市场。在匈牙利、捷克、荷兰、德国、瑞士、奥地利,可复装 PET 瓶都已变得很普遍。在荷兰,75% 的碳酸饮料是用重复使用的 PET 瓶包装的。而在挪威,按容积计算,这一数字是 88%。用于饮料和食品业的特形 PET 技术发展很快,特有形状的 PET 也正在把食品市场作为目标,膨胀 PET 已在法国用于汤类产品的包装。

一般而言,对于商品包装,欧盟各成员国较看重包装的与众不同、方便和利于环保,同时将包装成本、环境和市场等问题也一并加以考虑。例如,包装减重后,饮料罐的效益可以抵消保护环境的花费。金属包装制品的发展方向是在保证强度的前提下减轻重量,如330毫升的铝罐可以减少29%的重量,而钢罐可减重24%。欧盟在预防环境危害方面对生产商有着严格的管理体系,因为这是生产商的一项重要职责,生产商必须使产品包装对环境的影响降低至最小程度。此外,在包装上的标签和标记方面,生产商必须注明产品包装材料的性质。具体要求包括以下几个方面。第一,产品包装的数量和重量应该达到最小要求。第二,在包装设计、生产和推广中都要考虑使用后的材料可循环、可回收、可重复利用,把环境影响降到最低程度,这是最重要的一点,也是生产商必须要做到的,而且做到最好。第三,包装材料的成分中需尽可能减少有害物质的存在。

第三节　日本循环经济发展概况

日本在循环经济发展方面的立法是最为完善的。从20世纪50年代后期开始,日本进入经济高速增长时期,工业垃圾猛增,环境污染严重。为了实现资源节约、保护环境,日本政府在1991年制定了《再生资源利用促进法》,1993年出台了《环境基本法》,随后又相继出台了《容器包装循环利用法》、《家用电器循环利用法》、《绿色采购法》、《建筑材料循环利用法》、《食品废弃物再生法》以及《车辆循环利用法》。1998年日本政府制定的《家用电器循环利用法》规定,家电生产企业、销售商以及消费者有回收和循环利用废弃家电以及负担部分费用的义务,具体回收利用率为:空调60%以上,电视机55%以上,冰箱50%以上,洗衣机50%以上。消费者为废弃家电的回收利用承担费用的标准为:空调3500日元

（当时 1 元人民币约合 13 日元）、电视机 2700 日元、冰箱 4600 日元、洗衣机 2400 日元。消费者在废弃大件家电时打电话给家电经销商，由他们负责收回废弃家电。家电经销商将废弃家电集中起来，并送到主要由家电生产厂家出资设立的"废弃家电处理中心"，将其分解，并按资源类别进行循环利用，如图 2.1 所示。

日本在 2000 年 6 月 2 日正式颁布《促进循环型社会形成基本法》，其目的就是要彻底脱离"大量生产、大量消费、大量废弃"的传统型经济社会模式，建设循环型社会，促进在生产、流通、消费、废弃整个过程中对物资的有效利用和循环利用，限制资源的浪费、降低环境的负担。在《促进循环型社会形成基本法》中，日本政府明确提出了应建立的"循环型社会"形态，循环型社会基本规划是国家一切规划的基础，明确了国家、地方公共团体（地方政府）、及公众的责任，从法律上规定了废物处理的基本顺序应该是"废物的发生抑制—再使用—循环再利用—回收安全处置"。

日本在循环经济方面的相关立法集中体现了循环经济的资源减量化（Reduce）、再利用（Reuse）、再循环（Recycle）的"3R"原则，运用这些法律可以规范政府、企业和国民的"3R"行动标准，在整个社会建立起遏制废弃物的大量产生、推动资源的再利用和防止随意丢弃废弃物的管理和约束机制（见图 2.2）。

日本政府提出的建立循环经济社会的战略方针已经深入人心，得到了国民的理解和支持。企业和国民都主动配合做好废弃物的循环利用工作，企业基本上达到了"产业垃圾零排放"标准。生活垃圾也实施分类，将那些可以重新利用的资源集中到一起，在指定的日子放到指定地点，有关人员将其回收，并送到指定地点再次加工利用。

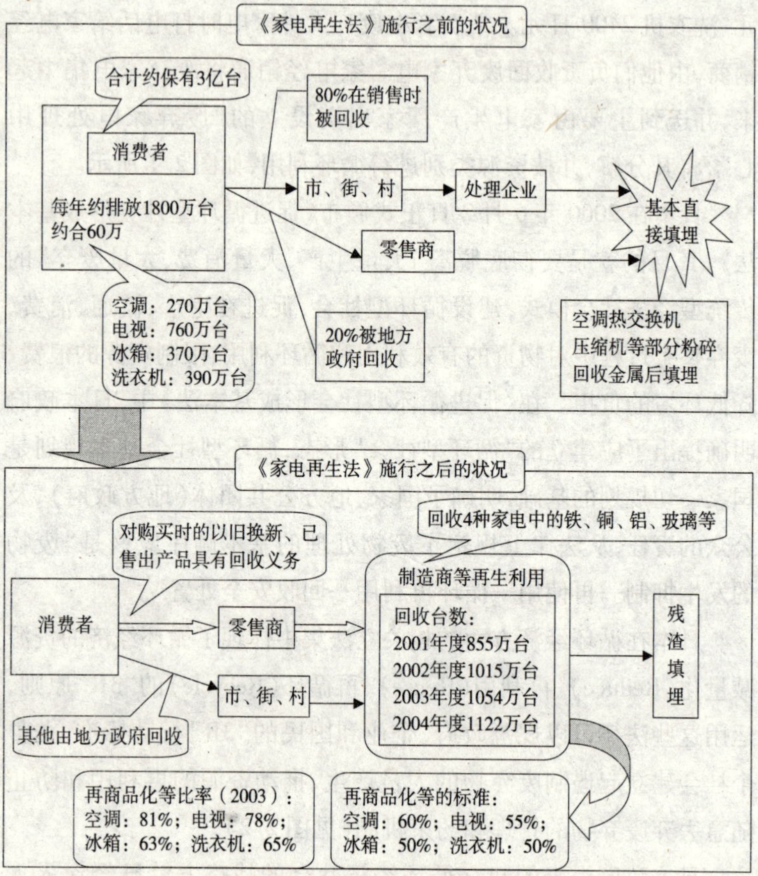

图 2.1 废旧家电的处理情况①

资料来源:日本环境省. 平成 17 年版循环型社会白皮书. http://www.env.go.jp/
policy/hakusyo/junkan/h17/html/jh0501010100.html#3_2_1

---

① 赵立祥等:《日本的循环型经济与社会》,科学出版社 2007 年版,第 139
页。

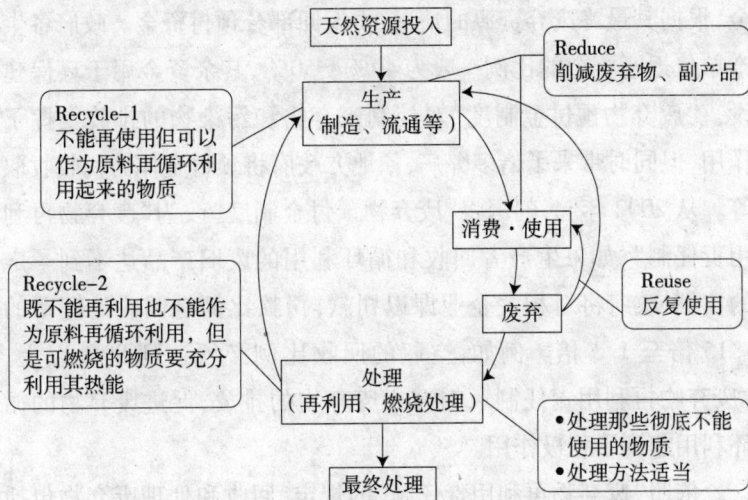

图 2.2 日本开展"3R"的内容和重点①

第四节 韩国循环经济发展概况②

韩国国土面积狭小,人口稠密,每年消耗能源折合 1 亿多吨原油。因此,韩国政府十分注重环保和资源的循环利用。2002 年,韩国用于环境保护的财政支出达到 13 万亿韩元(约合 111 亿美元),占其当年国内生产总值的 2.3%,高于发达国家德国和法国的 1.6%、日本的 1.4% 和英国的 0.7%。

早在 1992 年,韩国政府便开始推行"废弃物预付金制度",即生产单位依据其产品出库数量,按比例向政府预付一定数量的资

---

① 赵立祥等:《日本的循环型经济与社会》,科学出版社 2007 年版,第 13 页。

② 姜国刚:《东北地区循环经济发展研究》,中国经济出版社 2007 年版,第 85—86 页。

金,根据其最终废弃资源的情况,再返回部分预付资金。政府各生产单位返还资金的比例一般为40%～50%,其余资金用于环保建设。"废弃物预付金制度"对控制废弃物和污染物的排放发挥了作用,但同时带来了诸多弊病,如地方政府将预付金作为税收收取等。从2002年起,韩国将"废弃物预付金制度"改为"废弃物再利用责任制",如果生产者回收和循环利用的废旧产品达不到一定的比例,政府将对相关企业课以罚款,罚款比例是回收处理费的1.15倍至1.3倍。例如,空瓶的回收比例必须达到80%以上。"废弃物再利用责任制",对减少废弃物的排放,促进废弃物的循环利用起到了积极作用。

依照"废弃物再利用责任制"的规定,回收和处理废弃物包括三种形式。第一种形式是生产单位自行回收和处理废弃物,回收处理费用自行负担,废弃物循环利用的效益自享。第二种形式为"生产者再利用实业共济组合",也就是交由回收处理废弃物的合作社负责。生产者将废弃物回收处理的责任转移给合作社,依据废弃物的品种,论重量交纳分担金。第三种形式是生产单位与废弃物再利用企业签订委托合同,按废弃物的数量交纳委托金,由后者负责废弃物的回收和处理。目前,韩国回收处理废弃物的合作社有11家,遍布全国各地。80%～90%的生产单位采用第二种形式回收和处理废弃物。同时,韩国成立了一家名为"资源再生公社"的国营企业,专门负责管理和监督"废弃物再利用责任制"的实施。如果生产企业违反"废弃物再利用责任制",将被课以最高100万韩元的罚款。"资源再生公社"导致韩国废弃物品循环利用率提高了5%～6%,取得了良好的效益。

第五节 经验借鉴与启示

通过总结世界各国发展循环经济的基本经验,对东北老工业基地循环经济发展模式有很多启示,可以概括为以下三个方面。

一、完善循环经济立法,灵活运用政府干预手段

从发达国家发展循环经济的成功实践中不难看出,其共同的成功经验就在于国家通过立法对循环经济发展进行引导和规范,出台一系列的循环经济法律法规,以法律形式对政府、企业和国民进行约束,完善的循环经济法律制度是发展循环经济的基本依据和保障。20 世纪 90 年代之后,很多国家都为促进废弃物的减量化和循环利用。制定了各自的政策法规,从制度上推动和保证了循环经济的发展,同时也取得了显著的成效。

各项循环经济规范制度的有效建立与实施,也将会使资源在生产、交换、分配、消费等经济领域实现资源循环利用,并对各种资源循环利用行为进行有力地约束与规范,如清洁生产制度、绿色消费制度和绿色贸易制度、绿色采购制度、绿色包装制度等。

同时,政府还应该采用税收优惠、财政奖励、政府优先购买等各种有效的干预手段参与到循环型社会的建设过程中,促进企业提高发展循环经济的积极性和自觉性,通过产业政策、财税政策和投资对循环经济的发展起到补充推进的作用。美国、日本等国家都通过财政补贴政策支持企业发展循环经济。当然,各国经济发展水平不同,政府为发展循环经济而推行的相关政策也不尽相同,东北老工业基地在推行循环经济发展的过程中,也应该立足实际情况,有针对性地制定相应的配套政策,以确保循环经济的健康有

序发展。

二、明确企业责任,提高企业循环经济实践积极性

在经济社会生产实践过程中,企业是生产环节各种废弃物的直接源头,只有明确企业在废弃物排放及环境保护方面的责任,才能有效地实现废弃物的循环利用,对环境保护起到积极作用。在循环经济法规政策的作用下,企业针对各自行业的生产特点和企业自身情况,积极开展形式多样的循环经济实践,才能形成循环经济良性发展的良好风气,也才能真正实现循环经济的不断发展。

循环经济的发展需要科学技术的支持,企业的循环经济实践中的关键环节就是要重视旨在提高资源利用效率、降低不可再生资源投入、降低废弃物排放的技术创新,利用现代高新技术为循环经济发展提供支持。同时,鼓励同行业各个企业之间也要加强互相监督。

三、培养公众意识,积极参与循环经济实践

经济社会参与主体除了政府、企业之后,又一个重要的经济主体就是公众。一方面,公众是经济活动的直接参与者;另一方面,公众也是政府和企业行为的监督者与推动者。实施循环经济不仅要充分发挥政府和企业的作用,同时也要重视提高公众的参与意识,鼓励公众在其自身的生产、消费过程中自觉遵照相关规定实践循环经济。也就是说,循环经济系统不仅包括生产体系,同时也包括消费环节。

同时,也要提高公众对政府及企业在生产实践过程中对资源的利用、环境的保护等方面情况的监督能力,发挥非政府组织及各种社会团体的作用,通过各个方面的共同努力,更加有效地建立循

环型经济社会。

第六节 本章小结

本章通过对国外循环经济发展情况的比较研究,分析美国、德国、日本及欧盟地区在循环经济实践过程中关于模式、制度、技术及发展进程等方面的情况,总结发达国家在循环经济发展实践过程中的经验,对我国未来循环经济发展提供参考和借鉴。

第三章　东北老工业基地循环
经济发展的战略选择

第一节　东北老工业基地经济发展
现状及存在的问题

东北三省能源储量丰富,为新中国工业化进程提供了充足的动力,被誉为"中国工业的摇篮"。经过建国后大规模经济建设,东北地区已经基本形成了以钢铁、机械、石油、建材、煤炭等重工业为主体的工业基地。但与此同时,粗放型经济增长方式不仅使东北地区面临经济结构调整和增长方式转变的考验,也给东北地区提出一个生态建设问题。循环经济发展模式成为东北老工业基地践行科技含量高、经济效益好、资源消耗低、环境污染少、人力资源得到充分发挥的新型工业化道路的必然的战略性选择。

一、东北老工业基地经济发展沿革

东北老工业基地主要是指新中国成立后,20 世纪 50 年代至 60 年代中央政府在东北重点投资开发和建设的以战略产业、骨干企业和工业城市为代表并形成的比较发达的现代工业体系。但是,东北地区的工业化发展进程却可以追溯到清朝末年,在清朝末年弛禁放荒过程中开始了东北地区的工业化进程。随着社会发展,东北地区工业经济发展迅速,逐渐成为我国重要的工业基地

（见图 3.1）。

制图：国家基础地理信息中心　贾云鹏

图 3.1　东北三省的地理位置

　　19 世纪末，俄日帝国主义势力相继染指东北。随着大连的殖民地化，中东铁路和南满铁路的修筑，大连、长春、哈尔滨等城市相继得到发展。新中国成立初期，我国工业极度落后，国内没有制造汽车、轮船、飞机等工业产品的能力，农业也没有机械和化肥等物资的投入。毛泽东同志认识到我国实现工业化的中心环节就是发展重工业①。在此背景下，党中央确立了把东北建设成重工业基地的重大产业决策。更具有决定性意义的是，中央政府从战略角度构建产业布局，利用集权体制的行政命令，调集全国力量支援东北建设，使东北成为中国工业化进程推进最快的地区。我国国民经济第一个五年计划时期，共 156 个重点项目，其中东北开发和建

――――――――

　　①　乔宗寿、王琪：《毛泽东经济思想发展史》，上海人民出版社 1993 年版，第 377—381 页。

设了 58 项。经过几个五年计划,东北建设了具有相当规模的以能源、原材料、装备制造为主的战略产业和骨干企业,形成了沈阳、长春、哈尔滨、大连、鞍山、抚顺、本溪、吉林、齐齐哈尔、大庆等一批重要工业城市。这些老工业基地为我国建成独立完整的工业体系和国民经济体系,为我国的改革开放和现代化建设曾做过历史性的重大贡献。

东北老工业基地在经历由计划经济向社会主义市场经济转轨的过程中,暴露出许多深层次的体制性、结构性矛盾,市场经济机制的建立在很大程度上对国有企业比重较大的地区造成了冲击,工业经济陷入发展困境,众多国有企业纷纷停产、减产,亏损面和亏损额居高不下,众多职工下岗失业,形成了所谓的"东北现象"。到 20 世纪 90 年代,东北地区经济水平相当落后。1990 年,黑龙江、辽宁、吉林三省工业增长率分别位于全国倒数第二、第四和第五。党的十六大提出振兴东北老工业基地,"支持东北老工业基地加快调整和改造,支持资源开采型城市发展接续产业"。国家对东北地区加大调整和改造力度,使东北地区的经济逐渐恢复。但是与其他经济发达地区相比,东北老工业基地经济发展水平仍相对落后,与这些地区存在较大差距。2003 年,国务院下发《关于实施东北地区等老工业基地振兴战略的若干意见》。2007 年正式发布的《东北地区振兴规划》标志着东北老工业基地振兴工作进入新的阶段。

二、东北老工业基地经济发展现状

从经济总量来看,2004—2007 年东北三省经济总量不断增长(见图 3.2),其中辽宁省经济总量在东北三省中位居首位。2007 年,辽宁省地区生产总值 11,021.7 亿元人民币,首次超过 1 万亿

（单位：亿元）　　　　　　　　　　　　　　　　　　　（单位：%）

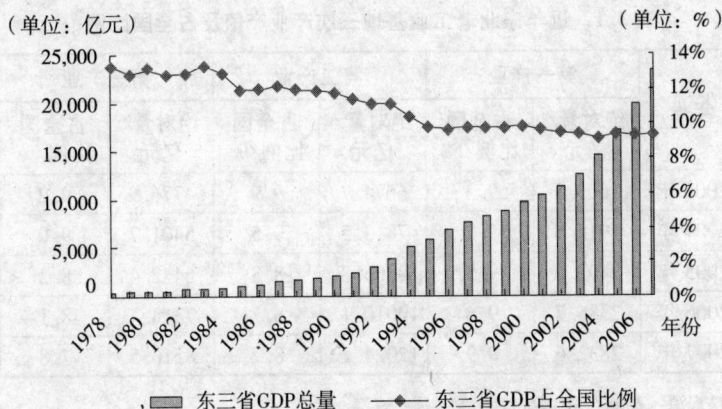

东三省GDP总量　　　—◆—　东三省GDP占全国比例

图 3.2　东北三省 GDP 总量及占全国比例

元,比 2002 年翻了一番。至 2007 年,辽宁省、黑龙江省和吉林省的国民生产总值则分别达到 11, 021. 7 亿元、7065 亿元、5284.69 亿元。2003—2007 年东北三省经济增长速度快于全国增长速度,经济总量逐步攀升。但是,从图 3.2 中可以看出,地区生产总值的持续增长的同时东北地区生产总值占全国的比重有所降低。东北老工业基地三省地区生产总值占全国比例从 2003 年的 9.6% 下降到 2006 年的 8.5%,这一比例的降低主要是由于全国其他省份经济的较快发展,这些经济高速增长省份所占份额较大。也就是说,可以认为正是东北老工业基地振兴计划的实施才使东北地区避免了经济更大幅度的滑坡。表 3.1 则进一步显示出三次产业分别在全国所占比例的情况,不难看出,第一产业生产总值所占比例呈现出上升趋势,但是第二产业、第三产业的比例却明显下降,尤其是第三产业在全国所占比例,由 2003 年的 9.2% 下降到 2007 年的 7.8%,第三产业发展动力不足,从某种程度上来说,直接反映着整体经济发展的需求不足。

表 3.1　近年东北老工业基地三次产业产值及占全国比例

年份	第一产业		第二产业		第三产业	
	绝对量/亿元	占全国比例/%	绝对量/亿元	占全国比例/%	绝对量/亿元	占全国比例/%
2003 年	1603.5	9.3	6574.7	9.9	4776.9	9.2
2004 年	1918.6	9.2	7813.5	9.5	5401.7	9.0
2005 年	2192.6	9.5	8505.8	8.8	6442.4	8.3
2006 年	2386.7	9.6	10010.1	8.7	7318.4	8.1
2007 年	2832.6	9.9	12024.1	8.7	8516.5	7.8

资料来源:《2008 年中国统计年鉴》。

　　从产业结构调整方面来看,东北地区三大产业结构总体上与全国平均水平接近,从表 3.2 的数据可以看出 2003—2006 年间东北三省三次产业结构的基本情况。2006 年,吉林省第一产业比全国平均水平高出 4.3 个百分点。而辽宁和黑龙江两省的第二产业则分别高出全国平均水平 2.3 个百分点和 6 个百分点。辽宁第二产业在生产总值中的比重不断增加。黑龙江和吉林两省的第三产业比重也不断增大,三次产业结构仍需不断加大调整力度,促使经济结构更趋合理化。

表 3.2　2003—2006 年东北三省三次产业的比重

年份 / 省份	黑龙江	吉林	辽宁
2003	11.6 : 57.1 : 31.3	19.3 : 45.3 : 35.4	10.4 : 47.5 : 42.1
2004	11.1 : 59.5 : 29.4	19.0 : 46.6 : 34.4	11.2 : 47.7 : 41.1
2005	12.2 : 53.9 : 33.9	16.8 : 44.4 : 38.8	10.7 : 48.8 : 40.5
2006	12.2 : 54.9 : 32.9	16.1 : 44.4 : 39.5	10.5 : 51 : 38.5

资料来源:2003—2006 年黑龙江省(辽宁、吉林)国民经济和社会发展情况统计公报、2006 年全国国民经济和社会发展情况统计公报。

　　从固定资产投资总量来看,东北老工业基地近年来固定资产投资总量呈现明显增长,但是增长趋势有所减缓。2003 年以来,东北三省的固定资产投资总量每年都以接近 30% 甚至超过 30%的速度增长,2006 年达到 10,520 亿元,同比增长 37.4%,较全国平均水平高出 12.9 个百分点。东北地区固定资产投资额在全国所占比重呈现逐年增长的趋势,2003 年东北地区固定资产投资总额为 4211.6 亿元,占全国的 7.7%,2007 年东北地区固定资产投资总额增长到 13,920.1 亿元人民币,在全国总投资额中所占比例增长到 10.3%,如图 3.3 所示。

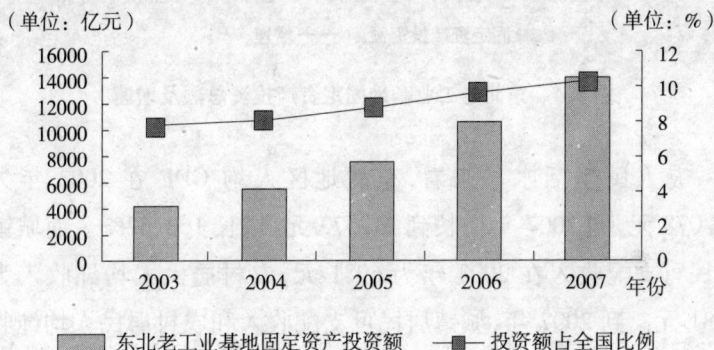

图 3.3　东北老工业基地固定资产投资额及占全国比例

　　从对外贸易方面来看,东北老工业基地近年来对外贸易增势强劲,对外贸易战略合作进展显著,图 3.4 显示了近年来东北地区固定资产投资情况及增长率。2007 年,东北地区实现进出口贸易总额 870.7 亿美元,同比增长 25.9%。2006 年,东北地区实现进出口贸易总额 691.6 亿美元,同比增长 21.2%,实际利用外商直接投资 93.5 亿美元,同比增长 64%。2006 年,辽宁省超额完成全年 275 亿美元的出口目标,进口 200.7 亿美元,同比增长 14.2%,

其中机电产品出口增势明显,占出口份额的33%。黑龙江省对俄
贸易进一步深化合作,能源及原材料合作项目取得较大进展,促使
边境贸易保持高速增长。

（单位：亿元）　　　　　　　　　　　　　　　　　（单位：%）

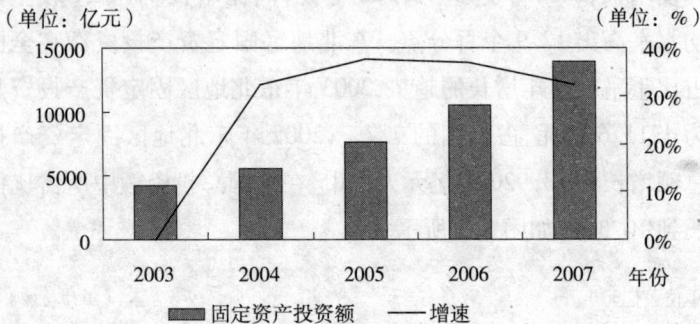

图 3.4　东北老工业基地固定资产投资总额及增速

　　从人民生活水平来看,东北地区人均 GDP 在 2003 年为
12,078 元,到 2007 年增长到 21,573 元,增长 168.62%。而城镇
居民可支配收入在 2003 年为 6981 元,农村居民人均纯收入为
2681 元。到 2007 年,城镇居民可支配收入和农村居民人均纯收
入则分别达到 11,463 元和 4348 元,分别增长 64.2% 和 39.27%。

　　2003—2006 年三省的城区居民年人均可支配收入按照从高
到低排序均为辽宁、吉林、黑龙江。2006 年黑龙江省城镇人均可
支配收入为 9182 元,分别低于辽宁、吉林两省 1188 元和 593 元。
黑龙江省城镇人均可支配收入增长 11%,分别低于辽宁、吉林两
省 1.6 和 1.5 个百分点。农民人均纯收入除了 2004 年黑龙江省
略高于吉林省外,2003 年、2005 年和 2006 年按照从高到低排序均
为辽宁、吉林、黑龙江。2006 年黑龙江省农村人均纯收入为 3552
元,分别低于辽宁、吉林两省 538 元和 89 元,增长速度高于辽宁

1.3 个百分点,低于吉林 1.3 个百分点。2006 年黑龙江城镇恩格尔系数为 33.3%,比 2005 年下降 0.2 个百分点,农村恩格尔系数为 35.3%,下降 1 个百分点。吉林省城镇居民恩格尔系数为 33.4%,比 2005 年下降 1.3 个百分点,农村居民恩格尔系数为 40.1%,下降 3.4 个百分点。辽宁省城镇居民家庭恩格尔系数为 38.8%,下降 1.6 个百分点,农村居民家庭恩格尔系数为 41.6%,下降 4.8 个百分点(见图 3.5)。

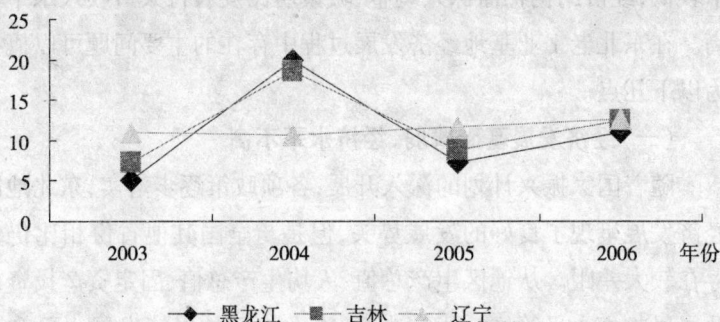

图 3.5　黑龙江、吉林、辽宁三省城区居民年人均可支配收入增长情况比较

从环境保护方面来看,东北地区自然环境保护得到了重视,生态环境保护工作开展力度增强,东北三省纷纷出台相应法律法规,加大综合治理力度,循环经济和生态产业发展初见成效。黑龙江省在加大对饮用水水源地的保护和监督力度的同时,积极开展生态农业建设,进一步扩大有机食品及绿色食品种植面积,实现产值超过 400 亿元。吉林省制定《吉林省松花江流域水污染防治条例》和《关于落实〈松花江流域水污染防治规划(2006—2010年)〉》,重点扶持绿色产品生产基地,加大对有机食品和绿色食品的认证工作力度,加强环境监测和评价工作。辽宁省出台《辽河流域水污染防治规划(2006—2010 年)》,实施《循环经济建设规划》,并在全省范围内开展循环经济试点。

三、东北老工业基地经济发展现存问题

尽管东北地区在国家振兴东北老工业基地规划的深入实施过程中不断取得进步,经济发展水平呈现稳定增长态势,人民生活水平不断提高,但是相对于其他经济发达省份而言,东北地区经济水平较低,经济结构仍需深入调整,城镇居民及农村人口收入水平不高。在东北老工业基地经济发展过程中存在的主要问题可以概括为以下几点。

(一)经济发展基础薄弱,经济水平不高

随着国家振兴计划的深入开展,各项政策逐步落实,东北地区经济发展呈现了良好的发展势头,但是与全国其他省份相比仍然存在较大差距。从地区生产总值、人均生产总值、固定资产投资额及居民收入水平等经济指标来看,东北地区的经济发展水平和人民生活水平总体上在全国各个省份中处于中下游。

(二)产业结构调整任务艰巨,经济发展动力不足

东北地区地方财政收入平均增速低于全国平均水平,三次产业结构调整对经济效益增加的效果并不显著。东北地区作为我国重工业生产基地,国有经济比重相对较高,经济发展活力不足,包袱较重。工业发展不均衡,重工业比重大,但是经济效益较低,东北地区除了石油和天然气开采业、黑色金属冶炼、交通运输设备制造业、电力热力生产和供应业以外,其他行业营利水平均处于较低水平。

(三)区域经济发展合作机制欠缺,缺乏区域统筹规划

东北地区三个省份在自然资源、地理环境、产业布局、经济环

境等方面具有很大的相似性和互补性,但是由于缺乏区域经济发展合作机制,东北三省在能源、水利、交通等基础设施建设方面缺乏统筹规划和合理布局,不仅造成经济资源的巨大浪费,同时也无法达到资源的有效配置并阻碍了经济活动的顺利进行。应站在区域合作的基础上,对东北老工业基地进行整体规划和统筹安排,在区域内进行资源的有效配置和产业结构的进一步调整。

(四)资源环境压力制约经济可持续发展

长期以来,东北地区作为粮食、能源基地为国家及各省份的经济发展提供了支持,但是对资源的浪费和环境的污染破坏都是与之相伴的。在经济发展初期,粗放型的资源开发利用方式造成自然资源的巨大浪费,尤其是对一些不可再生资源的过度开采导致一些资源枯竭型城市和产业面临着经济转型的巨大压力和严峻任务。东北老工业基地正处在转变经济增长方式的尝试中,对于长期积累的资源环境问题的解决仍是艰难的课题。同时,对工业生产需要的一些主要资源和能源在供需方面的矛盾日益深化,环境压力日趋增大,东北地区生态环境保护形势也日渐严峻。

(五)城镇就业压力增大,新农村建设面临诸多问题

东北地区失业率一直位居全国首位。2006 年,黑龙江、吉林和辽宁三省城镇登记失业率分别为 4.4%、4.2% 和 5%,仍高于全国同期平均的 4.1%。尤其面对全球经济危机背景下的大幅失业,东北地区就业压力进一步增大。东北地区工业经济所占比重较大,虽然对地区经济增长贡献率较大,但是吸纳就业能力较弱。因此,东北地区下岗职工的再就业问题成为经济发展中急需解决的又一难题。如何降低就业压力、提高城镇居民收入、合理安置转移农村剩余劳动力都是东北地区经济发展过程中必须解决好的关键问题,也是保证社会稳定和实现社会公平的关键。社会主义新

农村建设刚刚起步,东北地区是国家商品粮基地,是农业及农村发展的关键环节和地区。目前东北地区的新农村建设主要集中在改善农村人口居住环境、改善村容村貌、开通修建道路、饮用水等基础设施建设方面,深入推动新农村建设还需要在建立支柱产业、发展特色农业等方面加大力度。

(六)经济增长中的资源与环境压力①

1. 资源总量压力大

经过长期的大规模开采和开发,东北老工业基地面临资源日趋枯竭、利用效率低下的威胁。东北三省中许多资源型城市和地区都已经变成典型的"资源枯竭型城市和地区"。目前东北三省的煤炭、黑色金属、石油、木材等资源储量大量减少,资源趋于枯竭。黑龙江省鹤岗、鸡西、双鸭山、七台河四大国有煤矿开采已接近70年,采煤成本越来越高。森工系统可供利用的资源比建国初期下降了97.3%。大庆油田可开采储量仅剩下30%,采出成分90%以上是水,必须用专项技术提取。吉林省重点煤矿中有相当部分已处于衰老期,其中6个矿资源枯竭,已进入破产阶段。水资源总量不足,人均占有量低,属中度缺水地区,其中辽源、松原属重度缺水区。辽宁省资源相对不足,但资源消耗却增长过快,造成资源的严重紧缺。同时,辽宁省人均水资源量仅为全国人均水平的1/3左右,是我国北方严重缺水的地区之一,而每年全省水资源消耗量和废水排放量却居全国前列,工业和农业用水矛盾突出。

2. 资源利用效率低

2003年东北三省万元GDP能耗均接近2吨标准煤,比全国平

---

① 姜国刚:《东北地区循环经济发展研究》,中国经济出版社2007年版,第109—113页。

均水平低20%左右,未达到全国平均水平。而我国能耗水平与国际相比,只相当于美国的28.6%,日本的10.2%,由此可见投入产出的差距之大。目前东北的能耗已经占全国的10%以上,且随着东北产业的振兴必将迅速增长,能源供给的瓶颈效应将很快凸显。东北地区农副产品等资源利用率也很低。东北地区农业生产中每年产生大量的秸秆等副产品,这些资源不仅开发利用的比例极低,而且造成环境污染,潜在的经济效益没有得到发挥。而发达国家从环保和经济效益两个方面考虑,对加工原料进行综合利用,把副产品转化成饲料或高附加值的产品。随着技术进步以及资源利用市场化配置机制的不断完善,东北三省的资源利用效率必将有较大的提高。

3. 生态环境污染

东北地区经济发展模式长期以粗放型增长方式为主,能源消耗规模大,工业生产废弃物对环境污染严重。经济发展中的污染物排放问题,与产业结构状况及产业技术水平等有着十分密切的关系。目前东北三省重化工业特别是资源采掘业环境污染较重(见图3.6)。虽然随着东北三省产业结构的不断调整,污染物排放量在一定程度上有所减少,但是排污总量仍然很大,矿产资源开发利用造成的环境污染仍然严重,技术含量高、资源能源消耗低、污染排放少的产业体系还没有完全形成。

东北地区化肥施用量一直呈稳步上升趋势(见图3.7)。大量化肥和有毒高残留农药的使用,不仅影响肥效的发挥,而且造成土壤中的氮、磷、钾和微量元素比例失调,土地板结、肥力下降,危害地表水和地下水水质,严重破坏了生态环境。

东北三省冬季长,取暖基本靠煤炭,而目前煤炭燃烧后排放的烟尘、粉尘和二氧化碳、二氧化硫使空气质量大为下降(见图

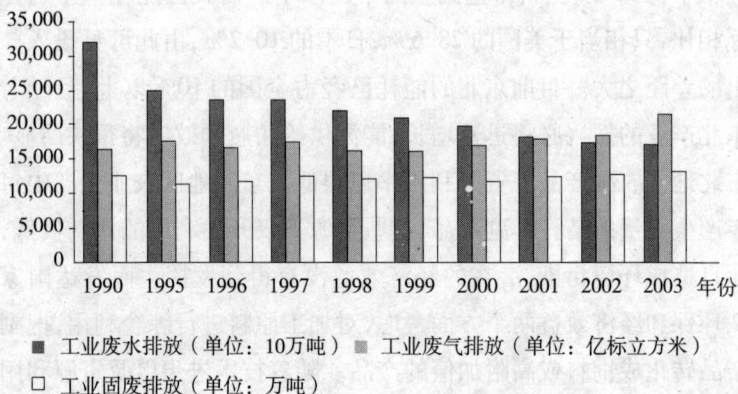

图3.6　东北地区工业三废排放历年比较

（单位：万吨）

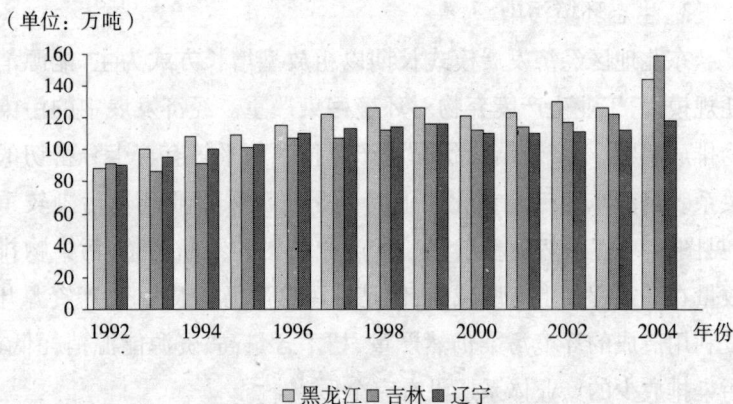

图3.7　东北地区化肥施用量(折纯量)(单位:万吨)

3.8),造成东北许多城市冬季空气质量低。

4. 生态环境破坏较严重

(1)主要水域都不同程度地受到污染。松辽流域主要江河水质污染比较严重,主要表现为中上游生产生活废水流入下游,石油

（单位：万吨）

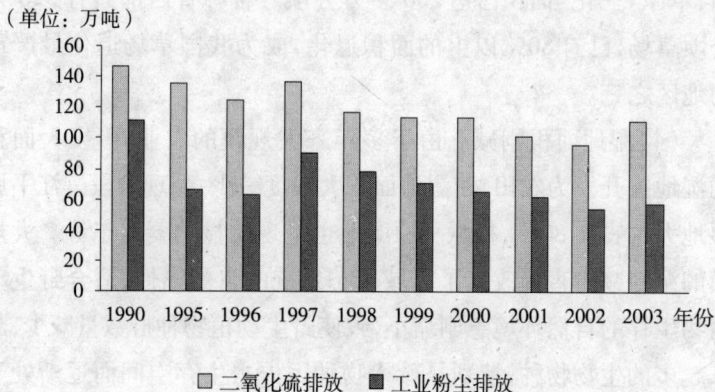

图 3.8　东北地区主要大气污染物排放比较

开采带来的污染等。2000 年,在总河长为 14812.4km 的水质评价中,四类以上水质河长 9885km,占 66.8%。三类以上水质河长 3457.6km,占 23.3%。一、二类以上水质河长 1469.8km,仅占 9.9%。

（2）由于长期耗竭性利用,造成黑土地肥力下降,水土流失严重。当前,东北地区农业用地质量退化严重,加上过量施用化肥和农药,导致土地污染严重,农业生产力受损。东北地区黑土地总面积约 100 万 km^2,受自然因素制约和人为活动的影响,目前水土流失面积已达 27.6 万 km^2,主要表现为侵蚀沟的恶性扩张和黑土表层的急剧流失,有的地区已露出黄土层。有许多地方甚至出现了盐渍化现象,土壤有机质含量也由初垦时的 7% 下降到 3.5% 左右。

（3）草原退化,生态功能减弱。吉林省西部 60% 以上沙化土地被垦殖为耕地,"三化"（沙化、盐渍化、退化）日趋严重,草原退化率达 90%。如黑龙江省由于过度放牧、不合理开发以及气候原因,草原"三化"面积已达200多万公顷。吉林省西部共有320万公顷草场,已有80%以上的面积退化,成为我国草场退化最严重的地区之一。

(4)湿地面积剧减。由于多年来大规模的农业开垦,大面积的湿地被开发为农田,使湿地面积大幅度减少,到现阶段三江平原湿地大约丧失80%,松嫩平原湿地也呈现明显的萎缩态势。大规模的湿地减少直接改变了区域生态系统的自然属性,适合野生动植物生存的自然环境急剧缩小,致使野生动植物种群数量减少,越来越多的生物物种,特别是珍稀物种因失去生存空间而逐渐处于濒危或灭绝状态,区域生物多样性急剧下降。

(5)采煤塌陷区复垦滞后。采煤塌陷区主要表现形式为地表塌陷、地面积水、地上建筑物和构筑物破坏、塌陷区盐碱化、地基稳定性降低,塌陷区内房屋、道路、桥梁、涵洞和其他公共设施被破坏,对当地经济与环境破坏较为严重。目前东北地区采煤塌陷区总面积已近1000 km²,影响居民70多万人。其中黑龙江省塌陷区面积达400多 km²[①],吉林省采煤沉陷区面积约为260 km²,辽宁省采煤沉陷区面积约为270 km²,反映了资源开采对环境与生态的严重破坏。

第二节　东北老工业基地发展循环经济的必然性

一、发展循环经济符合当前经济社会发展趋势

资源与环境是经济社会存在发展的前提条件,在经济社会发展过程中,对资源和能源的需求不断增长,过度开采各种资源和能

---

① 根据黑龙江省、吉林省和辽宁省调研资料总结。

源、破坏生态环境等情况日益严峻,经济社会发展过程中面临的资源约束和环境压力日益增强,东北地区更是如此。一方面资源丰富的东北地区在过去几十年的经济发展过程中为全国其他地区提供了大量资源和能源供应,资源浪费和过度开采情况严重;另一方面,随着不可再生资源的日渐枯竭,东北老工业基地在经济发展过程中面临着前所未有的资源环境压力。

从世界各国及我国其他省份的经济发展经验可以看出,可持续发展是经济社会发展的必然选择,而循环经济则是国际社会实现可持续发展战略的现实途径。东北老工业基地发展循环经济模式符合国际经济发展经验,同时也体现着我国经济战略决策的根本要求。

十六大明确提出的振兴东北老工业基地的战略部署,是继实施沿海发展战略、西部大开发战略后,党中央在新世纪做出的又一重大战略决策。东北老工业基地经济在全国占有重要地位,振兴东北战略的推进,将促进东北地区经济的快速发展,也必将极大地推动我国整体经济发展和区域间经济的平衡发展。

目前,东北经济的发展正处于重要的转型期,我国政府提出的振兴东北老工业基地的战略,为东北加快调整、加速振兴创造了历史性机遇,也必将极大地推动我国整体经济发展和区域间经济的平衡发展。在这一过程中,必须明确认识到,振兴东北老工业基地绝不仅仅是工业发展的战略,而是区域发展的战略。老工业基地改造,不是简单的企业改造和技术改造,也不是哪一个生产要素的调整改造,而是一种整体的改造,是区域可持续发展的一个环节,是促进东北区域经济进一步协调发展的战略设计与推进。在振兴老工业基地过程中,要坚持人与自然协调发展、经济与社会协调发展、区域协调发展、城乡协调发展的指导思想,以区域经济发展一体化原则作为先导,将资源与环境保护作为振兴东北老工业基地的基点,拓宽发展领域,在经济动态发展过程中塑造一种动力机制,使老工业基地摆脱以往高能耗、高污染的传统工业化道路,走人与自然和谐发展的新型工业化道路。

二、发展循环经济是东北老工业基地经济可持续发展的必然要求

区域社会经济的可持续发展首先要求解决好两个方面的矛盾。第一,经济建设对资源和生态环境产生的压力与破坏。第二,资源与生态环境保护对经济建设的持续支撑。这两个问题的解决最终要依靠转变发展模式,实现可持续生产和消费。

当前,东北老工业基地在经济发展过程中出现的资源浪费和环境破坏问题主要体现在三个方面:第一,资源消耗过快,传统的经济增长依赖于资源的高投入,这一粗放型的经济增长方式造成对资源的大量投入和过快使用。第二,资源利用效率不高,由于技术水平、生产条件等方面的限制,对于资源的利用存在浪费现象,资源利用率较低。第三,资源再生利用效率低,传统观念认为资源是取之不尽、用之不竭的,因此对于资源的再生利用观念淡薄,同时也受到技术水平的限制,造成东北地区资源浪费及生态环境破坏严重的局面。

东北老工业基地面临的资源日渐枯竭、废弃物污染严重的局面,已经对区域可持续发展构成了巨大的威胁。而作为资源性地区的东北三省走出工业化困境,实现经济的可持续发展,简单地说,需要完成两个方面的任务,即在保持经济增长的同时,一方面大幅度提高不可再生资源的利用效率和开发替代资源以削减资源枯竭的边界约束。另一方面,大幅度减少资源消耗过程中的环境

污染水平使其低于环境的自净化能力以削减治理污染的成本①。

　　循环经济发展模式是东北老工业基地缓解资源约束矛盾的根本性出路,是实现可持续发展的必然选择。大力发展循环经济,推进清洁生产,将经济社会活动对自然资源的需求和生态环境的影响降低到最小程度,从根本上解决经济发展与环境保护之间的矛盾。振兴东北老工业基地,必然要求提高资源利用效率,加大对资源的循环利用,提高废旧物品及废弃物的再生利用效率,转变经济增长方式,降低资源浪费和污染排放,为经济快速增长创造良好的资源和环境条件。也就是说,东北老工业基地在实现经济可持续发展及践行新型工业化道路过程中必然要选择发展循环经济。

第三节　东北老工业基地发展循环经济的可行性

　　东北地区循环经济尚处于初级阶段,黑龙江、辽宁两省被国家批准为生态试点省,辽宁省被确定为中国发展循环经济的试点省份之一,东北三省正处于循环经济发展的初级阶段,各省都纷纷出台相应政策法规(见附录 1),不断探索循环经济发展模式,完善循环经济发展的各种运行机制和保障体系。

一、黑龙江省循环经济发展现状②

　　2000 年经国家环保局批准,黑龙江省成为全国生态省试点省份。全省自然保护区总数达到 186 个,总面积 590 余万公顷,占全

---

　　①　李群芳:《论循环经济模式对环境库兹涅茨曲线的影响》,《当代经理人(中旬刊)》2006 年第 11 期。

　　②　本部分内容由作者根据《中国循环经济年鉴 2008》进行编写。

省国土面积的 12.6%。生态示范区 32 个,其中国家级 21 个,省级 11 个,生态功能保护区 5 个,其中国家级 1 个,省级 4 个,总面积达 964.04 万公顷。

2007 年,二氧化硫、二氧化氮、可吸入颗粒物年日平均浓度分别比 2006 年下降 7.1%、10% 和 14.1%,工业废水达标排放 32,780 万吨,达标排放率 85.4%。烟尘去除量 847.1 万吨。工业固体废弃物综合利用量为 2962 万吨,综合利用率为 71.7%。"三废"综合利用产品产值为 17.57 亿元,全省 GDP 能耗比上年下降 4.09%,万元 GDP 电耗下降 5.99%,万元工业增加值能耗下降 5.9%(见附录 2)。

近年来,黑龙江省通过各方共同努力,在发展循环经济过程中取得了一定的进展和成效。

1. 制定相关规划和政策法规。2005 年 10 月,黑龙江省下发《加快建设节约型社会近期重点工作的实施意见》,并把发展循环经济作为重要的指导原则,明确发展循环经济的总体思路。2006 年,黑龙江省把加快发展循环经济节能型经济和构建节能型产业结构作为重大决策立项,开展系统研究,相继编制完成了资源综合利用、矿井水综合利用、东部煤电化基地等发展规划,制定并下发各地区单位生产总值能源消耗降低指标计划和主要污染物排放总量控制计划。《黑龙江省循环经济发展规划纲要》和《加快构建节能型产业结构的实施意见》已经编制完成并下发实施。

2. 全面推行清洁生产。鹤矿集团开发利用矿井水和煤层气,70% 的矿井水得到净化利用,利用煤层气为 15 万户居民提供清洁燃料。七台河市宝泰隆、龙洋等企业通过技术改造,综合利用焦炉煤气,实现了零排放。目前黑龙江省在清洁生产、生态工业、农业循环经济等方面均取得了一定的进展。中国石化哈尔滨分公司、哈药集团制药总厂、东北轻合金、哈尔滨啤酒有限公司等多家大中型企业开展了规范化清洁生产审核工作。黑龙江省牡丹江经济技术开发区已被列入国家第一批循环经济试点项目。

3. 一批生态工业园区初具规模。哈尔滨、大庆和双鸭山国家级生态工业园区已经进入审批程序,现已经完成规划编制工作。大庆铁人生态工业园区已经实现了上下游的配套、互联互动的工业生态产业链。四大煤炭城市初步形成煤转焦、煤炭洗选、煤化工、煤转电、煤建材综合开发利用的格局。伊春市以新青林业局为中心,形成了以林木资源和木材剩余物为主要原料的木材循环开发利用的产业链。国家级循环经济试点单位牡丹江经济技术开发区园区发展规划已经获得国家批准。黑龙江省在电力、化工、啤酒、制药、乳品、水泥、造纸等7个重点行业建立了一批省级重点生态工业示范园区。

4. 积极推进项目建设。黑龙江省鹤岗、鸡西、双鸭山、七台河等地利用煤矸石、粉煤灰发电和生产新型节能墙体材料,已经形成一定规模。鸡西利用煤炭瓦斯发电的3台机组已经投入运行。七台河宝隆公司利用改造工程已竣工,焦化园区内的企业焦炉煤气、焦油可实现闭合循环利用。双鸭山煤电化一体项目已经列入国家"十一五"电力发展规划,鹤岗120万吨甲醇、60万吨合成氨、104万吨尿素前期工作取得重大突破。

5. 生态农业发展起步。黑龙江省拜泉县通过植树造林,营造区域生态小气候,形成了一业为主、综合发展、多级转化、良性循环、无废弃物生产的农业生态经济系统。绥化推广了农副产品造肥和养殖、种植一体化温室效应用技术,实现了多种生物功能的相互利用和循环。

6. 循环经济技术支撑和服务体系逐步完善。黑龙江省建立并完善循环经济发展必需的技术支撑和服务体系,加大科技投入,支持循环经济共性和关键性技术的研究开发。积极引进和消化、吸收国外先进技术,提高循环经济发展的技术支撑和创新能力。初步建成以企业为主体、科研院所和高等院校协同参与的技术开发机制,提高科研开发能力。同时,循环经济发展的政策研究、信息咨询、技术服务和宣传培训等服务体系也得到不断完善。

二、吉林省循环经济发展现状

根据吉林省自身经济、社会、生态环境的现状和特点,吉林省提出"发挥后发优势,推进和实现跨越式发展"的总体战略目标,并于2001年编制了《吉林省生态省建设总体规划纲要》。从2004年开始,吉林省环保局为推动循环经济发展,组织开展了试点、示范工作,取得了一定的成效[1](主要指标数据参见附录2)。

1. 开展清洁生产审核,树立循环经济发展典型。吉林省环保局按照国家环保总局2002年有关抓清洁生产审核试点的要求,对四平和辽源两市位于东辽河上游的8家企业开展了清洁生产审核试点工作,取得明显的经济效益。如公主岭黄龙公司是吉林省第一家通过清洁生产审核验收的企业,通过清洁生产审核,实施了23个整改方案,回收工艺干物质玉米蛋白,达到每天3—5吨,年可获效益400多万元。

吉林省初步形成了三个层面的循环经济发展典型[2]。

---

① 本部分内容根据对吉林省环保局调研内容整理而成。在此对吉林省环保局邵学田副局长、吉林省环保局科技标准处张岩处长表示感谢。相关数据来源根据《中国循环经济年鉴2008》进行整理和编写。
② 《中国循环经济年鉴2008》。

（1）树立了吉林亚泰集团股份有限公司发展循环经济的试点企业典型。亚泰集团是目前东北地区最大的水泥生产企业,基本任务是建立生产高标号水泥熟料为主的生产线,最大可能地利用粉煤灰、镍渣、硫酸渣、油母页岩等工业废弃物。对城市垃圾进行处理。采用纯低温余热发电技术,中水回用实现"零"排放,建成水泥生产"低开采、高利用、低排放"的循环经济系统。开展试点以来,亚泰集团加大了淘汰落后设备、广泛应用环保设备和对工业废弃物的处置力度,在实施清洁生产方面,所有扬尘点均设置选用了高效通风排尘设备,使各个车间各岗位粉尘浓度均低于《工业企业设计卫生标准》（GBZ1—2002）。在循环水的利用方面,水泥磨用水从并联式改为串联式,企业外排污水（包括生活用水）全部进入污水处理站处理后回用,以实现废水零排放。在余热利用方面,已在两条生产线设置了余热发电站,每年可向水泥生产线供电1.95亿千瓦时,相当于年节约标准煤6万余吨。在固体废弃物回收利用方面,每年将生产过程中产生的1000吨废铜、废铁、废钢、废铝等全部进行回收再加工利用,综合利用包括粉煤灰、镍渣、硫酸渣、油母页岩等各类废渣。亚泰集团与日本丸红株式会社就双阳、明城、哈尔滨三个水泥厂扩大产能,并规划利用水泥窑头窑尾余热建设3座余热发电站,5年减排二氧化碳100万吨的CDM项目达成合作意向,不断推进企业循环经济的发展。2007年亚太集团通过发展循环经济,年节约标煤12万吨,节电3000万千瓦时,节水70万吨,年综合利用粉煤灰、镍渣和石灰石尾矿等工业废弃物高达300万吨。

（2）开展循环型城市典型。白山市是典型的资源型城市,发展循环经济,对于实现资源深度转换和开发,延长产业链条,降低能耗,实现清洁生产,加快节约型社会建设,促进资源枯竭型城市经济转型具有重要意义。白山市在试点工作中,充分发挥资源比较优势,加大煤炭、矿产等资源勘探开发力度,大力发展绿色产业,以龙头企业为核心,延伸产业链,初步构建了煤—电—建材、采煤—洗煤—炼焦—煤化工、硅藻土加工—"三废"—再利用、树木种植—造纸和林木加工—新型木质型材—地板家具深加工等循环经济链条。

(3)树立再生资源领域的发展循环经济典型。吉林市再生资源有限责任公司是国家第一批循环经济(领域)试点单位,承担着吉林市再生资源回收、利用和体系建设工作。目前已经形成立足本市、服务周边、辐射东北,以回收箱、再生资源回收亭、流动收购车为前端,以分拣中心为重要环节,以交易市场,加工处理中心为载体,布局合理、结构优化、功能完善、服务优质,有序发展的再生资源回收利用体系。试点工作开展以来,已投资2500余万元,建立了再生资源集散市场4个,建设社区回收亭214个,规范流动收购车2700余台,有效地减少了污染,提高了资源利用率,实现了再生资源产业化、资源化、无害化,也使企业获得了可观的经济效益。

2. 创建生态工业示范园区,发展新型工业。截止到调研阶段,吉林省全省已有10个工业园区申报作为省级生态工业示范园区,并列入本届政府环保目标责任制。吉林省环保局按国家环保总局有关生态工业示范园区规划编制的规定,对它们进行了指导和帮助。已批复9个生态工业示范园区试点,论证了其中6个生态工业示范园区的规划。2007年,吉林省高新技术产业增加值占GDP的比重由2005年的2.13%上升到2.41%,大力发展风能发电等清洁能源。水电、风电、秸秆发电等清洁能源发电装机总量达到452.5万千瓦,占全省发电装机总量的37.6%。

3. 发展现代农业,推进新农村建设。吉林省已经启动80个镇、522个村的新农村建设试点,积极推广农村节能工程,开展农业废弃物资源化利用,积极发展农村可再生能源试点。2007年底,省内共建设民用沼气池5.99万座,每年可少排放人畜粪便和生活垃圾等污染物80万吨,建设秸秆气化集中供气站8处、太阳能采暖房175.62万 m^2、太阳能热水器14.68万台、太阳能灶361台、风能发电设备443台(套),共形成节约280万吨标准煤的能力,在农业生产中广泛采用测土施肥、生物防治病虫害等措施,减少各类农业污染排放50万吨。

4. 加强宣传、教育与培训。吉林省环保局已按生态省建设的要求,结合主体工作,相继举办了县级环保局长培训班(两期共120余人),举办了针对重点企业和工业园区的有关负责人的培训班(两期共240余人)。通过电台、电视台、报纸等开展了相关的宣传报道,积极倡导绿色消费和生态文明,为发展循环经济创造良好的社会氛围。

三、辽宁省循环经济发展现状

辽宁省的循环经济实践是在振兴东北老工业基地背景下,在具有一定的技术经济基础上的资源型地区的战略转型模式。东北老工业基地振兴战略为辽宁省发展循环经济带来了重大的发展机遇,循环经济发展也成为辽宁省振兴东北老工业基地的重要战略举措。

2002年3月31日,国家环保总局确立了全国第一个循环经济示范省——辽宁省。辽宁省提出了"初步建成循环经济的机制和框架"及"初步实现环境、经济、社会的协调发展"等工作目标,通过创建一批循环经济型企业、生态工业园区和几个资源转型城市和建设区域性的资源再生产业基地,培育新的经济增长点,大幅度提高资源利用效率,最终形成新型的经济发展模式,建立完善的循环经济发展机制和框架。

辽宁省循环经济发展模式可以概括为"3+1"模式,"3"即3个循环,"1"是指1个产业。所谓3个循环的含义如下。第一,小循环,结合技术改造,推行清洁生产和创建"零排放"企业。第二,中循环,结合资源枯竭地区经济转型、经济开发区整合提升和老工业区调整改造,建设生态工业园区,提升区域经济运行质量;第三,大循环,按照"3R"原则,大力开展城市中水回用和垃圾分类回收利用,提高社会可再生资源的利用效率。

目前,辽宁省循环经济发展取得的初步成果主要体现在清洁生产的有效实施、启动生态工业园区建设项目、循环经济试点及城市循环型社会建设方面。据辽宁省环保局统计,目前辽宁省取得的成果如下①(主要指标数据参见附录2)。

1. 推行清洁生产取得成效。根据企业的不同实际情况,全省60%的重点污染企业实现清洁生产,480多家重点污染企业开展了清洁生产审核,已实施清洁生产方案9420个,总投资近10亿元,每年新增经济效益近20亿元。资源综合利用的规模以上工业企业达600户。节水1.67亿吨,节电1.85亿千瓦时,减排二氧化硫、烟粉尘等污染物18万多吨。与2000年年末相比较,全省年均节能达到4.2%,工业用水重复利用率由69%提高到88%,2007年全省万元地区生产总值用水量130立方米,比上年下降15%,其中工业用水量24.35亿立方米,万元工业增加值用水量48.6立方米,比上年下降16%。全省部分洗煤厂、轧钢厂、选矿厂和燃煤

---

① 本部分内容根据对辽宁省环保局调研内容整理而成。在此对辽宁省环保局文毅副局长、辽宁省清洁生产中心时宏主任表示感谢。

电厂的废水实现了"零排放"，鞍钢、抚顺石化和沈化等正积极创建循环经济型示范企业。大连开发区和沈阳铁西新区开展资源循环利用和能源梯级利用，大幅度提高区域经济运行质量。抚矿集团以"一矿四厂一气"转产项目为主线，探索出一条资源枯竭地区经济转型的新途径。全省已有10座污水处理厂建设了中水回用系统，还建成了110个示范工程。全省煤矸石和粉煤灰的综合利用率分别达到了74%和47%，水资源循环利用率达到91%。

2. 生态工业园建设开始启动。以沈阳、鞍山、大连、抚顺等地为试点的生态工业园建设已经起步，从园区企业和资源利用情况入手，通过引进关键链接项目，大力在园区内各企业采用清洁生产，形成企业间共生和代谢的生态网络关系，实现横向耦合、纵向闭会和区域整合，促进了产业升级、换代，降低了生产成本，增强竞争实力。如抚顺结合城市经济转型，以抚顺矿业集团"一矿四厂一气"转产项目为骨干，建设集采煤、炼油、发电、生产建材和开发煤气层为一体的生态工业园区。沈阳铁西新区通过对污染企业的搬迁、改造，实现产业重组和产品升级换代，优化城市布局，从源头解决环境污染问题。目前，正在将47家重点企业构建成9条工业生态产业链和循环网络，开展物流、能流的梯级利用，工业废水50%以上通过处理后回用，年减排固体废物44万吨。大连市以消除市中心污染源为突破口，对地处市内的能耗高、污染重、效益差的工业企业进行搬迁改造。除少数企业就地关闭外，大多数企业通过盘活土地，利用级差地价获得发展资金，提高了企业技术水平。大连开发区还根据循环经济的理念，在园区内设立专门回收各企业的废弃物和危险废物以及再利用的东泰公司，实现粉煤水和废弃电子产品的资源化。开发区还集中处理污水，实现零排放和中水利用。通过科学引进项目，实现物流、能流、技术的集成和信息与基础设施的共享,达到整体效益的最大化。城市环境的改善,提升了土地价值,为引进高新技术,调整产业结构和招商引资提供了良好的投资环境与条件。

3. 循环型农业得到了发展。目前全省已建成 63 个高标准"四位一体"现代农业示范园区和 45 万亩有机食品基地。盘锦市启动建设了太平农场、鼎翔公司、西安生态养殖场、石山种畜场 4 个生态农业示范园区。西安生态养殖场以生产和利用水生植物为核心,牧渔农相结合,实行四级净化,五步利用,资源多层次开发,多级循环利用的复合生态模式,成为被联合国环境署命名的全球 500 佳之一。阜新市以双汇、大江等加工企业为龙头建立养殖业和有机农业、绿色农业发展链条,已建成以万吨肉鸡加工厂、万吨奶牛加工厂、千吨系列火腿肠加工厂为核心的、千亩以上的农业园区 15 个。全省还建成秸秆气化工程 39 处,促进了农村能源调整,带动了农业发展并拉动了养殖、种殖业的发展,中间和末端的链接企业已经形成,逐渐成为城市的支柱产业和接续产业。

4. 矿山的生态恢复、建设与资源再利用。抚顺、阜新等城市有步骤地实施了矿区生态恢复,为闭坑后建成森林峡谷公园奠定基础。采煤塌陷区计划建成 4A 级的旅游景区。循环经济内涵在老工业基地振兴、改造和枯竭型城市经济转型上得到充实和发展。

5. 城市循环型社会建设开始启动。目前,全省已建成 25 座城市污水处理厂,累计日处理能力达到 284.8 万吨,实际运行负荷达到了 80%。辽宁省日回用 120 万吨中水的工程已开始建设,占污水处理能力的 62.3%。大连、鞍山、沈阳等城市污水已实现日中水回用 45.2 万吨。鞍山西部第一、本溪第二、大连春柳河等 10 座污水处理厂共实现日回用中水 40 多万吨,主要用于工业、城市河道景观和绿化用水。以鞍钢、抚顺石化等一批用、排水大户开展中水回用为代表,已使工业企业取水量减少了24.5%。以沈阳和大连为重点,建成住宅小区、学校、宾馆等中水回用工程110多个,日回用中水4万多吨。在固体废物资源化方面,大连市在10个生活小区、学校、机关开展了生活垃圾分类收集试点。锦州建成利用生活垃圾生产3万吨/年土壤改良剂和有机肥的能力。抚顺市正在建设日处理能力800吨的分拣回收利用的生活垃圾处理厂。朝阳华龙集团公司、铁岭新新集团公司的煤矸石和粉煤灰综合利用项目投产,年利用煤矸石33万吨以及粉煤灰70万吨。

6. 积极开展废弃物综合利用。

(1)结合资源枯竭地区经济转型,开发利用矿山废弃资源,建设国家生态工业示范园。抚矿集团以"一矿四厂一气"转产项目为主线,围绕油母页岩和煤矸石综合利用,大力发展接续产业和替代产业(见图3.9)。目前,已建成年产6000万块的煤矸石烧结砖一期工程和年增产水泥27万吨的页岩废渣水泥厂扩建工程。年产59万吨油母页岩炼油扩建项目和页岩热电厂项目正在筹建之中。

(2)结合开发区整合提升,开展资源循环利用和能源梯级利用,提高区域经济运行质量。大连开发区通过建设关键链接项目,构建和完善生态工业网链,启动实施了工业介质循环利用、废旧家电综合利用和中水回用等9个工业生态链项目,已有5个项目建成投产,电镀工业园实现废水"零排放"。

(3)建设区域内企业间的关键链接项目。葫芦岛市在金属冶炼、石化、城市基础设施建设等方面实施了15个链接项目,综合利用近50万吨固体废弃物、7万吨二氧化碳和6500多吨二氧化硫,年新增经济效益7000多万元。

(4)结合资源综合利用,大力发展资源再生产业。全省已建

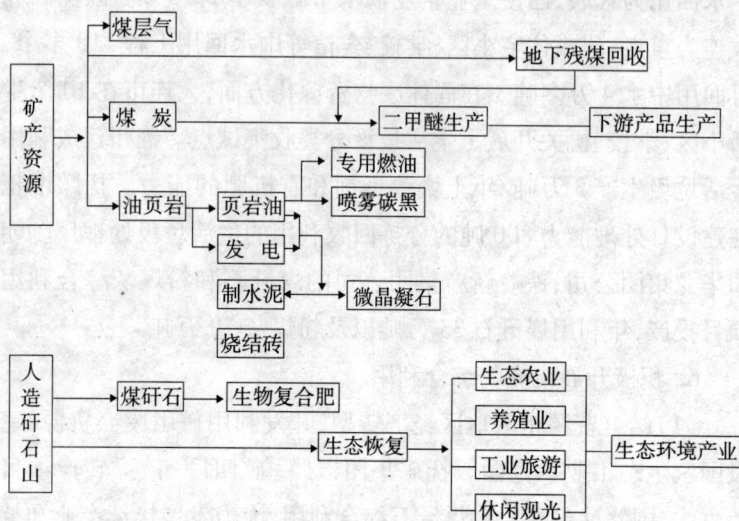

图 3.9 辽宁省抚矿集团生态工业园区循环经济产业链①

成朝阳华龙、铁岭新新等 30 多个煤矸石和粉煤灰综合利用项目，2003 年全省煤矸石和粉煤灰综合利用率达到 74% 和 47%，比2001 年分别提高了 45% 和 10%。

7. 开展循环经济宣传教育。编制了省、市循环经济发展方案，邀请清华大学金涌、钱易院士，东北大学陆钟武院士等中外专家为各级领导干部作循环经济的专题报告，结合省情剖析辽宁省开展循环经济建设对促进经济增长方式转变的推动作用。积极利用电视、报刊等多种媒体，广泛开展宣传，扩大公众参与力度。

辽宁省在开展循环经济试点工作中取得了显著成绩。目前鞍本钢铁集团、抚顺矿业集团、大连经济技术开发区已被列入国家第

---

① 《中国循环经济年鉴 2008》。

一批循环经济试点项目①。沈阳市也将建立废物资源回收利用体系，重点对垃圾分类回收、废旧电器、汽车等主要可回用的各个门类产品及附属产品进行回收利用。辽宁省开展循环经济试点的成功经验，对促进东北地区乃至我国循环经济的发展，具有重要的示范意义。

第四节　东北老工业基地循环经济发展现存问题

目前，我国推动循环经济发展的步伐不断加快，一些地区已经取得一定的成效，但是从总体上来看，我国循环经济发展尚处于起步阶段，在理论和实践方面尚存在很多亟待解决的困难和问题。东北老工业基地已经在循环经济发展模式上进行了一定的探索和努力，同样也出现了一些问题和障碍制约着循环经济的进一步发展。

一、缺乏与循环经济模式相适应的经济机制和政策体系

目前，我国的循环经济主要在企业层面以示范企业的清洁生产为核心，以污染治理和企业内部循环利用资源的方式展开。东北三省作为老工业基地，经济发展目前尚处于地方政府推动的初步发展阶段，这对循环经济长期发展是不利的。由各地采取行政

---

①　参见国家发展改革委、环保总局、科技部、财政部、商务部、统计局于2005年10月27日联合下发的文件《关于组织开展循环经济试点（第一批）工作的通知》（特急发改环资[2005]2199号）。第一批试点单位于11月1日正式启动，包括钢铁、化工在内的7个重点行业的42家企业，再生资源回收利用等4个重点领域的17家单位，国家和省级开发区、重化工业集中地区和农业示范区等13个产业园区，资源型和资源匮乏型的10个省份和城市。

手段来启动循环经济建设,虽然见效快,但是远远不如完善的市场推动机制辐射范围大,持续效果稳固。

我国推进循环经济发展的相关政策和法规体系并不健全,2003年1月1日起开始实施的《清洁生产促进法》标志着我国循环经济立法的起步,然而清洁生产针对的仅仅是经济系统的输入端,一个完整的循环经济体系则涵盖了经济系统从输入到输出的物质流动全程,这不是一部《清洁生产促进法》就能解决的问题。同时,《清洁生产促进法》中规定了对严格执行清洁生产的企业给予表彰,而在实践中激励性的表彰极为少见①。而且,并未具体明确企业责任和义务,也缺少具体的专项法规。又如《固体废弃物排放法》是鼓励开展资源综合利用的法规,但因当时对循环经济及可持续发展尚没有足够的认识,因此对回收利用的限制和排放提出的要求不高,有待于重新修订。更为常见的是"有法不依,执法不严"的现象比比皆是,由此造成严重的环境污染和资源浪费。

二、企业规模小,难以实现循环经济发展的规模效益

相对于长三角、珠三角等发达地区,东北老工业基地多为大型国有企业,但是这些企业的区位分布较为零散、经济活动相互独立,存在着布局结构不合理、集聚度不高、专业化水平较低的现象,以主导产业为龙头的产业集群、产品配套格局和工业功能区并未有效地建立起来②,同时也不利于不同企业间进行副产品交换,在一定程度上妨碍了循环经济的发展。

---

① 经对黑龙江省、吉林省及辽宁省环保局调研结果显示。
② 李相合、关立新:《区域经济协调:振兴东北经济的必由之路》,《当代经济研究》2004年第6期。

实践表明,只有实现规模经济,循环经济才能得以发展。例如,山东省在几年前强行关闭了一批年生产能力在 5 万吨以下的小造纸厂,在政府的支持下建立了几个年产量超过 20 万吨的大造纸厂,实现了造纸生产能力的规模化集聚,不仅造纸产量得到了很大提高,经济规模得到扩大,而且造纸业产生的污染大幅下降了①。

企业规模较小,不仅难以实现循环经济发展的规模效益,也不利于循环经济发展所必需的技术开发和推广。中小企业普遍存在融资困难,科研投入水平较低,创新能力相对不足等问题,对一些具有重大带动作用的关键技术开发不够,对已经开发的先进技术难以推广。

三、发展循环经济认识、经验不足

我国的循环经济发展尚处于起步阶段,缺乏必要的理论指导和经验借鉴,在实践过程中,不可避免面临很多需要解决的问题和困难。东北老工业基地同样面临这样的局面,同时,由于经济发展和产业结构以及社会形态等方面存在的特殊性,东北老工业基地在发展循环经济的过程中,对于如何在大量的以重工业为主的生产性企业中推进清洁生产,发展循环经济,如何提高公众对于循环经济的必要性和发展循环经济的重要性的认识都处于探索阶段,只能"摸着石头过河"。

也正因为缺乏可借鉴的经验和理论指导,所以东北老工业基地推进循环经济发展的过程中不可避免地要面临循环经济外部性

---

① 尚红云、周生军:《循环经济发展评价与政策设计》,中国财政经济出版社 2008 年版,第 121 页。

所带来的新的问题。外部性这一概念是由剑桥大学的马歇尔和庇古在 21 世纪初提出的。所谓外部性,就是一个行为个体的行动不是通过影响价格而影响到其他行为个体的环境①。由于环境资源的排他性很弱,故导致了其外部性较高的特征。

循环经济的负外部性是指循环经济发展中产生的二次污染与生产成本上升之和(总成本)高于循环经济对社会、经济、生态减少损害所带来的效益(总收益)。从辩证角度客观分析,循环经济可能对环境有利,也可能对环境不利。

四、企业参与意识不强

部分企业缺乏对发展循环经济迫切性和重要性的认识,对经济发展和环境之间的关系及当前两者之间的矛盾了解不够深刻,认为发展循环经济投入较大,短期内收不到实际效益,发展循环经济会影响工业经济发展,没有太多的主观能动性来真正进行产业生态化。还有一些企业对循环经济认识不足,认为清洁生产、循环经济就是治理污染②。究其原因,就在于循环经济发展缺乏有效的机制支撑,企业无法从中获得足够的利益。这导致部分企业在工业生产中片面追求局部和眼前经济利益,在发展循环经济上紧迫感不强、积极性不高、主观能动性不足。一些行业部门在其行业发展规划中也未能体现出循环经济的理念。

五、公众参与程度较低

实施循环经济不仅需要政府倡导与企业自律,更需要提高广

① 常晓素:《外部性与环境保护》,《合作经济与科技》2006 年第 4 期。
② 经对黑龙江省、吉林省、辽宁省环保局调研结果显示。

大公众的参与意识和参与能力。已经建立了循环经济体系的国家无一例外都非常重视国民的环境教育,公众从小就接受爱护环境的教育,日常行为深受影响。东北地区乃至我国始终未重视环境教育,公众环境意识还比较淡薄,缺乏对环境保护的认识,绿色消费意识和行为未在社会范围内普及,已出台的相关法律也未对环境保护或循环经济中"公众参与"进行行为的明确化、制度化,导致公众参与循环经济的行为还具有不确定性。

第五节 本章小结

东北老工业基地发展循环经济的战略选择是符合当前经济社会整体发展趋势和要求的,回顾东北地区经济发展历程,立足东北老工业基地经济发展现状,对东北老工业基地循环经济发展的必然性和可行性进行经济分析,并概括总结东北老工业基地循环经济发展现存的主要问题。

第四章 东北老工业基地循环经济发展模式研究

第一节 循环型农业

一、输入端的农业资源投入减量化[1]

循环型农业不仅要求削减有毒、有害物质投入量,研制开发新型无毒、高效优质替代品,而且要在达到既定的生产目的和消费目的的前提下,实现所有物质投入量都要削减和优化。在生产中应倡导农业清洁生产,减少物质投入,提高利用率,科学使用肥料、农药、地膜等农资[2],减少污染。

具体可从以下几方面进行。改进施肥技术和方法,在东北地区开展测土配方施肥试点,推广精准施肥新技术。将微量元素及有机肥混合配方使用,同时结合其他方法(如沼气制造有机肥),提高利用率,减少肥料损失,减轻环境污染,提高肥料利用率。开发高效低毒、低残留的农药,开发生物农药取代化学农药,强调对有害生物的生物治理,减少农药使用量。加大可降解的地膜研究

① 姜国刚:《东北地区循环经济发展研究》,中国经济出版社2007年版,第134页。
② 佟光霁:《我国农业科技园区的功能定位、建设原则与发展对策》,《科技导报》2002年第10期。

开发的力度,目前可在东北地区选取一些农区进行试点,采用切实可行的技术,实现地膜的大面积回收,待模式成熟后予以推广。

提高水的利用率,发展节水农业。农业是高耗水产业,水稻种植耗水量尤其大。东北地区是水稻主产区,也是缺水地区,因此大力发展节水农业,推广先进实用的节水技术具有现实意义。根据东北地区的实际情况,开发新水源用于农业生产可能性很小,现实可行的办法就是提高水的有效利用率,通过硬化渠道、喷灌、地膜下灌溉等新的技术方法,提高水的生态效率,在既定条件下,减少用水量,实现用水减量。

循环经济是清洁生产和废物利用的综合,清洁生产是实现循环经济的基本形式,因而农业清洁生产只是完成了循环农业的一部分,要实现循环农业。在做到上述要求的同时,必须发展生态农业,以生态农业为基础,发展循环型农业。

二、输出端的农业废弃资源循环利用

循环型农业应该创建能与自然生态循环相一致的人工生态循环技术体系,既要保持"石油农业"所创造的高效劳动生产率,又要消除"石油农业"存在的弊端。因而除包括种植业、养殖业、农副产品加工业外,还需应用现代技术创建以农副产品废弃物为主要原料的人工生态循环系统,实现农业的可持续发展①。

1. 沼气利用

随着经济和社会的发展,养殖业在农村呈现规模化、产业化的发展趋势,畜牧养殖业的污染问题也随之突出。规模化养殖场往

① 尚杰、佟光霁:《论绿色食品与农业环境保护》,《学术交流》2000 年第 1 期。

往由于资金短缺等问题,没有配套的治理设施。动物排泄的粪便及冲洗污水在没有经过处理的情况下或者进行简单处理后就直接排放到环境,通过周围水渠、河道造成地表水及地下水的污染。种植业也面临同样的问题。秸秆直接燃烧的现象仍然存在于一些农区,秸秆直接燃烧热能利用率极低(仅 10% 左右),而且大量的氮磷钾和微量元素丢失,造成资源的巨大浪费。在农村柴草做燃料、厕所难下脚、牲畜不进圈等现象随处可见,不仅在一定程度上破坏了生态环境,也影响了农民生活质量的提高。

2000 年,国家环保总局组织全国 23 个省、自治区、直辖市进行养殖业污染情况调查,结果显示,养殖业污染十分严重,主要表现为粪便排放量大,相当于工业固体废弃物的 30%[①]。研究显示,一个饲养规模为 1000 头猪的养猪场,平均日排泄猪粪尿达 6 吨,年排泄猪粪尿达 2500 吨[②]。东北地区畜牧业已具备一定的发展规模,2004 年,东北地区肉猪出栏头数为 4014.1 万头,猪牛羊肉产量为 504.5 万吨。随着东北地区发展畜牧业战略的进一步实施,畜牧业的绝对规模会持续扩张,对环境的污染特别是农区环境的污染会趋于严重。要解决畜牧业污染,可按照循环经济的理念,使废物减量化、无害化、资源化,合理有效地利用资源,在进行资源价值创造的同时,可以为养殖业提供更为广阔的发展空间。

沼气利用是指农作物秸秆、木屑、树叶和人畜粪便经沼气池发

① 刘红侠、陶建国、王建芳等:《畜禽养殖业污染与循环经济》,《污染防治技术》2003 年第 9 期。
② 单计光、谭支良、汤少勋:《养殖业排泄物对环境的潜在影响与生态管理》,《重庆环境科学》2003 年第 12 期。

酵后,产生的沼气、沼液、沼渣可以作为农业生产的肥料和农区居民生活的能源进行再利用。沼气技术是实现农村能量和物质转化的关键生态链接技术[1],从农产品废弃物综合利用的角度出发,建立以沼气为纽带的生态链(见图4.1),不仅实现了再生资源优化处理,解决了农业废弃物污染问题,而且为农村提供了新型能源,有助于农村能源建设,进一步改善生态环境。

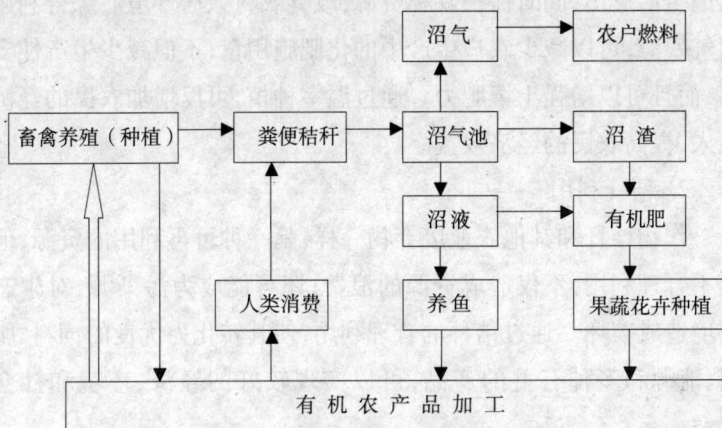

图4.1　以沼气为纽带的循环型农业模式

目前在东北地区发展沼气利用的重点应是继续推广"四位一体"模式。"四位一体"生态生产模式是辽宁省首创的以沼气为纽带的能源生态综合工程[2]。该工程依据生态良性循环的原理,将沼气池、畜(禽)舍、厕所和日光温室有机组合,在生产中人畜粪便

---

① 尚杰:《农业生态经济学》,中国农业出版社2000年版,第152页。
② 潘天敏、严坤元:《辽宁省"四位一体"日光大棚与农业循环经济》,《社会科学辑刊》2004年第1期。

作为发酵原料,生产的沼气可用于生活做饭、照明,沼液、沼渣可作为温室种植肥料,牲畜呼出的二氧化碳可提高蔬菜品质和产量,当年即可回收成本,是效益明显、可行性强的技术。

以沼气为纽带的农业资源综合利用,是东北地区发展循环型农业的核心,具有显著的经济效益和生态效益。通过农户日常生活中使用沼气作为新能源,可以减少农区燃煤和木材的使用,减少农民生活支出,同时保护森林资源,改善农村人居环境。综合利用沼气残渣,可以减少农户生产中的化肥施用量,不但减少生产性支出,而且可以增强土壤肥力。通过温室种植,可以增加农民的经济收入,提高农民的经济效益。

2. 秸秆利用[①]

作物秸秆和其他农业废弃物一样,是一种可再利用的资源,但若不合理利用,不仅造成资源的浪费,还可能成为污染源,对生态环境造成破坏。通过秸秆的合理利用,使其转化为优良的饲料、肥料、能源和多种有益的产品,可以实现较好的经济、环境和社会效益。

从总体上看,东北地区秸秆的循环利用还处于初级阶段,多数未经加工和利用,而是春耕前直接焚烧,不仅浪费资源,而且造成了大气污染。即使是简单的秸秆粉碎、铡切和还田,也尚未做到。这与东北地区丰富的秸秆资源相比极不相称。所以,在秸秆循环利用方面,东北地区应以丰富的秸秆资源为依托,吸收消化国际上先进的科技成果,依靠科技进步与创新,加大秸秆综合利用的开发投入,形成自己的技术优势,研究开发主导产品,提高产品档次,提

---

① 姜国刚:《东北地区循环经济发展研究》,中国经济出版社 2007 年版,第 138—140 页。

高附加值。目前东北地区重点采取的可行措施如下。

（1）因地制宜，实现秸秆还田。农作物秸秆中含有氮、磷、钾、镁、钙、硫等农作物生长所必需的营养元素，是丰富的肥料资源。通过秸秆间接还田、直接还田的办法，能有效提高土壤肥力，替代化肥，从而降低农作物的残毒，提高农产品的国际市场竞争力。东北地区大中城市郊区经济发达，能源充足，在满足工业和养殖业所需的秸秆外应全部粉碎还田，增强土壤肥力，促进农业的良性循环。但考虑到秸秆在土壤内腐烂速度较慢，会影响农田作业，因此秸秆直接还田要平衡农业生产效益与效率，充分考虑农业生产需要，把握推广尺度。

（2）发展沼气工程，实现秸秆的循环利用。沼气是利用作物秸秆资源的有效途径，其热能利用率比秸秆直接燃烧高 3～4 倍，沼肥肥效比秸秆直接还田提高 1～1.5 倍。秸秆燃气技术还可以减少秸秆焚烧造成的大气污染，节约天然气、煤炭等不可再生能源，改善农民生活质量，减轻劳动强度，改善农村卫生条件。

（3）发展秸秆的深加工。农作物秸秆加工产品是国际市场有竞争力且是相对比较优势的产品。东北地区秸秆主要是小麦秸秆、玉米秸秆、大豆秸秆，其中玉米秸秆可作为青贮饲料，小麦秸秆和大豆秸秆可加工为高蛋白饲料发展畜牧业。国际市场对秸秆粉的需求量相当大，国外鸡饲料就要求添加 5% 左右的秸秆粉，牛羊等反刍牲畜对秸秆粉的需求量更大。国外 1kg 秸秆粉的价格相当于 1kg 黄玉米的价格，即 0.7 元人民币左右，市场前景较好①。可以将秸秆加工为秸秆粉或将秸秆压缩打包后（如制成茶砖形状）

① 奈民夫·那顺、高翔、梁继业：《循环经济的产业化体系》，《内蒙古农业大学学报（社会科学版）》2002 年第 1 期。

运至牧区发展畜牧业。秸秆粉碎处理后,可以加工成食用菌培养基或防汛用草袋及日用草绳,也可以利用秸秆编织制作手工艺品,还可以利用秸秆造纸、制作纤维板。但秸秆制板利润空间小,企业竞争力差,政府应予以相应的倾斜政策,如税收减免、补贴等,对资源综合利用企业进行扶持。

农作物秸秆的深加工行业可以容纳较多的农业富余劳动力,推动东北地区乡镇企业的发展,具有较高的经济效益和生态效益,可以促进东北地区工业带动农业,实现城乡协调发展的战略。

三、生态农业模式

生态农业是指在环境与经济协调发展思想的指导下,按照农业生态系统内物种共生,物质循环,能量多层次利用的生态学原理,因地制宜利用现代科学技术与传统农业技术相结合,充分发挥地区资源优势,合理组织农业生产,实现农业高效、持续发展,达到生态和经济两个系统的良性循环①。

国内外大量生态农业实践证明,建立起多层次、多功能的生态系统,可以少投入并获得高效益。一方面可多层次综合利用各种农业生态系统的产品,创造出市场需要的商品,提高附加值;另一方面使各种废弃物得到多层次利用,通过资源的层级利用,可以生产出更多的产品投入市场,使生态农业处于"资源—产品—资源"的良性循环之中,实现资源的价值创造。因此生态农业生产系统是循环型农业发展的最佳依托模式。

---

① 尚杰:《中国农业资源可持续利用的途径研究》,《黑龙江工程学院学报》2002年第2期。

东北老工业基地生态农业发展可以采用以下两种模式①。

1. 资源高效利用的共生生态农业模式

按照生态经济学原理把几种可以相互促进的物种组合在某个农业生态系统内，使各物种之间通过综合利用达到同步增产，改善生态环境，实现良性循环的目的。采用这种模式，可充分利用农业资源，使产业结构趋向合理，并保护农业生态环境。东北地区应在农业中充分发挥这一特色，积极推行轮种、间种，同时通过沼气的规模化应用，发展大棚无土栽培、立体种植，强化种养一体化，强调资源的层级利用，如利用作物秸秆作饲料养猪，猪粪养蛆，蛆喂鸡，鸡粪施于农田，通过废弃物被合理利用，提高农业的综合效益，同时达到保护和改善生态环境的目的。

2. 资源微观集聚的家庭生态农业模式

在东北农村应建立和推广家庭生态农业模式，例如，以生物食物链为平台，构建以"种加养"和沼气为核心的微观循环经济，形成"作物—家畜—沼气"的循环网，解决厕所卫生、畜圈卫生、秸秆气化、排除污染、庭院绿化等一系列问题，实现了生物质能的循环利用，使农户庭院、养殖场成为绿色畜牧、绿色种植同步发展的自然经济体。

大力发展沼气是个中心环节，它的前端可以促进农业向畜牧业转化，它的后端能够促进农村能源结构的改变，并且增加高效有机肥。东北地区家庭生态农业模式的发展，应充分利用沼气的模式，在推广"四位一体"的基础上，选取有条件的农区作为试点，在相关政策(政府补贴+低息贷款)的引导下，重点推广"五位一体"

---

① 姜国刚:《东北地区循环经济发展研究》,中国经济出版社2007年版,第141—142页。

模式,待条件成熟后在东北农区予以推广。

"五位一体"是指在"四位一体"(沼气池、畜禽舍、厕所和日光温室)的基础上,针对东北地区冬季气温低、沼气池产气少的现象①,通过采用燃池增温的方式,形成沼气池、畜禽舍、厕所、日光温室、燃池"五位一体"的家庭生态农业模式②。燃池为包围沼气池的圆形结构,是一种给沼气池增温的设施。燃料由外层向中心燃烧,无烟且燃烧安全,增温、除湿、节能效果明显。这一方式可以解决北方省份沼气池冬季产气少的问题,实现了温室增温,为种植与养殖提供了适宜的生长环境。

"五位一体"的家庭生态农业模式可以将温室、猪舍、沼气池、厕所、太阳能热水器、节能炉具及节水灌溉等设施合理配置,把种植、养殖、生物质能转换、新能源开发、常规能源的节约与土肥等技术融于一体,使不同资源可以做到科学转换和高效利用,使经济、生态实现良性循环。

四、循环型农产品加工业

农产品加工是连接第一产业与第二、三产业的桥梁,是提高农业效益、农村发展和农民致富的关键措施。农产品加工能使廉价农产品大幅度增值,附加值提高。例如玉米经一次加工可增值1～2倍,经二次加工可增值5～10倍,经三次加工可增值10～100倍(张军,2004)。

农产品加工业是构建循环型农业的重要内容。循环经济在农

---

① 沼气池的适宜发酵温度为10～25℃,最佳发酵温度为20～25℃之间。

② 侯新培、翟国勋、侯新月等:《寒区节能日光温室"五位一体"生态能源系统》,《农机化研究》2004年第2期。

产品加工业中的应用,主要体现在对各类农产品及其初加工后的副产品及有机废弃物进行系列开发、反复加工、深度加工,不断增值。农产品加工业不同于一般的工业,在其加工生产中产生的废弃物绝大多数属于原来农产品的组成部分,仍然含有大量的有机质,相对开发价值高,开发成本低,开发技术容易掌握①。目前东北地区农产品加工业发展循环经济理念导入滞后,农副产品生产、加工过程中产生的大量废弃物未得到综合利用,不仅造成了资源浪费,更造成了环境污染。东北地区农产品深加工企业应根据循环经济模式的要求,构建循环型农产品加工业,强调在正常的产品生产的同时,要对加工过程中产生的副产品及有机废弃物进行成分分析,利用生物技术等高新技术手段,开发新的产品,延伸产业链,扩大企业规模,提高经济效益,把增加的经济效益留在农业生产体系内,使农产品加工业由资源消耗型向高效利用型转变。循环型农产品加工业不仅可以提高对农产品的综合利用率,而且可以使加工企业本身减少对环境的污染,减少农产品加工业带来的负面效益,从基础上保证农业的可持续发展,实现经济效益、社会效益和生态效益的统一。

第二节　循环型工业

循环型工业是指仿照自然界生态物质循环的方式来规划工业生产系统的一种工业发展模式,在循环型工业系统中各生产过程不是孤立的,而是通过物质流、能量流和信息流互相关联,一个生

---

① 鹿春芳:《适应扩大的消费需求加快发展农产品加工业》,《农产品加工学刊》2006年第2期。

产过程的废物可以作为另一个过程的原料加以利用。循环型工业作为循环经济实践的重要形态,可以使工业增长与资源节约、环境保护有机结合起来,彻底摒弃了经济发展与环境保护相互割裂、"先污染、后治理"的传统工业增长模式。

一、清洁生产

根据美国环境计划和美国工业发展组织对清洁生产的定义①,清洁生产是将综合的预防性环境战略持续地应用于工艺、产品和服务中,从根本上提高效率并减少对人类和环境的危害。清洁生产的目标可以概括为以下几个方面。第一,生产工艺要以节约原料和能源,消除有毒原料,减少排放物和废物的数量和毒性为目标。第二,产品目标是从原料的开采、提取到产品的最终处理的产品生命周期内减少负面影响。第三,服务目标是在服务的设计和实施过程中考虑环境的利益。

1. 推进清洁生产②

清洁生产是一项实现经济与环境协调发展的环境策略,它的一个重要方面是通过强化生产过程控制来削减污染,即通过工艺技术的改进和管理态度的改变来实现污染减排。企业根据循环经济的思想设计生产过程,促进原料和能源的循环利用,积极采用生态工业技术和设备,设计和改造生产工艺流程,形成无废、少废的生态工艺,使上游产品所产生的废弃物成为下游产品的原料,在企业内部实现物质的闭路循环和高效利用,减轻甚至避免环境污染,

---

① Tim Jackson. Clean Production Strategies. Lewis Publisher. USA,1993:1-3.
② 姜国刚:《东北地区循环经济发展研究》,中国经济出版社 2007 年版,第145—146 页。

节约资源和能源,实现经济增长和环境保护的双重效益。清洁生产把污染尽可能地消除在生产过程中,减轻了末端治理费用。清洁生产是企业内部的资源集聚,是循环经济的基础。

我国清洁生产以1994年12月"中国国家清洁生产中心"设立为起点。东北老工业基地的产业结构以重工业为主,生产中污染严重,清洁生产对东北地区具有现实意义。东北老工业基地推进企业进行清洁生产应以下几方面为推进基点。

(1)在企业层面全面宣传与推广清洁生产知识,使企业管理层和员工充分了解清洁生产的意义与基本模式。通过意识传播,提高企业内部人员参与积极性,从基层角度激发资源节约和清洁生产技术变革的提议。

(2)强调生产中的新技术应用与推广,改变东北地区设备陈旧、技术落后的普遍现象。最佳选择是引进先进设备和技术,但在条件不允许的企业,操作中可与一些工科院校进行"产学研"合作,吸纳最新管理与技术理念,以现有设备、技术为基础,对设备进行现有状况下的最优改进,尽量降低成本,提高综合效益。

(3)宏观层面应淘汰和限制高能耗、高投入、低产出、重污染的企业和产业,坚持用市场经济的手段优化资源配置,研究开发清洁生产工艺技术,建立和完善行业清洁生产审核技术指标体系,减少生产过程中产生和排放的污染物,降低生产成本。

(4)推行ISO14001认证活动,促进工业企业与国际接轨。ISO14000系列标准主要由三大部分组成,即环境管理体系、环境审计、环境生命周期评价。其中ISO14001环境管理体系是ISO14000环境管理系列标准中的核心。该体系与清洁生产有相同的思想,如要求减轻环境影响、降低能源原材料的消耗、减少污染物排放、污染全程监控等。ISO14001所要求建立的环境管理体系可以为企业推行清洁生产提供组织、制度上的基础。ISO14001环境管理体系的建立需要一个不间断的过程来推行清洁生产,因此企业必须成立相关的推行清洁生产的组织,使清洁生产的实施成为企业正常运营的必要组成部分。企业建立了 ISO14001 环境管理体系后,会提高企业的知名度和美誉度,加强企业的环保形象,并进一步得到国外相关企业、政府的认可,提高企业的国际竞争力。

(5)发挥外部激励的作用。清洁生产需要政府的倾斜政策支持,因此政府应出台一些地方性法规,对清洁生产效果较好的企业实行一定的减、免税措施,或为企业利用外资起到信息提供与服务作用。

2. 导入生命周期评价技术[①]

生命周期评价(Life Cycle Assessment, LCA)涉及产品生命周期全过程,是一项记录并评估产品系统在其生命内、输出及潜在环境影响的技术。生命周期评价理论是循环经济的微观技术思路之一。1990 年国际环境毒理学与化学学会(SETAC)首次提出了"生命周期评价"的概念。该理论认为,一种产品从原料开采开始,经过加工、产品制造、包装、运输和销售,经由消费者使用,然后回用再循环或作为废弃物处理,这个过程中(即产品的生命周期)都贯穿着自然资源的消耗和污染的排放,因此资源控制和污染预防也应贯穿始终(见图4.2)。生命周期评价理论针对产品在生产中资源消耗和污染排放,要求对原材料开采、加工、产品设计制造、包装储运、销售使用,直到最后废弃处置的全过程进行分析,主张从产品原材料供给过程、产品制造过程、产品使用过程直到废弃物处置

---

①　姜国刚:《东北地区循环经济发展研究》,中国经济出版社 2007 年版,第146—147 页。

过程,都应对环境影响最小。因此,生命周期评价理论又被称为
"从摇篮到坟墓"的分析(Cradle to Grave Analysis)。

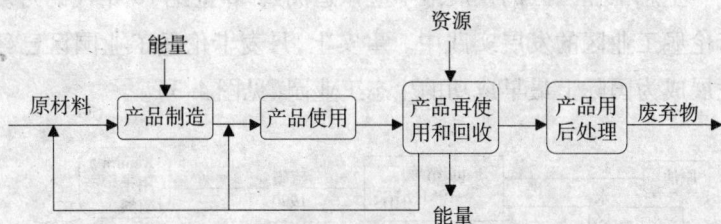

图 4.2　产品生命周期评价技术框架

1993 年,国际标准化组织环境管理技术委员会制定了
ISO14000 环境管理系列标准,LCA 被纳入其中。我国政府对生命
周期评价的工作也很重视,于 1999 年和 2000 年相继推出了
GB/T24040—1999《环境管理生命周期评价原则与框架》及
GB/T24041—2000《环境管理生命周期评价目的与范围的确定和
清单分析》等国家标准。

生命周期评价关注在源头预防和减少环境问题,而不是等到
问题出现再去解决。这一点对于东北地区工业清洁生产具有直接
的指导意义。东北地区是我国老工业基地,企业规模大,国有企业
比重高,设备传统、技术落后,生产中存在相当的资源浪费现象。
造成浪费的原因既有生产技术落后造成的,也有管理机制不恰当
的原因。通过生命周期理论的推行,可以评价产品生命周期各阶
段乃至不同产品生命周期对环境产生的不同程度的影响,可以从
机制角度促进老企业生产理念、生产技术、生产行为的改进,提高
企业资源利用效率,为企业与政府的管理决策以及消费者选择产
品提供必要的依据和信息支持。

二、生态工业园区

生态工业园区的发展最早应该追溯到 20 世纪 70 年代的丹麦卡伦堡工业区的发展实践中。事实上,丹麦卡伦堡工业园区已经发展成为国际上最早成功的生态工业园(见图 4.3)。

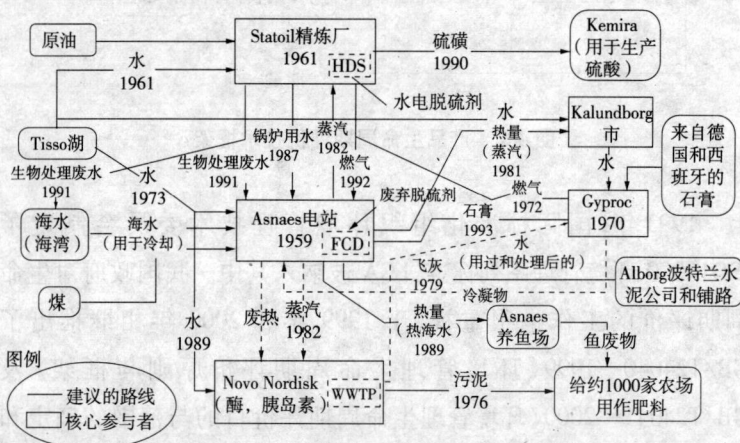

图 4.3　1995 年的卡伦堡工业共生体的产业构成①

1. 生态工业园区的内涵理解②

生态工业园区(Eco-Industrial Parks,EIPs)是继工业园区和高新技术园区的第三代工业园区,是指以循环经济理论及工业生态学为指导,使生产发展、资源利用和环境保护形成良性循环的工业

---

① 徐大伟、王子彦、谢彩霞:《工业共生体的企业链接关系的分析比较——以丹麦卡伦堡工业共生体为例》,《工业技术经济》2005 年第 2 期。

② 姜国刚:《东北地区循环经济发展研究》,中国经济出版社 2007 年版,第 148 页。

园区建设模式。生态工业园区内部企业与企业之间通过循环,形成共享资源和副产品的产业共生组合,使一家企业的废热、废水、废物、余能不是直接排放,而是成为另一家企业生产产品的原料或动力加以循环使用,尽量做到零排放,使各企业之间在资源和能源方面形成互补、配套的格局。

生态工业园区中具备关联性的企业本身就是集群的一种表现形式,具有明显的集群经济效应。但是它与传统的集群存在本质的区别:即生态工业园区是基于资源型集聚机制下形成的资源型集群,其联结纽带是资源的层级利用与价值创造。而传统集群是基于劳动分工与专业化生产体系下形成的企业集聚体,其联结纽带是产品生产的细化与协作关系。

2. 生态工业园区的演进机理①

生态工业园区的形成与发展与企业所面临的资源成本和政府的规制力度存在正相关关系。通过资源型集聚形成生态工业园区,可以通过生产行为中产生的副产品的交换,使原来的废弃物排放转变为资源的输出,在提高经济效益的同时减少污染治理费用,实现经济和环境的双赢,是资源分工演进阶段企业的最优选择。资源型集聚至少包含两个内容。第一,集聚意味着资源综合利用过程中较低的交易费用,没有集聚就没有竞争优势。第二,集聚并非简单的企业集中,而是具有资源层级利用的关联性企业集群自身的生长过程。资源型集聚(生态工业园区)的形成与演进机理如下。

(1)对于未集聚的单个企业,通过确认生产中的副产品与排出的废弃物,使生产中具有资源利用承接性的企业迁移至特定区

---

① 姜国刚:《东北地区循环经济发展研究》,中国经济出版社 2007 年版,第149 页。

域形成资源型集群。

（2）在传统工业园区中,通过政府宏观调控,对企业集群中的非环保或污染重、危害大的企业进行政策干预,征税、将其迁出或限期寻找下游企业,形成向资源型集群的演进。

（3）如果新的企业进入集群,那么该企业可能排放新的副产品与废弃物,将破坏原集群的平衡。因此必须分析原集群是否能吸纳新进企业的排放物,如果无法吸纳,则必须寻找合适的企业来吸纳新带来的排放物,以维持原集群的平衡。

（4）企业在吸纳上游的副产品与废弃物后可能又会产生新的剩余物,这时可能还要引进新的下游企业来承接。此时分析再引进新企业和集群自己治理消化副产品与废弃物的成本及效益,选择合适的方案。

但是在企业实际运营中,寻找具备高度相关性的两家或多家企业是十分困难的,信息的不对称导致企业需要支付较高的交易费用。解决这一问题的最优选择就是成立一个专门的经纪公司(可由园区管理公司兼任或园外经纪公司专任),其职责就是通过掌握完全的信息,降低资源传递中信息寻求双方的交易费用,使具备资源层级利用相关性的企业能实现园区内的集聚或通过完全信息与资源传递带动虚拟集聚的实现,提高资源利用效率和经济运行效率。生态工业园区的管理公司应从基础设施、信息、环保知识培训等方面为入园企业提供高效的服务,形成良好的园区运行机制,促进资源型集聚的成型。利用资源型集聚的规模效应和辐射作用,吸引更多的关联性企业、资金和技术注入园区,强化园区内部的资源分工程度。

3. 生态工业园区的分类

生态工业园区的分类方法较多,但比较常见的是根据生态工业园区的建设基础将其划分为三个类型。

（1）现有改造型。改造型园区是对现已存在的工业企业或传统工业园区，通过适当的技术改造，在区域内成员间建立废物和能量的交换关系。

（2）全新规划型。全新规划园区是在园区现有良好规划和设计的基础上进行开发建设，吸引具有资源层级利用关联性的企业入园，并通过基础设施的建设与完善，使这些企业间可以进行废水、废热等生产过程中排出的废弃物和副产品的交换。这一类工业园投资大，对其成员的要求较高。

（3）虚拟型。虚拟型园区不严格要求其成员在同一地区，而是利用现代信息技术，通过园区信息系统在网络上建立成员间的物、能交换联系，然后再在现实中加以实施。

4. 东北地区生态工业园区建设思路①

影响资源型集聚的首要因素就是企业之间资源层级利用的相关性。东北现有生态工业园区存在着发展上的不完善，从资源分工角度讲，主要表现在一些进入工业园区的企业间资源利用的层级传递性特点不突出、不普遍。这主要是由于东北地区循环经济发展机制不健全导致的制度规制缺位造成的。据此，笔者认为东北老工业基地生态工业园区的建设可遵循以下发展思路。

（1）在现有工业园区及高新技术园区基础上发展生态工业园区。东北地区生态工业园区的建设不应该避开现有工业园区的基础重新圈地和重新建设基础设施，这不但不经济，而且也存在相当大的困难，在原有园区的基础上改造是一种行之有效的方法。东

---

① 姜国刚：《东北地区循环经济发展研究》，中国经济出版社2007年版，第150页。

北地区工业园区和高新技术开发区已有一定的发展,基础设施条件已初具规模,一些园区已经成为具有一定规模的工业基地,这些都为生态工业园区的建设提供了众多的可选择空间。可以将现有政策优惠转向完善机制下的利益驱动,促进东北地区生态工业园区的发展。

(2)保证入园企业具备资源层级利用的关联性。生态工业园区是循环经济发展的基础,园区内各企业间具有资源层级利用关联度或潜在关联度,或者通过一定环节的补充,能够在各企业间建立起多通道的资源链接,形成互动关系。如果企业间没有资源层级利用关联性或关联潜力,就不可能形成生态工业。东北地区生态工业园区在形成过程中,必须重视的一个问题就是保证入园企业在资源利用上具备层级利用的可能,杜绝为追求政绩而降低入园限制,导致不具备资源层级利用关联性的企业入园的现象。根据东北自然资源和产业结构特点,目前是以发展生态工业园区的产业主要可设计为"煤—电—建材"园区、"煤—煤化工"园区。如在热电厂周边规划建设生态工业园区,可以利用热电厂产生的副产品(废水、废热、废渣)进行资源的综合利用(建设水泥厂、建材厂)。

(3)在园区内建设完善的循环经济体系。在东北地区建立生态工业园区可以从以下三个层次着手。①产品层次,要求园区企业尽可能根据产品生命周期分析、生态设计和环境标志产品要求,开发和生产低能耗、低消耗、低污染、可再循环的产品。②企业层次,尽可能在企业内部实现清洁生产和污染零排放,同时建立ISO14000环境管理体系。③园区层次,建立园区水平上的ISO14000环境管理体系和园区废物交换系统等。这样,通过园区、企业和产品不同层次的循环经济体系,为生态工业园区建设提供保障。

（4）构筑循环经济的信息平台。以园区内企业和园区外相关企业为依托,整合废弃物的性质、来源及固体废物管理与交换等内容,建设资源回收利用信息网,通过循环经济信息交换平台,及时发布各类循环经济市场信息,实现资源共享,多渠道地为企业提供生态与环保知识技术和开展副产品交换的机会,促进资源在不同地区的集聚与利用,降低交易费用。尤为重要的是,对于某些位于城区内搬迁成本巨大的企业,可以为其生产过程中排出的废弃物找到合理的输出渠道,在提高综合效益的同时可以促进虚拟型生态工业园区的发展。

（5）加强国外资源的利用。东北地区应以多种方式吸引国外资金,引进先进技术,缩短在环境保护方面与发达国家的差距。还应积极参与全球环境合作,利用国际社会对环境保护项目的支持,提高资源综合利用能力和环保技术水平。

第三节　循环型服务业

服务业在循环经济发展中具有特殊性。服务业属于物资集散和消费环节,产生的废弃物量大面广,许多服务业废弃物可以非常容易地进入循环经济系统。服务业中某些行业属于不消耗或极少消耗自然资源的产业(如软件业、咨询业),主要是以人力资源为投入要素。因此服务业循环经济发展的关键之处就是根据不同行业制定针对性强的资源循环利用制度,重点培养产业内资源节约意识,提高经营业主的环保能动性,主动配合资源循环利用的具体要求,这可以在很大程度上降低废弃物回收的成本。建议对经营业主建立两种机制。①教育机制,通过教育使业主真正了解他们所作所为的重要意义与社会价值,使其在经营中重视资源的节约与综合利用,增强行为主动性的产生。②激励与约束机制,对主动配合废弃物回收的业主,可采取物质奖励和税率优惠的回报性政策。建议加强举报的奖励设置,鼓励举报不良违规业主,限制违规业主的不良行为,针对其行为,采取一定的具体惩罚措施。

一、旅游业循环经济模式

旅游业由于具有资源耗费少、产出大、关联度大的特点,其经济产业地位和作用已经引起了全社会的关注。但旅游业对环境也有直接或间接的影响,如旅游设施建设和运行不可避免会对当地环境产生一定的直接影响,而且旅游业也需要一定的资源、能源投入,同样排出废弃物,面临产业对环境资源的扰动等现象。

东北三省有着发展旅游业的明显优势,冬季的雪景、夏季的森林、北方的山脉、南部的海洋,地域辽阔,旅游品种丰富。东北地区应充分发展旅游经济,提高旅游业在第三产业中的比重,并重视把循环经济理念引入旅游产业发展中,创建以"生态旅游"为导向的产业发展。生态旅游是指能为游客提供优质的、人与自然相互交融的环境,并不对自身以及周围环境造成损害,实现旅游产业的良性循环和可持续发展。推动东北地区旅游业循环经济发展的措施如下。

1. 重视旅游产品的清洁生产与阶段性建设

在各旅游区逐步建立生态旅游管理机制与经营理念。景区内应设立生态景观解说系统、环境卫生标识、废物分类收集系统,以清洁生产技术为支撑,积极加强景区景点环境的整治、保护工作,实现固体废弃物减量化、资源化管理和无害化处理。同时,提升各大旅游区的生态品位,在宣传著名旅游品牌的同时,把生态观念与资源保护融入旅游的各个环节,全力提升旅游活动过程中的循环经济意识和水平。

　　旅游业清洁生产的概念是清洁生产在旅游业中的延伸和实际应用,主要涉及清洁旅游企业和清洁旅游产品两个部分,如图4.4所示。

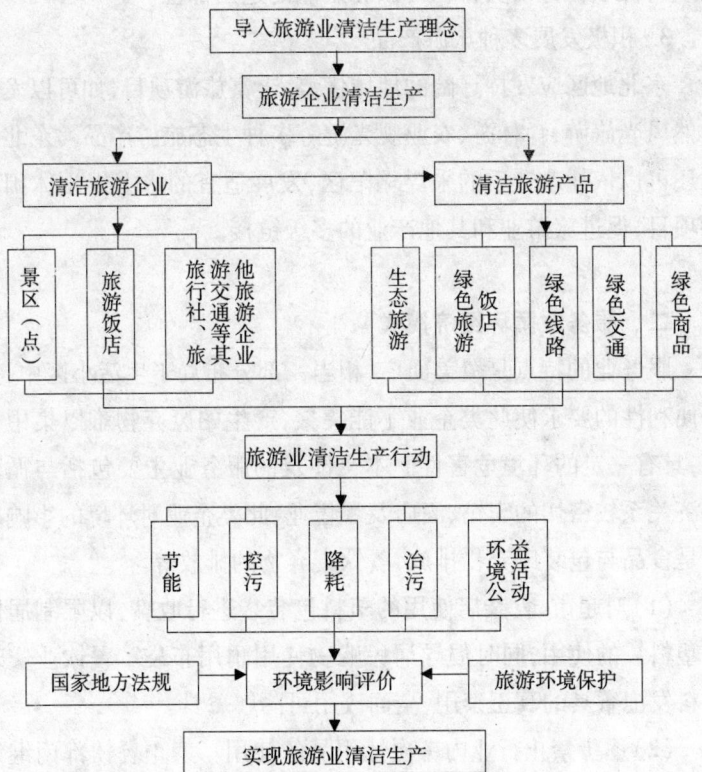

图4.4　旅游业清洁生产模式①

――――――――――

　　①　黄贤金:《循环经济:产业模式与政策体系》,南京大学出版社2004年版,第135页。

2. 提高游客参与度

游客参与是指作为个人行为的自我约束,如公共场合不吸烟,不乱刻划,爱护绿化等。主管部门一定要充分调动游客的积极性,将制定好的规章制度宣传到位,深入到每位游客中去,可运用广告牌或将提示性标语安排在门票和景点的适当部位。

3. 积极发展多种旅游产品

东北地区应发挥辽阔的地域优势,丰富旅游项目,如可以发展自然风光旅游、森林游、农业观光游等多种生态旅游产品。东北地区还可以依托改造后的采煤塌陷区,发展适宜的水上娱乐休闲旅游项目,促进旅游业和其他产业的多级链接。

二、服务业循环经济模式①

服务业的特点是覆盖面广,相当一部分布局于生活小区中,消费便利性的要求使此类企业不能集聚,产生的废弃物难以集中处理,具有一定的环境危害性。本文涉及的服务业主要包括与循环经济关系较密切的宾馆、酒店及零售业,此类企业对环境的影响主要是食品与包装废弃物排放、餐饮废弃物的排放等。

(1)对超市、食杂店使用的塑料包装袋进行收费,以限制居民对塑料袋的使用,同时倡导居民购物使用耐用布袋。餐饮业实现塑料发泡餐具的真正禁用,全面改用可降解餐具。

(2)逐步禁止行业内一次性用品的使用。禁止餐饮部门继续使用一次性卫生筷子,必须使用消毒筷子,以减少木材的浪费。禁止宾馆继续向客人提供一次性用品,可提供消毒物品或由客人自

---

① 姜国刚:《东北地区循环经济发展研究》,中国经济出版社 2007 年版,第154 页。

备。也可在入住后一次性提供必要的日用品,短期住客住宿期间不予更换。

(3)对饭店、宾馆产生的餐饮废弃物进行有效处理。餐饮业在服务业中占据一定的地位,排出的餐饮废弃物对环境污染和居民生活影响较大。目前,饭店、宾馆的餐饮废弃物基本上被养猪户直接喂猪。餐饮废弃物本身可能已受污染,会产生多种病菌,被猪食用后,就转移到猪的脏器之中,人食用猪肉后即对人体产生危害。餐饮废弃物喂猪虽然是明令禁止的,但餐饮业由于自身经营需求,一般不管这些餐饮废弃物的去处。另外,餐饮废弃物含油量大,既污染土地又容易滋生有害菌群,这也妨碍了公共卫生安全。东北地区应通过市场机制加强监管,成立专门的餐饮废弃物处理企业,由环卫部门对餐饮废弃物进行统一回收,由专门企业进行脱水、高温加工、消毒处理,形成新型饲料投放市场。鉴于对餐饮废弃物处理成本较高,为降低这类企业的生产成本,政府可以对企业实行税收优惠,并在一定程度上给予补贴,促进其进行规模生产,降低成本,提高企业运行效率。

沈阳市环保局委托沈阳市环境科学研究所从事餐饮废物资源化利用技术的研制开发,目前已经取得了重大成果。该技术主要是通过脱水、高温灭菌、干燥破碎和筛选等工序,使餐饮废物转化为固体高蛋白饲料。其成分中含蛋白 24%、粗脂肪 26%、钙质 0.6%、磷 0.5%、粗纤维 0.06%,符合饲料产品标准。为使该技术产业化应用具备可行性,沈阳市还在于洪区平罗、沙岭、李官等乡镇养猪场进行了大面积的喂养试验,结果显示,该技术具备应用性。目前,该技术已在沈阳市实现了产业化,建立了两个以餐饮废料为生产原料的饲料加工厂,吸纳并分解沈阳市每年近 10 万吨的餐饮废物,并取得了相应的经济效益①。该模式为东北地区乃至全国的餐饮废弃物加工提供了可行的经验借鉴。

三、物流业循环经济模式②

物流业工作流程由储存、运输、装卸、包装、配送、流通加工等相关环节构成,不可避免地对环境造成一定的污染。物流业循环经济是指通过在物流过程中强调清洁生产和资源回用,通过物流沟通,使资源得到最充分利用,以降低对环境的污染,减少资源消耗。循环经济的实质是沟通上下游企业的物流,使资源得到最大限度的利用,因此从循环经济角度讲,东北老工业基地的物流业循环经济应重点发展为实现资源回收再利用而进行的逆向物流业。

逆向物流,亦称静脉物流,涵盖了生产、流通、消费及回用四大领域,构成了一个完整的循环③。具体说,在生产领域中经生产消费或者生产消费后产生的废弃物品中可以回收复用的部分物品,通过回收、分类、加工、复用的物流活动将其回收。在流通过程中众多不合格物品的返修、退货以及周转包装容器从需方返回到供方所形成的物品实体流动。在消费过程中对消费者消费后产生的废旧物品的回收利用。回用领域即废弃物物流,将经济活动中和消费过程中失去原有使用价值的物品,根据实际需要进行收集、分类、加工、包装、搬运、储存等,并分送到专门处理场所时所形成的

① 根据辽宁省环保局调研资料改编。
② 姜国刚:《东北地区循环经济发展研究》,中国经济出版社2007年版,第155页。
③ 秦苏涛:《基于免疫的生态工业企业集群可持续发展研究》,《财经论丛》2004年第4期。

物品实体流动。

发展逆向物流意义重大。从本质上说，逆向物流是覆盖面较广的社会资源回收网络，是通过各种回收策略，使自然资源的流动形成一个闭合或趋于闭合的回路，对社会层面的循环经济发展具有基础性作用。同时，逆向物流有助于虚拟型生态工业园区的副产品交换。因此，东北地区循环经济发展一定要以发展逆向物流业作为培育社会资源回收网络的基础和手段，从长期促进社会层面循环经济的形成与完善。

第四节　循环型城市①

城市是吸纳与排放资源的集聚地，因此构建循环型城市对发展循环经济意义重大。针对东北地区许多城市的建成与发展和工业企业相混合、功能混乱，笔者建议以老企业搬迁、土地置换为契机，合理使用城市土地资源，建设完善高效的基础设施体系和优美的生态景观，提升城市整体的环境水平和城市功能，构建"资源能源消耗低、经济效益高、环境负荷小"的循环型城市。

一、城市生活废弃物的综合利用

随着经济建设和城市化发展，城市生活垃圾产生量剧增，绝大多数城市采用露天堆放、焚烧、填埋的方式进行处理，对土壤、地下水、大气等都造成了现实的影响和潜在的危害，带来了资源浪费、环境污染、土地占用等一系列严重的社会经济问题。

---

① 姜国刚:《东北地区循环经济发展研究》，中国经济出版社 2007 年版，第157—161 页。

为了解决日益严重的垃圾问题，国外纷纷开发垃圾资源化技术，通过对生活垃圾的综合利用，实现城市生活垃圾的减量化、资源化、无害化。

1. 现有处理方式比较分析

目前垃圾最终处理主要有卫生填埋、堆肥和焚烧发电等三种方式。就目前而言，卫生填埋的成本最低，也是东北地区乃至我国多数大中城市进行垃圾最终处理的主要方式。其缺点是要占用大量的土地资源，而且被占用的土地无法二次利用。堆肥是一种将垃圾密封起来，利用微生物加速其分解的处理方式。堆肥产生的沼气可用做燃料，剩余的残渣可以制成有机肥料或土壤改良剂。其缺点是垃圾种类受限制，要求垃圾中的有机物成分含量高，且处理速度慢、容积大。焚烧发电是将垃圾经过预热、干燥、粉碎后进行高温焚烧以大幅度缩减垃圾体积，并利用其产生的热量进行发电的一种处理方式。焚烧产生的尾体经无害化处理后排入大气。焚烧处理可使生活垃圾减重80%，减容90%以上。垃圾焚烧的无害化主要表现在其消毒彻底，高温燃烧可分解垃圾中的有害成分，尤其是对于可燃性致癌物、病毒性污染物、剧毒性有机物等几乎是唯一的处理方法。其缺点是处理设备昂贵，焚烧温度较低时（<8500℃）会产生一种重要的大气污染物——二噁英。三种主要处理方式具体效果比较可参见表4.1。

这三种处理方式或是占用有限的土地资源，或是造成一定程度的大气污染，都对环境构成了一定程度的二次破坏。本文认为，只有通过政府的有效规制建立完善机制，从长期实现垃圾分类回收、综合利用产业化，才是解决垃圾问题的根本之道。

从生态角度看，垃圾是污染源，但从资源角度看，垃圾是具备重新利用可能的资源。再生资源回收和再利用业是21世纪人类

表4.1　三种垃圾处理方式效果比较①

比较项目	卫生填埋	堆肥	焚烧
投资额	小	中	大
营运费用	低	低	高
减量化效果	差	一般,主要与有机物易腐含量有关	显著,可达80%,随垃圾组分而变
资源化效果	可开发沼气	50%以上的垃圾可直接利用	可利用热能,资源化程度高
环境效果	较差,占用大量土地	较好,节省土地资源、无害化效果明显	好,节省土地资源、无害化效果明显

最主要的效率革命,是通过市场机制发展起来的、以减量化和资源化为中心,以再生资源回收利用为主要目的的新兴产业,体现了循环经济资源化原则的基本要求,是解决城市生活垃圾问题的根本出路,也是有效开发利用再生资源,培育新经济增长点的重要途径。

2. 源头减量化是解决垃圾处理问题的本质与关键

在东北地区城市生活垃圾的综合利用中,必须明确认识到垃圾利用是"末端治理"的范式,是"不得已而为之"的选择。因此依据循环经济理念,应从源头控制减少垃圾的产量,包括采取措施,在产品设计、制造和消费过程中尽可能节约和循环利用资源,提高利用效率,避免垃圾产生,使城市生活垃圾达到减量化。无法避免产生的垃圾(例如可直接使用的旧货)可回收再利用,其余部分分类加以循环利用,最大限度地转化为二次资源,实现资源再生。在经济上确实无利用价值的垃圾,做无害化最终处理。以此做到城市生活垃圾的减量化、资源化、无害化,逐步建立起兼顾经济、社

---

① 根据黑龙江省环保局调研资料改编。

会、环境三大效益的新型循环利用体系。

3. 分类收集是城市生活垃圾综合利用的基础和前提

目前我国多数地区没有推行"垃圾分袋"制度,生活垃圾都混在一起用塑料袋包装。环卫部门收集垃圾也是整体混装,只能运到垃圾场,不可能去分类。针对这一现象,建议在东北地区若干城市进行试点,逐步推行生活垃圾分类收集制度。首先,要通过宣传手段提高市民对垃圾类别的理解和垃圾分类投放的重要性认识,使居民能主动将生活垃圾做到分袋、按类投放。其次,要健全城市垃圾回收设施,在城市设置垃圾分类收集桶(可通过不同颜色予以区别),电池设专用回收箱专门回收,宾馆、饭店的餐饮废弃物由环卫部门专门上门收集。通过分类将生活垃圾中有回收价值的资源分离出来,实现再循环利用,有毒有害的废弃物也可以实现单独处置。

北京市海淀区曾试行过"垃圾分袋回收"制度,居民也积极配合。但由于后续产业配套缺位,导致分袋回收的垃圾仍然统一处理,使这一环保行动被迫停止。因此东北地区垃圾分类回收试点一定要以资源回收加工行业的产业化为先导和前提。

4. 产业化是城市生活垃圾综合利用的重心

垃圾分类回收后,通过机械与人工分选,废纸回收送至造纸厂,其余有机垃圾(包括厨房垃圾,如剩菜、剩饭、果皮、菜叶、废木筷、瓜子壳、杂草和一些树枝树叶等)进行粉碎后堆肥,通过生物菌进行分解、发酵,促进可被生物降解的有机物稳定的腐殖质转化为有机物肥料,同时对产生的沼气加以利用。堆肥优点为肥效长、不破坏土壤,但是其相对于化肥肥效低,农民使用积极性不高。因此,城市垃圾堆肥应进行产业化发展,在发酵的腐熟堆肥中,按配方加入所需微量元素提高肥力,再造粒、烘干制成复合肥,以利推广使用。

可回收无机垃圾分选出泡沫餐盒和废塑料,泡沫餐盒可进一步资源化,经降解加入化学制剂可调合成涂料、黏合剂。废塑料进入塑料造粒车间。分选出的其他可用资源依具体情况进行处理。不可回收、无害的无机垃圾可通过高压处理后生产低档建材,用于低等级道路的修建及要求不高的建筑物修建。城市生活垃圾综合利用的产业化模式如图4.5所示。

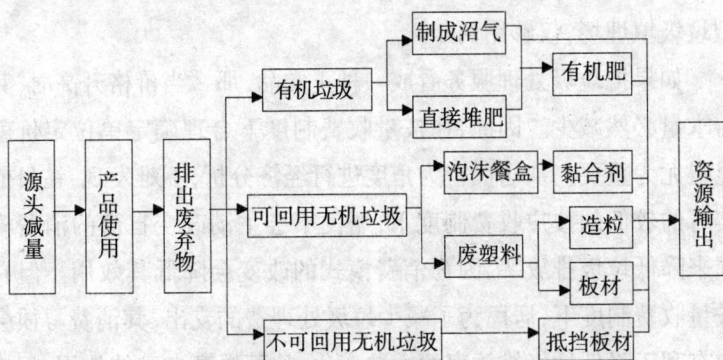

图4.5　城市生活垃圾综合利用体系

5. 实行垃圾收费制度,由居民负担一部分环保成本

"垃圾围城"是目前东北地区乃至中国面临的一大环境问题,根据本文的理论分析,其根本原因在于目前的按户收费制度仅仅包含了垃圾的收集和运输费用,并没有考虑环境资源成本。我国自20世纪90年代中期开始对单位排放垃圾收费,2000年开始对城市居民的生活垃圾排放收费,但迄今为止垃圾收费的收缴率不高,且没有实行计量收费;其导致的必然后果是,部分城市收缴的垃圾费偏低,难以保证基本的垃圾收集和运输费用,只能靠政府财

政补贴。而政府的投入重点往往是能产生较大经济效益的项目，对垃圾处理投入不足，就会出现大量的垃圾因得不到有效处理而堆积的现象。

根据北京市海淀区环卫局提供的资料，目前仅海淀区50万户居民每天产生的生活垃圾就有2500吨左右，每天搬运这些垃圾需动用500辆车次以上，需要占用大量土地和资金。而目前征收的城市居民垃圾处理费已远远不够支出，海淀区政府每年仅垃圾处理一项就需补贴上亿元。新近在市郊建设耗资3000多万元的大型垃圾填埋场，仅够用两年。

如果把垃圾处理服务看成一种正常品，那么当价格升高时，其需求量必然减少。因此，在按量收费制度下合理确定单位定价就显得尤为重要。从居民行为角度进行经济分析，不难发现，在目前实行的较低的按户收费制度下，居民不会主动改变自己的消费模式来降低垃圾排放率，因为消费模式的改变会降低其效用。但在按量收费制度下，居民为了减少垃圾处理费的支出，其消费习惯会向有利于降低垃圾排放率的方向变化，从而提高自己的效用，间接地提高社会福利。

依据"谁污染谁负责"的原则，笔者认为，应依托国家现行政策，在东北地区以适宜的费率向居民征收垃圾处理费，以此提高居民的环境意识，吸引资金参与城市生活垃圾处理项目，加快城市生活垃圾处理企业化、市场化和产业化进程。

二、城市污水的循环利用

我国各地区淡水资源均严重短缺，东北地区也属于缺水地区，可资利用的淡水资源季节性、空间性不足，水资源一直按"开采—利用—污染排放"的模式持续消耗，废水资源化水平低。目前，城市生活污水排放所占的比重越来越高,城市污水资源化是实现水资源可持续利用的重要措施。

城市污水具有量大、集中、水质可控的特点,如果能够充分实现污水回用,可在相当程度上缓解东北地区水资源不足的矛盾。当前,世界上很多国家把城市污水作为一种淡水资源,一些发达国家的水循环利用率达到80%以上。国内一些发达城市也在积极发展污水再生回用,开发力度很大。从国内外的实践看,污水再生回用的费用也远远低于海水淡化以及开辟其他新水源和远距离引水的成本,相对优势较为明显。

1. 城市污水循环利用的基点:污水处理

目前东北地区污水集中处理设施的建设普遍滞后,且处理方式以达标排放为主,缺少回收利用措施。东北地区城市污水处理可采用国际先进理念与技术,不建或少建管网密布的污水处理厂,而是在各生活小区建设小规模的污水处理设备(推荐地埋式沼气池,依据为费用低、效果好、影响小),所需费用由小区居民、开发商共同承担,符合"谁污染谁治理"的原则,可以有效地减少污水排放量,降低政府负担,通过利益机制促进居民节约水资源,减少污水排放。

2. 城市污水循环利用的方向:中水回用

从长期看,东北地区污水处理必须在处理的基础上,进行中水回用。以污水处理设施为源头,推广中水回用项目和中水输送线路铺设项目,形成城市范围内的中水回用系统和中水供应网络(参见图4.6、图4.7和图4.8)①。

---

① 根据"国际循环经济实践高峰论坛"《以循环经济的理念推动绿色建筑水资源可持续利用》资料改编。

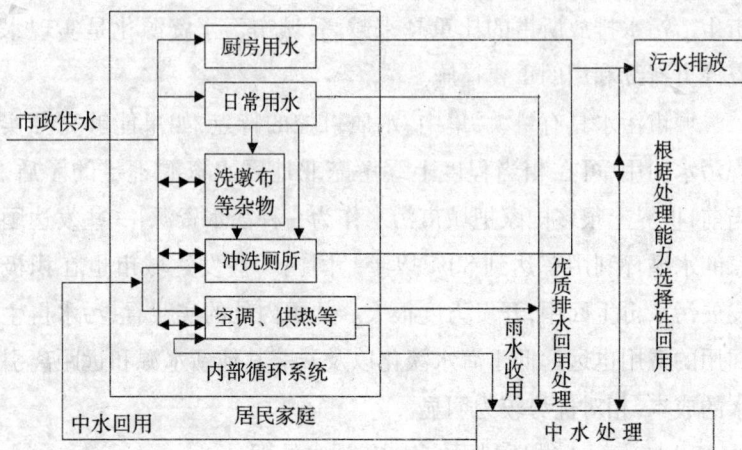

图 4.6　城市生活污水微观循环利用

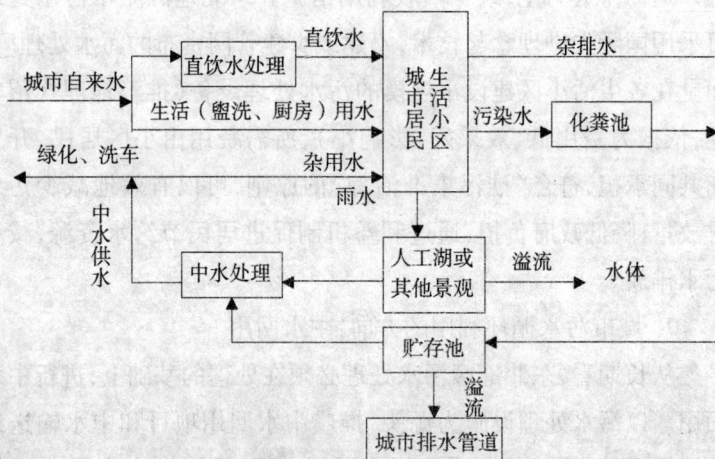

图 4.7　城市生活污水中观循环利用

中水可供城镇居民作为卫生用水使用,也可输送到工业企业作为工业用水加以利用。对于不适宜进行污水集中处理的地方,

再
生
水
回
用

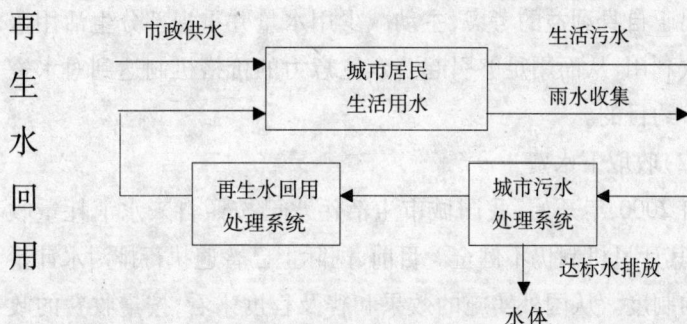

图4.8 城市生活污水宏观循环利用

要灵活、简便、有效地进行分散处理(如采用小区式污水处理设备)。

中水回用实施中应做好工程的前期工作,包括确定用户类型,对用户需求进行详细调查,认真测算供用水量平衡,进行技术经济比较,选择集中处理还是分散处理等问题,确定规模和实用可靠的处理工艺,制定严格的质量保证体系,控制中水生产及销售成本。

(1)推广阶梯式计量水价制度

2004年8月,国务院办公厅发布了《关于推进水价改革,促进节约用水保护水资源》的通知。目前东北多数地区还在沿用传统的收取水费的做法,没有在价格环节形成对节水的激励和限制政策,这导致公众节水意识不健全,对水资源浪费现象严重。因此必须尽快改革这一现状,实行水费计量的阶梯化。按三口之家计算,如果注意生活中采取节水措施,每人每月2吨水可以满足基本生活需求。因此应在东北地区普遍实行阶梯式计量水价制度,每月经水表计量的用水量在额度以内的(拟定为$2m^3$)按正常价格收费,超过额度的生活用水以高价收取水费。建议正常价格维持目前价格不变,超量价格应调高至10~20元/吨。这会使公众在生活中出于自身利益的考虑,主动减少用水量并重视部分生活用水的二次利用,从而用足够引起公众注意力的价格机制达到对水资源的节约目的。

(2)收取下水费

自 2000 年开始,我国城市生活污水已按照自来水消耗量收费,但其计量机制仍不健全。目前,国际上已普遍执行排污水计量收费的制度。从国外实施的效果和普及程度来看,按量收费的政策作用显著。如日本、德国、法国等国对企业、事业单位的污水排放即采取计量收费方式,而日本对居民生活污水排放也实施计量收费。从国外经验分析,按量收费制度作为一种先进的水资源管理思想,具有明显的减量效果,其所需技术也不复杂。鉴于民众在生活中某些对水资源的浪费行为,东北地区可以采取"既收上水费,也收下水费"的做法,通过在城镇安装"下水流量表",逐步实行污水按量收费政策,通过利益机制减少水资源浪费的产生。

第五节　循环型社会①

循环经济是通过产业循环、社会循环,把发展的环境外部性问题解决在经济体内部,在某种意义上是一种社会生活的改造。循环型社会是一个环境友好型社会,其最主要的特征就是按照生态规律来确定人类活动的方式,其基本要求就是遵循生态学规律,合理利用自然资源和环境容量,在物质不断循环利用的基础上发展经济,使经济系统和谐地纳入到自然生态系统的物质循环过程中,

---

① 姜国刚:《东北地区循环经济发展研究》,中国经济出版社 2007 年版,第 165—169 页。

实现经济活动的生态化①。本文认为,循环型社会依托模式主要
有以下三种途径。

一、多级链接的产业

东北地区在循环经济发展中,应重视产业的多级链接、共生耦
合和资源的多效利用。对工农业生产中产生的废弃物、副产品应
综合利用,打破工农业的行业界限,在不同产业、行业之间建立多
级链接,实现资源的价值创造,也使不同企业在生产中可以实现共
生耦合,减少生产行为中的资源输入,使生产行为中的排放实现最
小化,努力实现资源的可持续开发利用,减轻资源、环境的承载
压力。

林毅夫认为,我国政府提出要全面建设小康社会和构建和谐
社会,其难点在于农村。中国近13亿人口中有9亿农民,目前没
有摆脱贫困的农村人口约为3000万。但这个标准是低水平的,即
人均年收入为625元;如果标准再增加200元,中国的贫困人口就
将达到9000万。从目前现状分析,城乡二元经济社会格局并未彻
底改变,城乡居民收入差距扩大,城市化进程迟缓,农村贫困人口
大量存在,这是构建社会主义和谐社会所面临的重要任务。东北
地区是我国重要的农业生产区,农区面积大,农业人口多,因此应
特别重视其他产业对农业的反哺和带动,充分发挥产业多级链接
的作用。

产业之间有效地链接,主要包括工农链接和农工链接。工业
到农业的链接如酒厂的酒糟养猪等生产排出物的交叉、综合利用。

---

① 王维平:《循环经济须有三大经济政策支撑》,载2005年3月3日《光明
日报》。

农业到工业的链接主要表现为依托农业生产基地发展的乡镇工业小区,通过发展农产品精深加工业,延长产业链,提高农产品附加值。产业的多级链接还包括第三产业与第一、第二产业的链接和介入,如社会回收体系就是第三产业与一、二产业的有机链接。城市可以通过生活垃圾制有机肥实现与农业的链接。另外还有观光农业、旅游农业也是第三产业和第一产业的有机链接(见图4.9)。

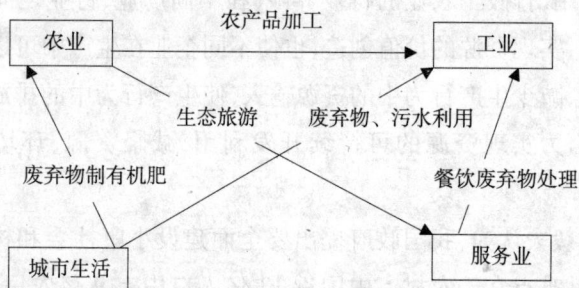

图4.9　产业的多级链接

二、完善的社会资源回收网络

资源回收利用是构建循环型社会的重要组成部分,它是以保持良好的生态环境和资源利用为前提,把废品经加工处理成为下一轮生产的资源,形成循环利用,以实现经济的可持续发展①。

根据经验判断与测算,多回收利用1吨再生资源,相当于减少4吨生活垃圾的产生量,经济效益、生态效益显著。世界各国都十分重视废旧物资的回收再生利用。法国目前再生铜占当年精铜产量的90%。美国新闻纸1/3以上来自废纸再生。日本再生铝的

①　李慧明、王军锋、朱红伟:《论循环型社会的内涵和意义》,载2005年2月1日《中国环境报》。

比重约为原生铝的 3.2 倍。意大利等国每年消耗的贵金属则几乎全部来自再生。英国、比利时等国的废钢铁回收率约占其消费量的 40%。资源回收利用为这些国家的经济可持续发展开辟了新的资源来源。目前,我国的钢、铜、铝、铅、纸等主要物资中,以再生资源作为原料的比例分别占到了 20%、25%、16%、18% 和 50% 以上①。

废旧资源综合利用在东北地区发展过程中,形成了一定的基础,产生了一定的经济、环境效益以及社会效益。但受观念、体制、技术、资金等多种因素制约,目前东北地区资源回收产业发展滞后,行业规模不大,回收产品数量、种类有限,废旧物资回收利用率比较低,大量的再生资源被闲置、废弃。目前废旧物资的回收绝大多数是由个人零散回收的,这种现象不仅存在于东北地区,也是全国废旧物资回收行业的现状。在个人零散回收的废品中,很大一部分流入城郊或农村的小作坊,加工成为低档、有害产品(如不可降解塑料袋、泡沫餐盒等产品),而加工过程中排出的废弃物及污水一般直接进入土地、河流,既浪费了资源又污染了环境。鉴于此,东北地区循环经济的发展,必须以规模化、社会化的资源回收网络为基本标志和依托。

与传统工业经济相比,资源回收利用产业增加了多个生产环节,不仅需要工人数量多,而且需要的类型全面。在延长的产业链条中,许多环节是劳动密集型产业,再生资源的前期准备过程中的回收、整理、分类、运输,前期的某些技术加工(如拆卸、除污、消毒)等工作,大部分都靠人工作业,可以吸纳大量富余劳动力,有

———————
① 引自中华全国供销合作总社经济发展部部长邹天敬在 2004 年全国循环经济工作会议上公布的数据。

助于解决东北地区富余劳动力数量大、就业难的问题。同时资源回收利用产业提供的许多岗位是简单性劳动,有些环节虽然要求具备一定的技术知识,但经基本培训即可上岗,适合东北地区目前由农村向城市转移的劳动力特征①。因此东北地区应在一定区域内,用生态链条把工业与农业、生产与消费、城区与郊区、行业与行业有机地结合起来,依托逆向物流业的发展,大力发展资源回收利用产业,在整个社会范围内形成"自然资源—产品—再生资源"的循环经济网络。

三、环境友好型社会生活方式

经济发展中文化与意识的地位日益重要。戴维·兰德斯曾断言:"如果经济发展给了我们什么启示,那就是文化乃举足轻重的因素。"张培刚也指出,经济水平的落后限制了社会文化的发展,而文化意识上的欠缺反过来又阻碍着经济的发展与社会的进步②。

从发展循环经济角度说,消费比生产意义更重要。生产是由需求和消费引致的,如果每一个消费者都能自觉地抵制一次性产品和资源消耗型产品的使用,那么任何一家企业都不会再继续生产这些产品,整个社会就会减少资源消耗,减轻环境污染,就有利于可持续发展。因此实施循环经济不仅需要政府的提倡和企业的自律,更需要社会公众的参与。居民环境意识的培养、绿色消费观

①　张落成:《中国废旧物资回收利用状况与发展对策》,《科技导报》2003 年第 10 期。

②　刘旭东:《新的经济增长方式与就业拉动》,《沈阳师范大学学报(社会科学版)》2004 年第 6 期。

念的形成、道德水准的提高、团结和睦的人际关系的形成等是建设循环型社会的重要内容,也是建设循环型社会的目的所在。

绿色消费是全新的消费理念,它引导消费的价值取向和行为方式,其内涵至少应包含三层含义。

(1)倡导消费者在消费时选择未被污染或有助于公众健康的绿色产品。

(2)在消费过程中注重对垃圾的处置,不造成环境污染。

(3)引导消费者转变消费观念,崇尚自然,追求健康,在追求生活舒适的同时,注重环保,节约资源和能源,实现可持续消费。

从居民的角度来讲,以下行为都会促使垃圾排放率降低:购买简易包装或大包装产品;选择更为耐用的商品;减少一次性消费品的使用;用天然气代替煤炭做燃料;购物时自带手提袋;由企业制作印有产品广告的纸袋发放给居民作为不可降解塑料袋的替代品,这样既介绍了企业的产品又减少了不可降解塑料袋的使用。

目前针对公众培育绿色消费意识,参与循环经济和循环型社会建设的宣传应重点从以下三方面进行。

(1)尽量减少废弃物的产生,其内容包括防止过量包装,尽可能减少包装垃圾,引导公众正确购物,尽量消费环境友好型产品。

(2)教育公众尽可能减少垃圾排出量,并做到垃圾分类投放。

(3)增进重复利用意识,即要求公众对购买的一次性易耗品,应加强反复、多次使用,对生活耐用品如旧衣服、旧家电、旧家具等可以捐赠或送给别人使用,不要随意丢弃。

通过对公众的教育和循环经济理念的普及,使公众认可尽量减少一次性产品的使用和避免过度的包装,推广简易包装,使用自备的购物袋,优先购买再生用品或可重复使用产品等行为,以及为促进垃圾的减量化和再生利用而对分类收集给予合作,利用自行车和公共交通工具等,减少日常生活中给环境造成的压力。另外,提倡关心东北地区环境,通过参加和支持环保教育和环保学习等环保方面的活动,促进东北地区循环型社会的建设。

第六节 本章小结

本章从模式角度阐述了东北地区循环经济的发展思路。循环型产业体系,包括循环型农业体系、循环型工业体系和循环型服务业体系建设,是循环经济的基本组成部分,也是生产领域循环经济的发展主体和重要标志。本章依据东北地区经济发展的自身特点,提出了东北地区循环经济的一、二、三产业发展模式。只有通过建立循环型农业、循环型工业和循环型服务业体系,东北地区才能实现经济增长方式的转变,形成可持续的生产模式,构成不同产业体系之间的循环和共生体系。在此基础上,通过产业间的多级链接,建立发达的废弃物资源化产业体系和循环型城市建设,在东北地区区域范围内构成"资源→产品→再生资源"的"大循环",进而通过社会公众的积极参与和绿色消费,形成环境友好型社会生活方式,实现东北地区循环型社会建设的最终目的。

第五章　东北老工业基地循环经济发展动力机制研究

第一节　循环经济发展的动力机制

循环经济以减量化、再利用、再循环为基本原则,依靠政府、企业和社会公众的共同努力,通过物质的闭路循环,实现资源、环境和经济的可持续发展,是一种新型的经济增长方式和发展模式,循环经济将在有效的动力机制作用下实现正常运作。

一、循环经济运行机制

循环经济机制是循环经济体制的作用过程和功能,是政府、企业和居民这三个循环经济主体相互作用的结果,如图5.1所示。政府通过制定相关政策、法律法规引导并规范企业和居民的行为。企业按照循环经济原则运行,以实现废弃物"零排放"或逼近"零排放"的目标。居民通过"绿色消费"引导企业与园区循环经济产品的供给,同时对循环经济发展进行外部监督。只有当这些主体之间能够形成相互影响、相互作用的关系时,循环经济机制才能够发挥作用①。

---

① 张思锋:《循环经济:建设模式与推进机制》,人民出版社2007年版,第87页。

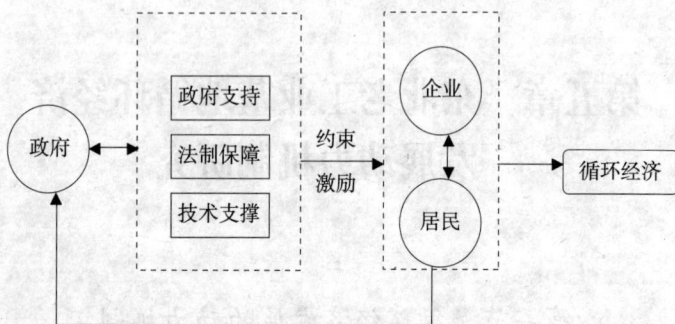

图 5.1　循环经济的运行机制

二、循环经济的动力机制

循环经济发展动力机制是指循环经济系统运行演进过程中的动力获取及其作用方式,也就是指循环经济各相关因素相互联系、相互作用进而形成推动系统发展前进动力的过程。具体而言,循环经济的动力机制是政府、企业和居民等循环经济主体推进循环经济发展的动力源及其作用机理、过程和功能。循环经济的发展动力主要涉及内在动力和外在动力两个方面,不同学者对于内在动力和外在动力的具体内容却各持不同观点。

有的学者认为,循环经济是由经济、技术、生态、社会、企业等多种因素构成的复合系统,这一系统的良好运行和发展演进,都必须获得足够的动力。循环经济发展的动力源包括两个方面。

(1)内在动力,包括企业追求循环经济的经济效益目标以及政府、企业、居民追求循环经济的资源、环境等社会效益目标。

(2)外在动力,包括政策支持、法律保障、技术支撑等,为发展循环经济提供支持和保障。此外,市场竞争的外在压力对循环经济各主体同样起着重要的影响作用①。也有的学者认为,循环经济发展的内在动力是市场机制,外在动力则是政府行为。循环经济作为一种经济形态,其运行必然要受市场机制的调节。同时,作为实现可持续发展战略的重要途径,其发展又需要政府的推动②。而肖华茂、彭剑认为,循环经济发展的动力包括内在的驱动力和外部的约束力。内在的驱动力是区域系统企业所表现出来的竞争优势和战略机遇,主要包括利润、技术、规模经济、社会责任、新的机遇等五种力量,这五种力量构成了区域经济系统从传统经济方式转移到循环经济方式的拉力。外部的约束力是区域系统外对区域施加的压力或约束力,促使区域经济系统从传统经济向循环经济转移的推力,主要包括政府宏观战略、绿色理念、资源约束、国家政策法规、社会公众的呼吁等五种力量③。

各位学者对循环经济动力机制的认识虽然不尽相同,但共同之处在于都强调循环经济发展动力机制的主体包括政府、企业和社会公众。而从动力机制的作用角度来看,可以将循环经济动力机制概括为激励机制和约束机制,激励机制强调各种政策支持,而约束机制则倾向法制保障机制。根据原国家环境保护局局长解振华对循环经济激励机制的表述,循环经济的激励机制是以调动政府、企业和公众对资源的高效利用和循环利用为目标,按照政府引导、市场驱动、社会参与的原则,通过经济与非经济的手段和措施,

①　李东升:《发展循环经济应解决动力机制问题》,《理论视野》2008 年第 10期。

②　李云燕:《我国循环经济发展中的政府行为分析》,《宏观经济管理》2008年第 7 期。

③　肖华茂、彭剑:《区域循环经济发展的动力机制研究》,《研究统计与决策》2008 年第 13 期。

达到政府、企业和公众利益与循环经济发展目标相结合的综合性
运行模式。

第二节　激励机制

结合主要发达国家循环经济发展的实践经验,立足东北老工业基地经济发展现状,循环经济发展的激励机制应该包括财税政策激励机制、价格政策激励机制、政府绿色采购机制、产业政策激励机制以及押金制度等。

一、财税政策激励机制

通过直接或间接的财政补贴政策会对资源的相对价格产生影响,进而改变资源的供求结构。西方国家在循环经济发展过程中,普遍采用对企业给予一定补贴的政策以鼓励并促进企业实现可持续发展的目标。如在日本,对从事环境技术开发项目的研究费用给予50%的补贴,并对废塑料制品类再生处理设备给予一定额度的退税;在德国,政府对建设节能设施所耗费用给予25%的补贴,在美国、法国等国家也都对从事清洁生产、资源回收利用系统等循环经济发展必需的研发进行不同比例的直接财政补贴,同时也采用加速折旧、减免所得税等间接性财政补贴政策。

在实际应用中,有两种不同的税收政策。

1. 税收优惠政策,即实施鼓励性税收政策,扩大税收的优惠范围。如鼓励开发使用清洁能源。对企业用于改进生产工艺,进行循环经济的营业利润,可在企业所得税前抵免。对企业生产易回收利用或易处置降解的产品,执行增值税优惠措施,企业所得税也可进行优惠。对从事绿色投资和生产的企业实行产品减免税,

强化绿色产品竞争力,提高企业发展绿色经济的积极性。税收优惠政策对发展循环经济能起到一定程度的促进作用,已被许多国家所利用,如美国对采用环保先进工艺建成的设施五年内不征税。日本对法定污染防治设施免征不动产税,并采取加速折旧的方法减少企业纳税,对"低公害"车辆减免产品税。中国目前对利用废物生产产品和从废物中回收原料的,减征或者免征增值税,企业用于清洁生产审核和培训的费用,可以列入企业经营成本等。

2. 限制性税收政策。国家利用差别税率,限制环境污染、生态破坏严重或资源消耗过大的粗放型、单向型产业的发展。对采用难以降解、有污染效应的物质作为原料,采用国家颁发的落后工艺进行生产并可能在使用后带来环境污染的产品,以及一次性使用产品实行高税率,征收消费税。还可以征收产品包装税(这种做法将提高那些包装废弃物需要特别处理或不易回收的商品的成本,相对降低了那些使用易于再利用包装的产品价格)。对城市垃圾和畜禽场排放的污水等物质,实行污染者付费的原则等①。各国的实践证明,这类政策,尤其是高标准、高强度的税费政策,不仅能起到鼓励开发利用环保资源的作用,还能起到促进企业采用先进技术,提高技术水平的作用②。

东北老工业基地整体经济发展水平较低,循环经济发展需要政府财政的大力支持,各级地方政府要结合当地实际需求对相关企业的循环经济发展提供财政支持,如直接对企业进行资金补贴,提供税收减免政策,或可不上缴部分利润等间接性的财政补贴政

---

① 李爱年:《自然资源保护法初论》,湖南大学出版社1999年版,第131页。
② 刘华、常其巧:《激励政策在发展循环经济中的杠杆作用》,《河北学刊》2006年第7期。

策。具体来说,政府可以通过设立循环经济发展专项资金支持利于循环经济发展的科技研究和设备更新,提供贴息贷款。对进行清洁生产,积极转变传统高消耗、高污染生产模式的企业给予适当补贴。也可通过对消费者进行补贴的方式,鼓励使用可循环利用的产品,刺激绿色消费,从而达到推动市场需求的效果,引导消费者生活方式的发生转变,也同时引导市场供给发展根本性变动。

在对循环经济产业和相关企业提供税费优惠政策时,应该在执行国家现行的相关税收优惠政策的同时,制定更加优惠的政策并确保各项优惠落实到位。可以在国家相关优惠政策的基础上,提高优惠力度,进一步降低相应的费用,最大限度降低企业压力,鼓励企业积极进行各种生态环保项目,开展技术研发活动。同时,对于那些利用废弃物进行加工生产的企业,可以给予更大的优惠,如在新能源与可再生能源技术、资源高效利用技术以及绿色生产和环境综合治理技术等方面给予特殊的投融资便利。

二、价格政策激励机制

价格机制是市场经济发展的基础,也是循环经济发展的必然选择,只有通过市场化运作才能真正实现循环经济发展。Judish Rees(1990)认为,为有效配置资源而开具的各种传统经济学处方都有严重的局限,特别是对传统公共所有并可自由利用的资源赋予价格的任何措施,都不得不面对如下三个问题。1.实际计算有意义的价格度量绝不是一个轻松的任务。2.更为重要的是,用"支付意愿"作为分配资源流的标准,就会产生至关重要的公平问题。3.对以前免费或花费不多的资源,现行价格的引入不可避免地要遭到各既得利益集团的反对,正是这些利益集团以前把资源退化及耗竭的社会成本转嫁给别人而受益。如果采用价格机制,可能会不利于穷人。但是如果不采用价格机制,则肯定有利于富人。经济学是研究如何在资源有限性约束下实现资源配置最优化问题,那么循环经济的研究对象则是对于资源的节约、循环利用和无害化处理。可以说,资源价格问题是循环经济发展过程中的基础性问题。

因此,东北老工业基地的循环经济发展必须依靠市场价格体系的调整,充分利用市场机制和价格手段调动企业和公众的参与积极性,通过对生产企业经济利益的调节,促使企业实现更大的社会效益,同时也通过价格政策的激励,影响消费者的市场行为。价格政策的激励,也就是价格体系的调整作用,首先体现在自然资源的有偿使用方面,即要对资源进行定价。其次,在产品价格核算过程中应该考虑环境价值因素。同时,价格体系的调整也应随着现实情况不断进行补充和调整。

现行资源价格调整的准则是:资源价格至少要包括开发成本、由开发而引起的环境(破坏、退化)成本以及由于资源耗尽而给子孙后代带来的损失及利用者成本。新型价格体系还包括污染产品价格体系与可循环产品价格体系的调整,以及绿色国民经济核算体系的确立等方面。国家宏观调控的导向主要是适当提高资源产品价格,压低可循环物质的价格,定位并提高污染产品的价格,建立市场化的生态补偿机制。绿色国民经济核算体系,是要把自然资源与环境核算纳入到现有的国民经济核算体系中。其本质是在对自然资源与环境物品进行货币赋值的前提下,将环境损害价值与环境修复价值计入原有的核算体系中①。

---

① 陆静超、马放、张晓先:《渐进式制度变迁与循环经济政策》,中国环境科学出版社 2009 年版,第 69 页。

东北老工业基地很多城市面临资源枯竭的困境,从根本上说,资源价格机制的不健全形成对于资源过度开发的推动力,因此尽快建立并完善资源产品成本收益核算体系是至关重要的。价格机制直接关系到生产型企业的生产成本和经济利润,而现代企业经营目标就是追求利润最大化。因此,价格机制及政策调整将直接推动企业进行生产调整,当企业发展循环经济可以获得规模更大且更长效的经济利润时,发展循环经济,走可持续发展之路就将成为企业战略调整的内在推动力。当然,循环经济的经济效益和社会效益的体现需要一定的时间,这就需要相应政策能够保障企业长期目标的实现,对企业形成长期激励,而不是简单依靠行政指令强制推行循环经济发展。

三、政府绿色采购机制

所谓"政府绿色采购",是指法律规定的各级国家机关、事业单位和团体组织等利用财政资金进行采购时引入环境认证的标准、评估方法和实施程序,在技术、服务等指标同等的条件下,优先购买对环境影响较小的具有环境标的志产品和服务①。政府采购是市场经济国家公共财政体系的重要组成部分,政府绿色采购制度体现了政府在推进循环经济发展过程中的导向性和示范性作用。从全球情况来看,世界各国政府采购在国民生产总值(GDP)中所占比例很大,足以影响某些产品的市场份额和消费者取向。据统计,欧盟等发达国家政府采购额占其国内生产总值的15%～25%。因此,进入20世纪90年代以来,政府绿色采购蓬勃兴起,

---

① 张瑛:《政府绿色采购的国际经验与借鉴》,《广西财经学院学报》2006年第2期。

并成为引领可持续消费的首选手段。同时国际社会也不断关注如何借助政府采购制度实现社会目标，如推进劳动保障和保护弱势群体，促进社会协调发展等。世界各国尤其是发达国家如英国、美国、加拿大、日本、丹麦、荷兰、德国、韩国等，纷纷通过专门立法或政府令的形式强制推行或鼓励政府绿色采购①。

德国是世界上最早开展政府绿色采购的国家，早在1978年就开始推行蓝天环保标志制度，并规定政府机构优先购买具有环保标志的产品。政府绿色采购主要涉及建筑材料、办公用品、办公用车等多个领域，并坚持购买环境友好型产品，购买具有耐用性、可回收、可维修等特性的产品，通过政府采购鼓励企业进行产品结构和生产方式调整，提高市场上绿色产品的生产和消费产品的份额。美国政府绿色采购的对象主要包括建筑物、清洁产品、电脑、影印机、餐饮业、旅馆、家具、办公用品等，通过价格优惠，按照年度采购比例对再生制品进行绿色采购，且每年政府采购再生制品的比例占到总采购量的50%之多。根据美国政府1998年提出的"通过废弃物减量、资源回收及联邦采购来绿化政府行动"方案，规定联邦政府采购部门必须尽可能采购收录于含有可回收材料产品名录的各种可回收比率较高的产品。日本政府通过成立绿色采购网络，在全国范围推广政府的绿色采购活动，并颁布《绿色采购法》，将日本的绿色采购推向了新的发展阶段。根据《绿色采购法》规定，日本政府尽管在进行采购过程中，要拟定年度绿色采购计划，定期报告实际采购和执行的基本情况，要优先采购对环境污染小的产品，通过扩大对环保产品的需求提高相关企业生产能力。当

---

① 推进绿色政府采购. http://news. xinhuanet. com/environment/2008 - 07/12/content_8533257. htm.

前,日本政府机关的绿色采购包括原料为100%废纸、白色度不足70%的复印纸等都被列为政府优先采购的物品。欧盟各国政府也积极推进绿色采购计划,2004年,欧盟委员会发布"政府绿色采购手册",作为购买各成员国在采购决策中考虑环境因素的原则性指导,同时欧盟委员会也建立了绿色采购信息数据库,为各成员国政府提供采购建议。

我国的《中华人民共和国政府采购法》明确规定:"政府采购应当有助于实现国家的经济和社会发展政策目标,包括保护环境,扶持不发达地区和少数民族地区,促进中小企业发展等",为我国政府实现绿色采购奠定了法律基础。2004年4月,国务院办公厅发布《国务院办公厅关于开展资源节约活动的通知》提出,政府机构要在资源节约活动中发挥表率作用,制定节能实施方案和能耗水耗定额、支出标准,深化政府采购制度改革,降低费用支出,带头节约资源。2004年12月,国务院发布《节能产品政府采购实施意见》,明确提出对节能产品实施政府采购制度,要求各级国家机关、事业单位和团体组织用财政性资金进行采购时,在技术、服务等指标同等的条件下,应当优先采购。东北老工业基地推行政府绿色采购,首先要遵守相应法律法规的要求,不仅在日常工作所需要的办公用品实现绿色采购制度,采用由可再生物质进行生产的办公桌椅、文件柜、纸张等办公用品,对电脑、复印机、传真机、空调等也应该按照国家的认证标准进行采购,并尽可能选择节能、低噪音、低污染,且可循环再利用的产品。

四、产业政策激励机制

促进循环经济发展的产业政策可以直接推进经济发展方式的改变,对经济、资源可持续发展的意义是最为深远的,通过政府对产业政策的引导,为生产方式转变提供必要的资源和平台,为新的经济增长方式提供保障。循环经济非产业政策激励可以通过政府对循环利用资源和废弃物进行生产的企业直接进行政策激励,同时,政府也可以针对区域内各个产业出台清洁生产及环境保护的相关政策。

静脉产业(Venous Industry or Recycling Industry, REIN),即资源再生利用产业,是循环经济发展的主导产业,以节约资源、保护环境为主要目的,通过运用各种先进技术,将生产和消费过程中产生的各种废弃物转化为可再生利用的产品或资源,从而实现各类废弃物的循环利用。大力发展静脉产业可以更好地实现经济发展的减物质化,不仅有利于环境生态保护,而且也可以加强环境资源的能源约束。对于静脉产业的政策支持可以通过给予一定的政策倾斜,如相关项目优先发展,给予用地、资源等的优先使用。政策给予税收减免优惠,或给予一定的财政支持,或提供低息或无息贷款等措施。在市场准入方面,通过相关政策调整以降低准入标准,通过政府采购方式给予帮助和支持。

这里必须指出,目前我国的静脉产业基本处于无序的混乱状态。由于我国劳动力成本低廉,在经济上具有直接再生利用价值的废弃物和旧产品基本得到了回收和再生利用。但是,这些废弃物的收集、运输和分类主要由数以百万计的农民工承担,废弃物的再生产业布局分散、规模小、技术简单、存在着严重的二次污染。也就是说,大量作为循环经济核心产业的静脉产业却没有按照循环经济的原则进行组织和规制。更为严重的是,没有直接经济价值的废弃物没有得到很好的回收和无害化处理。大中城市基本采取最简单的填埋处理,占用了大量土地,并对地下水形成了严重的污染。中小城市和农村的废弃物基本没有有效的管理,这是必须通过静脉产业政策进行管理和规制的内容。因此,静脉产业政策不仅应该包括支持政策,也应该包括限制和禁止内容。例如,限制静脉产业的经营方式,禁止使用落后技术进行资源的再生处理,防止二次污染①。

当然,产业政策激励机制还应该体现在对于各个行业和产业的政策激励方面,政府要鼓励各个生产企业积极开展清洁生产,不断在实践中总结清洁生产的经验,对于积极进行相关技术研发和设备投资的企业,政府要给予政策支持,如加速折旧及税费抵扣等。开展清洁生产审核制度是推进相关产业循环经济发展的重要手段,逐渐扩大清洁生产审核覆盖范围,对不达标的企业进行一定的限制和必要的处罚。

五、押金制度

押金制度是指通过强制性措施,使消费者在购买有潜在污染的产品时,如玻璃或塑料等容器,需要增加一项存款或押金费用。如果消费者将使用过的这些容器或包装物退回给原销售者,则销售者根据其退回的容器或包装物的数量,退还消费者预先为这些容器或包装物所支付的押金。在一些国家,押金制度应用于饮料容器和废汽车、废耐用品等的回收,通过押金制度的实施可以减少废弃物的处置量并且减少原材料、能源的浪费,同时减轻了环境污染。

例如德国政府制定和颁发的《饮料容器实施强制押金制度》的法令,规定:在德国境内任何人购买饮料时必须多付 0.5 马克,

---

① 吴大华:《中国循环经济的政府引导及激励政策》,《管理现代化》2007 年第 4 期。

作为容器的押金,以保证容器使用后退还商店以循环利用,这是欧洲第一个关于包装回收的法令。在《包装条例》中也规定,如果液体饮料的容器是不可回收利用的,那么购买者必须为每个容器至少支付0.25欧元的押金。当容器容量超过1.5升时,需要至少支付0.5欧元。只有容器按《包装条例》的要求返还时,押金才能退回①。

第三节　约束机制

循环经济发展动力机制的另一个主要方面体现在约束机制,循环经济的约束机制主要体现在法制保障方面,同时也要充分发挥公众的监督机制作用。

一、法律约束机制

1. 立法模式的选择

探讨东北老工业基地循环经济发展中的法律约束机制,既要立足东北地区的发展现状,同时也要充分借鉴发达国家循环经济立法的模式及经验。

德国循环经济立法是发达国家普遍采取的方法,在发展循环经济方面德国是走在世界前列的。德国的循环经济立法体系包括三个层次:法律、条例和指南。在德国的诸多循环经济立法中,1994年9月颁布的《循环经济和废物清除法》是人类第一部循环经济基本法,有着划时代的意义。法律的可操作性强,重视程序性

---

① 陈华、岳西泉:《国外发展循环经济财税杠杆的实践及对中国的启示》,《辽宁经济统计》2006年第4期。

规定。德国还倡导循环经济教育、绿色认证和采购、信息与咨询服务等,其中较为成功的是双轨制回收系统和"德国联邦废弃物处理工业协会"①。

日本并未像德国一样,先在具体领域实行循环经济思想,然后建立系统整体的循环经济法规,日本是先有总体性的再生利用法,然后向具体领域进行推进。可以说,日本是目前世界上循环经济立法最为完善的国家。从法律、法规体系看,日本促进循环型社会发展的法律、法规体系包括3个层次。基础层次是一部基本法。第二个层次是两部综合性法律,分别是《废弃物管理与公共清洁法》和《资源有效利用促进法》。第三个层次是根据各种产品的性质制定的6部专门法规,分别是《容器包装再生利用法》、《家电再生利用法》、《建筑材料再生利用法》、《食品再生利用法》、《汽车再生利用法》及《绿色采购法》。日本循环经济法律体系的特点可以归结如下。(1)覆盖面广,法律对生产、消费、回收、再处理及再利用、安全处理等各个环节都有明确规定。(2)操作性强,采取先易后难的办法,先解决相关利益较少的废弃物的再利用进行立法。(3)各方面责任明确,法律对政府、地方自治体、企业、公众的责任和义务进行了明确的规定②。

对比德国和日本两国的循环经济立法模式,东北老工业基地可以借鉴德国的立法模式,先在部分领域进行专项立法,然后随着发展水平和条件的不断变化,等待时机成熟再制定统一的基本法

---

① 刘华:《发达国家循环经济立法的模式及借鉴》,《中国科技投资》2007年第7期。
② 范俊荣:《黑龙江省发展循环经济的法律对策》,《环境保护》2008年第8期。

规,逐步完善循环经济立法体系。就当前东北地区循环经济立法情况而言,东北三省已经逐步出台了一些法规和条例(见附录1),如黑龙江省出台了《黑龙江省节约能源条例》、《黑龙江省湿地保护条例》等相关条例和规划等。吉林省制定了《吉林省全面推进循环经济加快发展的实施意见》、《吉林省工业节水管理办法》等。辽宁省执行实行了《辽宁省重点企业强制性清洁生产审核实施细则》、《辽宁省节约能源条例》等。同时,国家也针对东北老工业基地制定了具有区域特色的《东北老工业基地循环经济促进条例》,因此,东北地区推行循环经济的法律保障和依据正在不断完善。当然在具体实施过程中,既要遵守国家相应法规的要求,如《循环经济法》,同时也要妥善处理好循环经济法律法规与地方法规的直接关系。

2. 法律制度的构建

循环经济法制是指通过国家政权建立的循环经济相关法律制度和根据这种法律制度确立的社会秩序,包括立法、司法、执法、守法和法律监督等各个方面。通过循环经济的法制保障,限制破坏循环经济机制的行为,以解决技术和政策都不能解决的循环经济发展问题,保证循环经济的良好运行。不仅包括法律体系的建立,也包括司法、执法、守法、法律监督的完善,使发展循环经济真正做到有法可依、有法必依、执法必严、违法必究。法制保障在循环经济动力机制中起着重要的约束作用,它通过从外部施加压力的方式,约束政府、企业和居民的相关行为,推动循环经济的发展①。循环经济立法的目的是提高资源利用效率,降低环境污染负荷,建

---

① 张思锋:《循环经济:建设模式与推进机制》,人民出版社2007年版,第92页。

设资源节约型和环境友好型社会①。循环经济基本法律制度应该包括循环经济规划制度、经济刺激制度、政府扶持制度、科技支撑和示范制度、公众参与制度、绿色采购制度、行政考核与问责制度、环境保护委托人制度、其他制度等②。

我国自 1979 年出台《环境保护法》以来,先后制定出台了一系列旨在改善生态环境质量、环境资源能源紧张的法律法规。目前,我国已由全国人大制定了 19 部法律,由国务院颁布了 30 多部行政法规,由国家环保部等制定了 70 余件部门规章,由地方政府制定了 900 余件法规和规章,400 余个全国性的环保技术标准。2008 年出台的《循环经济促进法》是我国到目前为止调整循环经济的一部专门的综合性法律。我国在发展循环经济方面的各项基本法律法规,以及行业规范都在不断进行补充,循环经济法律制度也日臻完善。

应该说,循环经济立法是十分重要且必要的,东北老工业基地循环经济法律制度的构建要以完善环境影响评价制度为基础,注重与循环经济有关的相关法律法规的制定和完善,并且不断进行调整和补充。当然东北地区三省之间共同制定区域性法规也是有助于循环经济法律制度体系不断完善的重要内容,区域性循环经济立法将保障循环经济在区域内发展和推行过程中更好地实现规模经济,从而进一步推进区域内循环经济的发展水平。

环境影响评价制度是循环经济立法的基础性保障,通过环境影响评价制度可以避免对环境污染严重的技术和生产企业产生更

　　① 赵英民:《我国循环经济法的立法定位及关键环境管理制度》,载冯之浚:《循环经济立法研究》,人民出版社 2006 年版,第 93 页。

　　② 蔡守秋:《循环经济法的原则和制度》,载冯之浚:《循环经济立法研究》,人民出版社 2006 年版,第 109 页。

为严重的环境污染。东北地区生产企业多以重工业为主,对煤炭等资源的高投入和高消耗,导致空气污染较为严重。通过环境影响评价制度,可以对现有生产企业进行废弃物产出进行限制。同时,也对新企业、新项目提出环保要求,借此促进经济发展、环境保护的双赢。

完善循环经济法律制度,不仅要制定相应的基本法,同时也要兼顾专项立法的不断完善。我国循环经济发展处于探索阶段,各地区也不断从经济实践中总结经验。东北老工业基地由于其重工业发展轨迹明显,走新型工业化道路和实现经济可持续发展的任务较为严峻。从未来发展来看,循环经济迫切需要具有战略高度的指导和完善的法律法规体系作为保障。应该说,在推进循环经济发展的过程中,建立各类专项法律法规是极为重要的任务。

二、公众监督机制

对于公众在推进循环经济发展过程中的作用,不仅仅体现在对自身消费和生活习惯的约束,也要充分体现社会舆论监督的作用。从某种意义上来说,循环经济的发展水平如何,在很大程度上取决于公众的参与程度。

一方面,积极推进节约型消费模式的构建。倡导绿色消费理念,转变在传统消费观念中只注重价格的习惯,更多地关注产品安全,尽量购买无公害、无污染的绿色消费品。在生活中也要对生活废弃物进行合理处置,将生活垃圾量降到最低。另一方面,也要充分发挥各种民间组织和社会团体的重要作用,充分发挥其对循环经济的推动作用。美国的 DSD 回收系统、加州地摊回收组织、瑞典五大包装废品回收组织、日本的回收情报网络及加拿大蒙特利尔的社区中介组织等，都是民间性组织，在循环经济发展中扮演着越来越重要的角色，为相关企业和消费者提供咨询、培训及相关信息服务，同时也承担宣传循环经济，倡导绿色环保理念的任务。

发挥公众监督机制，要建立行之有效的公众参与机制，加强宣传力度。可以在学校面向学生进行宣传，并鼓励学生也参与到宣传循环经济的队伍中，使青少年从小就形成保护资源、保护环境的意识。同时，也可通过多种方式的宣传将循环经济理念引入各个社区，通过张贴宣传画，介绍节约资源的经验等方式，开展多种形式的环保科普活动，倡导公众在日常生活中将节约能源、保护环境落到实处。而这一过程也可以通过充分调动社会团体的积极性，由环保志愿者以及相关的社会团体进行。

当然，公众监督作用还应该体现在对企业环境行为的监督，督促企业履行其社会责任，积极进行环保性生产。完善公共举报和听证会制度，公众要对相关企业循环经济发展的情况具有知情权，对处理违规企业的处理结果要有监督权和参与权，只有这样，才能共同实现循环经济的良性发展。

第四节　本章小结

循环经济的运行机制是循环经济体制的作用过程和功能，是政府、企业和居民这三个循环经济主体相互作用的结果。循环经济发展的动力机制的主体是政府、企业和社会公众，主要包括激励机制和约束机制。循环经济发展的激励机制强调各种政策支持，而约束机制则倾向法制保障机制。本章结合主要发达国家循环经济发展的实践经验，指出东北老工业基地循环经济发展的激励机制应该包括财税政策激励机制、价格政策激励机制、政府绿色采购机制以及押金制度等。约束机制主要包括法律约束机制和社会公众的监督机制。

第六章　东北老工业基地循环经济
发展带动机制研究

第一节　中国循环经济发展机制的分析与评价

一、中国循环经济发展机制演变

循环经济的发展需要政府大力推进,而政府在推进循环经济发展方面的重要手段就是制定并出台一系列较为完善的法律法规和各项规章制度。综合分析我国现行资源环境经济政策(详见表6.1),可发现其主要倾向于污染控制手段,表现出明显的"末端治理"特点。从具体政策的执行角度分析,存在资源税税种不全、税额偏低、排污收费的费率低、排污费收取执行不力等一系列现象。合理的排污费费率应该能满足污染控制成本的需要,而目前我国排污收费的收入只是污染控制成本的25%,远达不到污染控制的资金需要。排污收费偏低,无法对排污起到足够的抑制作用。

表6.1　我国主要资源环境政策一览表

政策类型	实施部门	开始时间	实施范围
污染罚款	环保	1979 年	全国
超标排污费	环保	1982 年	全国
财政补贴	财政、环保	1982 年	全国
资源税	税收部门	1986 年	全国

续表

政策类型	实施部门	开始时间	实施范围
排污许可证交易	环保	1987 年	上海等地
生态环境补偿费	财政、环保	1989 年	江苏等地
污水排放费	环保	1991 年	全国
污染责任保险	金融、环保	1991 年	大连、沈阳
SO_2 排污费	环保	1992 年	两控区*
生活污水处理费	环保	1994 年	全国
生活垃圾处理费	环保	2000 年	全国
排污权交易	环保	2004 年	部分省市试点

注:"两控区"为 SO_2 控制区和酸雨控制区。

二、中国循环经济发展机制的评价

从我国近几年的实践看,实施循环经济面临着一系列严峻的挑战,主要表现在以下几方面。

1. 社会认识还不够到位。集中表现在政府"热",企业"冷"。从全国看,循环经济已成为政府常用的关键词之一,频繁出现在各种报告、规划和媒体报道中。但相对而言,企业积极性不高,大多还处于被动观望状态,远没有成为企业自觉有效的经济活动。

2. 缺乏循环经济健康发展的条件和环境。基层面临资金投入不足、缺乏技术支撑、法律和政策不适应等实际问题。

3. 循环经济进展相对滞后。不仅参与面小,质量也不高,离中央要求成为增长方式重要途径的差距很大。要改变这种现状,应从多方面加强工作,重点是要加强协调引导,形成循环经济发展的长效机制。

第二节　带动机制建立的基点：
确立政府的引导地位

一、政府主导的弊端分析

目前，从中央到各级地方政府对发展循环经济热情都很高，一些地区也进行了循环经济初步建设，但在其中也存在一些干扰市场的因素，基本上都在政府的主导下开展。从宏观经济发展现状分析，通过政府主导来创立"卡伦堡"模式的生态工业园区难度很大。因为政府在选择入园的企业时，企业也会考虑入园后是否能赚钱。另外，"卡伦堡"式的生态工业园区存在自身的不稳定性，即园区内企业之间相互依赖性较强，一旦循环经济链条中的某一个企业出现了问题，整个循环系统就会出现问题乃至崩溃。从这一角度讲，政府出于可持续发展的目的主导规划循环经济的发展，将面临较大的风险与不确定性。

二、政府引导的经济学理论分析

1. 自然资源的公共物品属性

经济活动所必需的各种自然资源具有公共物品的特征，即其生产的非竞争性和消费的非排他性，同时也具有典型的外部性。因此，对于自然资源的保护必然要求政府发挥重要的作用。

事实上，对于企业和社会公众而言，在其经济活动中并不会主动考虑其行为的外部性问题。根据经济学基本理论，当存在负外部性时，企业和消费者的经济活动会产生高于没有外部性时的市场供给和市场需求。当存在正的外部性时，企业提供的产品供给和消费者的市场需求都将少于没有外部性时的市场规模。企业的

发展以追求利润最大化为基本原则和目标,当不存在外部干预和
约束时,企业并不存在放弃或减少部分利润而保护环境的内在激
励,也不存在进行技术投入从而降低生产资源和能源使用的动力。
只有在政府采取相应的规制措施,加强污染管制时,企业才会采取
低消耗、低污染的生产方式及技术研发投入。

自然资源作为公共物品,存在外部性,在传统的生产模式下,
会出现过度生产和消费,从而引起生态环境的进一步恶化。同时,
自然资源具有稀缺性,而且当前已经面临资源枯竭的威胁,这就迫
使政府要积极参与到有关自然资源的制度安排中,通过法律约束
和政策引导等手段,利用对市场供求的影响,调整大量使用自然资
源的生产企业进行生产方式的转变。只有依靠政府的力量才能降
低或者消除外部性问题,进而推动社会采用利于经济和资源环境
可持续发展的生产方式和生活方式。

2. 自然资源的代际共享

需要政府引导的另外一个原因是,自然资源还涉及代际共享
的问题。资源耗竭与环境污染不仅损害当代人的福利,也会损害
后代人的利益。成功地解决环境问题是非常困难的,尽管个人能
意识到保护环境对大家都有益,但没有任何个人激励来这样做,因
此很难实现资源的有效配置。在这种情况下,单纯的市场机制是
无效率的,因此,必须由政府充当后代人的利益主体代表这一角
色,通过政府规制来解决经济增长与资源矛盾的问题。这使政府
的引导成为必要。

三、政府引导的尺度分析

从理论上讲,政府在经济发展中所起的作用主要是弥补市场
的缺陷,加强引导作用,而不能起主导作用,否则市场机制必然被

扭曲。综合来说,政府应当充分运用行政、法律、经济、财政等手段,规范循环经济,做到有法可依、有章可循。同时,要完善政策体系,可以使用经济鼓励和刺激手段,如价格、税收和财政手段等,刺激、引导循环经济的大力发展。但是政府没有必要单独制定针对发展循环经济模式的过多的优惠政策。虽然享受优惠政策可以增加参与者的收益,起到激励作用,但这些政策可以体现在资源与环境保护的政策里面,因此不必单独针对发展循环经济制定一套优惠政策。

老工业基地在循环经济发展模式的形成过程中,必然会出现政府通过制度规制对自然资源进行重新定价的现象,将生产行为对外部环境产生的影响纳入到控制范围之内。制度安排则是政府介入资源与环境问题的必然手段,其核心是要将自然资源作为经济发展的投入要素纳入到经济系统运行之中,规定相应的交易补偿机制。但是政府的过多干涉并不利于循环经济的发展,过度干涉会降低市场运行效率,破坏市场机制的作用,阻碍循环经济的内生增长机制的发展。在循环经济的演进过程中,政府应该坚持一个原则,就是通过资源重新定价和对污染的规制,使外部问题内部化,而绝不能用行政的方式简单地加以干涉,来促进循环经济的发展。

四、政府引导的手段分析

随着全球人口和经济的不断增长,资源与环境的制约作用日益增强,循环经济必将会成为未来人类社会一种新的经济形态。但这是一个长期的发展过程,我国在目前的循环经济发展过程中主要是重视政府行政规划的主导作用。从制度规制的角度分析,在促进和发展循环经济的过程中,政府应该从3个核心层进行制度的设计与安排。

1. 构建较为完善的法律及制度平台

政府作为循环经济的倡导者和监督者,在循环经济发展过程中是不可或缺的重要组成部分,政府在循环经济发展法律法规体系的构建和通过各项政策引导资源、环境与经济的可持续发展过程中起着积极的带动及引导作用。循环经济作为一种新型经济发展模式和生产方式,是对传统经济制度与生产技术的变革,这就必然要从法律的高度对市场活动进行约束,因此构建有利于循环经济发展的法律法规和各项规章制度就成为政府带动循环经济发展的重要内容。

首先,政府要承担制定各种政策法规、提高行政指导的任务,完善循环经济发展所需要的各种法律法规体系,同时也要提供一定的行政指导。对于自然资源价格机制的完善,也要充分发挥政府的作用,将自然资源纳入到经济运行体系中,在社会生产系统对自然资源进行重新定价,其目的就是使生产企业按环保要求处置废弃物的成本高于使用再生资源的成本。而依靠市场力量实现这一目的是很难的,因此必须通过政府的制度规制来完善。其次,政府也要不断调整各种财政、税收以及投融资政策,为循环经济发展提供良好的经济环境。最后,从政府自身的市场活动而言,可通过调整政府采购政策等,实现对社会的引导作用。

2. 提供技术支持及设施建设

政府在带动和引导社会进行循环经济发展的过程中,要提供必要的技术支持和设施建设。比如,循环经济要求对废弃物进行循环再利用,但是对于生产废弃物的回收,是生产企业很难完成的任务。而如果政府能够提供对废旧产品和废弃物的规模性回收,不仅可以降低废弃物对生态环境的破坏,降低生产型企业的压力,同时对企业进行清洁生产提供激励,而且有利于循环利用技术的推广。

具体而言,政府要不断加大财政投入,逐渐完善循环经济发展所必需的基础设施建设。如再生资源回收利用设施建设,完善城市污水处理系统、生活垃圾无害化处理系统,并不断完善工业园区建设,同时完善对于社会公众的引导宣传。当然,构建完善的循环经济发展基础设施体系,构建良性循环的生态保障体系,需要各级政府积极参与,结合各地实际情况,进行有针对性的引导和带动。

3. 从政府角度容许组织试验的失败

我国依托循环经济模式促进资源分工的演进,宜采用制度模仿,通过借鉴国外成熟理论与政策,可以大大降低风险。但循环经济毕竟是新生事物,完全地避免风险是不可能的,也是不现实的,其发展也必须经过组织试验。依据杨小凯的专业化分工理论(杨小凯,2001),社会组织试验是分工演进过程中的一个关键环节。因为在初始自给自足的经济中,尽管熟能生巧可以提高其劳动生产率和交易费用的支付能力,但是劳动者还不知道分工以后是否能增加其净收入。这时就需要有人来进行试验。如果新的分工模式的效用不如原来已知的分工模式,人们马上就会退回到原来的分工模式中。如果效用超过原先的分工模式,则人们就会选择新的分工模式。组织试验对我国促进资源分工演进、发展循环经济具有重要的现实意义,可以为我们提供一些必要的实践经验,这是循环经济演进的必经阶段。因此我国政府不宜一味地以行政目标来考察区域循环经济模式成功与否,不能将循环经济发展成功与否作为衡量地方官员的政绩标准。而是应容许区域循环经济发展模式的失败,通过分析、总结经验,来提高宏观层次制度安排和制度规制的有效性①。

　　总之,在循环经济发展进程中,政府应逐步转变自身职能,实现由主导、管理向引导、服务的转变。在发展循环经济的过程中,政府与社会其他主体的关系会发生变化,由过去的指令、服从的管理关系转化为双向互动的平等关系,通过循环经济发展机制的建立与完善,从根本上真正促进循环经济的发展。

第三节　东北老工业基地循环经济发展机制的路径选择

一、以法律法规制定为基础

　　与可持续发展有关的立法是可持续发展战略和政策定型化、法制化的途径,与可持续发展有关的立法的实施是可持续发展战略付诸实现的重要保障。在今后的可持续发展和重大行动中,有关立法和法律法规的实施占重要地位②。

　　发展循环经济涉及社会、经济、资源与环境各个方面,是对传统经济发展模式、环境治理机制以及相关政策措施的重大调整和变革,这就必然要求相关的法律法规给予支持。通过立法,确定循环经济发展模式在社会经济生活中的重要地位,明确生产商、销售商、回收和使用单位以及消费者对废物回收、处理和再利用的法律义务。完善的循环经济法律法规体系,是发展循环经济的重要基础和保障,不仅有利于政府充分发挥对循环经济的引导作用,也有

---

　　①　姜国刚:《东北地区循环经济发展研究》,中国经济出版社 2007 年版,第67 页。

　　②　《中国 21 世纪议程》。

利于强化生产企业和消费者的环境保护意识,约束破坏生态环境与浪费资源等非循环经济行为。

二、以市场化运作为核心

循环经济发展模式作为一种经济运行方式,应该是一种市场化行为,其运行动力和发展方向都应该依靠市场力量进行控制和调整,而不应该过度依靠政府的行政指令进行引导。东北老工业基地的循环经济发展机制的建立,不能脱离政府的引导以及相关法律法规的保障,但是机制建立的核心和关键是依靠市场化运作模式,发挥市场资源配置的作用,调节生产企业、销售商、消费者等市场行为主体的经济行为。

东北老工业基地循环经济发展机制的市场化运作模式将依赖于市场的力量,淘汰那些资源利用效率低、环境破坏程度严重的产业和企业,为实现清洁生产的企业和环境友好型产业的发展提供更多的机会。在政府引导机制下,通过市场竞争机制的作用,实现资源配置的最优化,为循环型经济活动提供充足的资源储备、政策倾斜和技术支持。

三、以监督机制完善为依托

尽管世界各国的循环经济发展为我国提供了丰富的经验,我国其他省市的循环经济实践也取得了显著成果,但是东北老工业基地循环经济发展模式与机制的确定仍处于不断探索和尝试的过程中。各项法律法规尚不健全,清洁生产、废弃物处理等方面的行业标准和规定仍需完善,在这样的情况下,监督机制将是东北老工业基地循环经济发展机制的重要依托。通过完善监督机制,充分调动各种社会力量,监督相应法律法规的执行落实情况,对法律法规尚未明确规定的行为进行关注和必要的约束,从而调动全社会积极投入到发展循环经济的过程中,促进经济和资源环境的协调发展。

第四节　本章小结

总结我国近年来循环的经济实践经验可以看出,实施循环经济面临着一系列严峻的挑战。如何在循环经济发展过程中培育市场机制以及政府角色的确定,需要从东北老工业基地循环经济的整体出发,加强协调引导,形成循环经济发展的长效机制,东北老工业基地循环经济发展机制的建立要以完善的法律法规体系为基础,通过市场化运作模式,以监督机制为依托,最终实现经济和资源环境的协调发展。

第七章 东北老工业基地循环经济发展的科技支撑体系研究

技术是发展循环经济的载体,是循环经济的核心竞争力,离开了技术,循环经济将无从谈起。我国的技术水平与发达国家存在较大的差距,尚未形成高效完整的技术支撑体系。因此,寻求对发展循环经济技术创新和制度创新的理论指导,不论是从现在或者长远的发展来看,对提高资源利用率,建设资源节约型、环境友好型社会,促进我国经济持续健康协调发展具有重要意义。循环经济技术是以实现资源的高效和循环利用、污染的减量与无害排放为目标的,需要能源综合利用技术、清洁生产技术、废物回收和再循环技术、资源重复利用和替代技术、污染治理技术、环境监测技术以及预防污染的工艺技术等作为基础,这些技术不仅构筑了循环经济发展的物质基础,也成为建设循环经济的技术依托。

循环经济模式下技术创新的动力在于通过制度性的安排尽可能地缩小技术创新主体的个人收益与整个社会收益之间的差距。循环经济的发展还处于开始阶段,各种制度性的安排还没有得到完善,制度的缺失将会影响技术创新主体的个人收益,从而影响技术创新的动力。在循环经济模式下,技术创新的动力机制将更加复杂化,同时其动力机制的完善也将是一个长期的过程。传统技术创新的主要动力来自于市场竞争或者市场需求。由于环境和资源的外部经济特征,在循环经济发展模式下技术创新将更多地来自于政府的推动和激励。政府通过制定一系列循环经济法律形成发展循环经济的市场规范和制度,在这些法律的推动下企业必须进行技术创新,否则就会面临着被逐出市场的风险。

第一节　循环经济科技支撑体系的构成及运行机制

循环经济需要先进技术的输入,科技创新活动是推动循环经济取得重要成果的主要手段,同时更重要的是基于循环经济技术的循环经济研究成果的示范、推广及如何促进循环应用。因此,我们很容易产生这样的要求,即如何促进循环经济技术的产生,如何将循环经济科技成果进行转化和应用。这个问题其实就是本文所要研究的循环经济科技支撑体系。国内外关于支撑体系的研究已经产生很多优秀的成果,从中我们也不难看出,任何支撑体系都是围绕着所研究或者所支撑主体的基本运行规律而存在和发展的。循环经济科技支撑体系追求经济、社会发展与良好的生态环境的统一,使经济、社会、生态效益全面提高。在追求的目标上,循环经济科技支撑体系追求的是经济目标、社会目标和环境目标三者的协调统一。在行为主体上,循环经济科技支撑体系的行为主体是由政府、企业、科研机构、公众构成的复合体,通过经济、行政、法律和道德的约束使他们相互协同。深入分析研究对象的基本运行规律及其运行中存在的问题,找到对其具有较大限制作用的因素,将成为所提出的循环经济科技支撑体系是否完备、是否合理的主要因素。

一、技术支撑的内涵及特点

根据笔者所掌握的文献,目前学界对技术支撑尚无系统的定义。《现代汉语词典》对"支撑"有两种解释:一是抵抗压力使其免于坍塌;二是勉强维持。虽然关于技术支撑的涵义在国内外没有相关的解释,但是从已有的文献资料中发现,对支撑的理解一般不是着重于勉强维持,而是突出强调"抵抗压力",突破窘境。根据上面的理解,我们可以简单地给技术支撑做出这样的界定:技术支撑是发挥技术系统的功能,摆脱没有技术或技术缺乏的压力,实现相关领域的突破。其特点可以概括为以下 4 个方面:

1. 先进性

循环经济技术较之于当前应用的同类技术,在降低成本,促进增效或改善生态环境方面具有明显的改进,接近国际、国内先进水平,抑或该项技术是一项全新的实用技术,有利于提高经济、社会和生态效益。

2. 适用性

传统的科研体制往往导致开发的新技术不能直接应用于生产实践。因此,循环经济技术的研制与推广,必须根据循环经济发展的实际需要确定,将技术组装配套成易于掌握、操作简便的技术体系,以提高技术应用效果。

3. 系统性

在发展循环经济技术时,必须从循环经济系统的角度出发,将相关的技术进行综合配套实施,尽可能以较低的技术投入获得较大的系统经济、生态和社会效益。

4. 效益性

循环经济技术应在节能、降耗、保护环境、合理利用资源、提高经济效益等方面具有明显的成效。尤其是利用先进适用技术,降低经济系统的外部性,保持系统的稳定性和竞争力。

循环经济不是"资源—产品—再生资源"的简单反馈性流程,

而是一个由社会、经济、技术、制度、环境等要素组成的复杂系统。同样，作为循环经济实现的物质基础的循环经济科技支撑体系，也必然是一个复杂的体系。循环经济科技支撑体系不是单项技术的简单集合或罗列，而是一个涉及资源环境、社会经济生活等各个方面的三维系统，其主体框架包括循环经济技术的作用范围、循环经济技术的作用对象和循环经济技术的作用方法与手段。循环经济技术的主要作用范围包括资源行业、生产领域、消费领域、环境领域等4个层次，作用对象依次为初级资源、产品、废弃资源、无法利用的废弃物。循环经济技术可以分为替代技术、减量技术、再利用技术、资源化技术、系统化技术和无害化技术等几个方面。

二、循环经济科技支撑体系的运行机制

经济运行机制是指一定经济机体内各构成要素之间相互联系和作用的制约关系及其功能。它存在于社会再生产的生产、交换、分配和消费的全过程。经济运行机制概念包括3个方面的含义。1.经济机理的总称。2.其功能的发挥依赖于经济过程中各构成要素间的相互作用。3.从总体上看，它是有规律地按一定的方式运行并发挥总体功能作用的。因此，经济机制是特定经济过程中的联系和运行，而不是一个孤立的要素。经济运行机制主要由价格机制、资源配置机制、经济主体的激励约束机制、市场主体的经营机制、利益分配机制和政府宏观调控机制等几方面组成。

从循环经济的本质和内涵出发，循环经济科技支撑体系可以理解为有循环经济科技资源投入，经过科技机构运作，形成符合循环经济发展需要的科技产品，并将科技成果进行转化、应用和推广的有机系统。

循环经济运行机制可作如下表述。首先，传统的非循环型经

济运行遵循的是"资源—产品—废弃物"线性生产模式,这种模式主要强调经济利益的获取能力,而并不关心或者很少关心经济增长方式是否对环境造成伤害。这种线性的生产模式势必造成人类所拥有的资源越来越少,所处的环境越来越差。基于人类对环境问题的反思,循环经济模式得以产生。循环经济运行模式要求通过技术的提升,改造现有的不合理的产业,节约资源使用,促进人与社会的可持续发展,并提出了"资源—产品—再生资源"的循环经济生产模式。在这种模式中,每个环节都与前向、后向环节或领域进行物质和能量的优化配置,形成"网状"循环。其主要表现可以概括为以下 5 个方面。1. 在循环经济运行过程中,采用资源替代与清洁能源技术,实现生产源头物质投入的减量化。2. 采用新技术,延长和拓宽产品链和产业链,尽量将资源在生产企业内或企业之间"吃干榨尽"。3. 在生产活动中,采用再利用技术,强调产品和包装物的多次重复使用,有效地节约资源。4. 对生产、流通消费等领域的废弃物进行全面回收,经资源化技术处理,实现资源的初级利用和再生利用。5. 通过新技术对无法处理的废弃物进行无害化处理,尽可能地减少环境破坏。

其次,循环经济强调外部效应的内部化。循环经济要求节约资源,提高资源利用效率,对生产过程中产生的废弃物进行综合利用,并延伸到废弃物资回收和再生利用。在产业层面上,循环经济要求根据产业布局和资源条件,延长和拓宽生产链条,特别是废弃物使用的链条,促进产业间的共生耦合。在社会层面上,循环经济通过建立全社会的资源循环利用体系,积极培育静脉产业,最终实现循环型社会。最终将环境治理这种被动的行为转变为经济主体内部的正常消化。实现产业关联纽带由中间产品扩展到废弃物资源,将是改善生态环境,实现产业协调发展的一个重要趋势。其最突出的特点是将废弃物作为产业协调发展的一个重要环节,并强调产业关联是基于产品全生命周期理论。具体来说,一是循环经济视废弃物为"废弃资源",通过再资源化,实现资源的"榨干吃尽"。二是循环经济还改造了传统的基于产品生产的产业链,围绕产品全生命周期,重新设计产业链。因此,经济的运行过程需要进行再造。首先,在产品设计阶段,上下游产业都要考虑资源的减量化、再利用和再循环等问题。其次,在产品的生产过程中,不仅要求通过优化资源配置和提高生产率,最大限度地利用资源,而且还要实现上游产业的废弃资源成为下游产业的原料,构建产业间的完整循环系统。

循环经济科技支撑体系的运行机制是其内部结构及其相互联系方式。它的运行机制是以发展循环经济,建立循环经济型社会为根本出发点,以循环经济科技研发体系为源泉,以循环经济科技中介服务体系为纽带,以循环经济科技成果推广转化体系为途径,以循环经济科技管理和保障体系为基础的四位一体的网络互动机制,既有各体系内部的自运行,又有体系间的协调与互动。

第二节　东北老工业基地循环经济
科技支撑体系的构成

从系统论的角度,可以把循环经济科技支撑体系的构成概括为4个子系统。1.循环经济科技研发体系,包括高等院校、科研院所及重点实验室、中试基地、工程技术中心与企业等机构以及由此形成的研发体系和机制。2.循环经济科技成果推广转化体系,包括循环经济科技成果推广转化机构、辅助机构、中介机构以及由此形成的体系和机制。3.循环经济科技中介服务体系,包括为循环经济科技创新和转化提供中介服务的各种机构以及由此形成的服务体系与机制。4.循环经济科技管理和保障体系,包括各级循环经济科技管理部门,循环经济资金投入、人才队伍、法规政策、基础条件平台等。

一、科技研发体系

在循环经济模式下技术创新的重要性和复杂性增加了。循环经济的发展所需要的很多技术具有高科技成分,如果不进行大规模的技术创新,循环经济的发展将无从谈起。因此在循环经济发展模式下,技术创新的重要性并没有降低,反而提升了。循环经济的发展不仅涉及企业的清洁生产,而且涉及生态工业园、循环型社会的建立,整个循环经济的发展过程包括了整个社会系统的各个单元,其技术创新的对象也由此扩展到社会生产的各个环节,技术创新的复杂程度和协调的难度增加。

循环经济科研体系是指以技术创新为主体的包括一系列循环型技术的开发、应用、转化和替代的过程,是循环经济发展所需的基础条件。先进的科学技术是循环经济的核心竞争力。如果没有先进技术的输入,循环经济所追求的经济和环境等多目标的共同发展将难以从根本上实现。除了吸收引进国外先进的技术以外,还必须从我国经济社会发展和科技发展的规律出发,研究提出循环经济科学技术发展的重点领域和关键技术,建立与我国国情相适应的循环经济技术体系。一般认为循环经济的技术体系由4类构成:替代技术、减量技术、再利用技术和资源化技术。

1. 替代技术

所谓替代技术是指通过开发和使用新资源、新材料、新产品、新工艺,替代原来所用资源、材料、产品和工艺,以提高资源利用效率,减轻生产和消费过程对环境的压力的技术。主要包括可再生能源利用技术、重点行业原材料降耗技术、海水淡化与综合利用技术、绿色化工技术、新一代洁净煤技术、高效节能型机电推广使用技术以及工业和生活锅炉系统更新改造技术等内容。同时,替代技术应着重强调以洁净的自然能源(光能、风能、水能、生物质能)替代化石能源,以低污染的化石能源(如天然气、石油)替代高污染的化石能源(如煤炭),以加工形态的煤炭能源(如发电、洁净煤等)替代初级形态的煤炭能源。如果仍然用煤和石油作为主要能源,就难以解决资源永续利用问题,也难以从根本上避免和缓解环境污染。

2. 减量技术

减量技术是循环经济基本特征中的减量化原则在技术领域的体现。它要求在生产过程中通过管理技术的改进,减少进入生产和消费过程的物质和能量流量,因而也称之为减物质化,是一种在源头节约资源和减少污染的技术。

减量化原则的具体要求是在生产经营阶段,要求企业通过技术创新,不断改革旧的技术工艺,减少产品的原料使用量以节约资源和减少排放。用较少的物质和能源消耗来达到既定的生产目的,在源头节约资源和减少污染的。减量化技术要求在资源行业尽可能提高资源勘探与开发效率,减少天然资源的消耗,在生产领域中要紧紧围绕节约资源和原材料,提高资源的利用率,同时还必须考虑到产品和市场需求相协调,避免造成过剩产品的大量积压,实现产品的供给与需求在经济生产中的平衡,减少资源的浪费。在消费阶段,鼓励消费者选择包装物较少的物品、耐用的可循环使用的物品而不是重复包装的物品或一次性物品以便减少废弃物的产生。

减量化原则旨在减少进入生产经营和消费过程中的物质与能源流量,从经济活动的源头上节约资源利用,减少环境污染。这种源头控制方式,比长期实施的各种末端治理的环境保护方式更有效,提高了环境保护的效率。

3. 再利用技术

再利用技术是指产品及其包装能够以初始的形式被多次或反复使用。主要是延长原料或产品的使用周期,通过多次反复使用,来减少资源消耗的技术。通过延长产品使用寿命来提高资源的利用效率,具体来说,包括通过中间产品配件的标准化,提高同质产品的兼容性;实现多功能产品的梯次使用;某些特殊产品的集约化使用,如汽车共享使用。

再利用原则属于实现循环经济的过程性方法,要求生产经营者对其产品和包装承担回收利用的义务,通过对物品多次或多种方式的使用,使其能够不断回到经济循环活动中,从而尽可能地延长产品和包装物的资源利用时间,提高其资源利用率,避免过早地转化为废弃物,以节约资源消耗。再利用原则的实施,应当具备以下两项要求。(1)对同类产品及其零配件、包装物实行兼容性、配套化生产,以便于同类产品相互利用、再三使用,延长使用期限。当产品更新换代或增加生产时,相关的零配件和包装物并不淘汰,可为新产品继续使用。(2)建立规范的废旧物品回收利用机制,采取鼓励与惩罚相结合的制度安排,建立生产经营者的回收利用制度。由生产经营者主导回收利用,可以鼓励、引导消费者将自己不再需要的物品返回市场体系,再安全地参加到新的经济循环之中。

4. 资源化技术

资源化技术要求在产品消费与废弃处理领域,将生产或消费过程产生的废弃物再次变成有用的资源或产品,尽可能地通过对"废物"的再加工处理(再生)使其作为资源,制成使用资源、能源较少的新产品而再次进入市场或生产过程,以减少垃圾的产生。循环经济的特点之一就是在经济活动中实现"资源—产品—再生资源"的循环,这其中就包含了一个废弃物—再生资源的技术环节。从根本上说,所谓废弃物是具有相对性的,通过技术手段可以实现其"价值"在一定程度上的恢复,变废为宝。尽可能实现废弃物的资源化处理,通过初级资源化(如废纸加工再生、废玻璃加工再生)和次级资源化(如废塑料转化为汽油和柴油、有机垃圾制成复合肥料)实现废弃资源中可利用部分的充分利用。

在循环经济中,废物资源化可以归结为两个方面。(1)原级资源化,即将消费者遗弃的废弃物资源化后形成与原来相同的新产品。对于同一生产过程,可以通过相应的技术提取废弃物中所包含的有用成分,再通过相应的技术处理转化为资源重新投入生产过程。这种资源化途径由于其生产过程所涉及的原料及生产工艺物耗和能耗均较低而具有良好的环境、经济效益。(2)次级资源化,这是一种将废弃物用来生产与其性质不同的其他产品原料的资源化途径。这一生产过程的废弃物可能会被转化为另一生产过程所需要的资源,甚至这一产业的废弃物可能会被转化为另外一个产业的原材料。这也为中循环乃至大循环的实现提供了可能。由于事实上已形成了生产原料的生态化(或生态化工业),因而其物质在不同领域的流动过程中只有资源而不存在废物的概念,不仅可实现资源充分共享的目的,同时可实现变环境污染负效益为节省资源、较少污染的正效益的双赢效果。

目前,我国已经投入大量资金对废物资源化技术的项目进行开发。例如在固体废物资源化技术方面,研究的重点有填埋场沼气回收利用技术、信息产业废物资源化技术、废电池回收利用技术、有机废物堆肥化技术以及利用废物制取建筑材料的技术等。在生产过程中会有大量的废弃物产生,如果能够在废弃物的充分有效利用方面取得突破,也就是实现资源的循环利用,则会使资源短缺问题得到很大程度的解决。

也有人提出循环经济技术体系还应包括系统化技术,这类学者认为应从系统工程的角度考虑,通过构建合理的产品组合、产业组合、技术组合,实现物质、能量、资金、技术的优化使用的技术,如多产品联产和产业共生技术。多产品联产通过多种产品的联合生产提高了资源利用效率,对生产过程中消耗的原材料和能源进行科学地分配来生产不同的产品,或者对资源进行深加工,对副产品进行充分开发利用,都可实现多产品联产。产业共生将不同的产业、行业耦合在一起共同生产来提高资源利用效率。某一个行业生产过程的产品或废弃物,可能正好是另一个行业生产过程所需的原料。在空间上将具有耦合效应的产业配置在一起,可大幅度地提高生产效率,减少废弃物的生成以及不必要的资源消耗。

另外,本文经过分析研究认为,发展循环经济就必须注意新能源的开发利用。一直以来,能源问题就是一个全球性的问题,目前受到世界各国的密切关注。能源问题引发了一场没有硝烟的战争——能源大战。尽管没有硝烟、没有炮火,这场战争也同样是关乎国家命运与前途的战争,是一场涉及政治、经济、文化等多个领域的形势复杂的战争。越是发达的国家对能源的需求就越大,这是由国家的科学技术发展情况所决定的。因此,可以将世界各国的能源大战归结为一场科学技术的战争。发展循环经济就必须研究如何用可再生利用的能源如生物质能、太阳能、风能、潮汐能等,替代传统的化石能源,实现清洁能源的替代。研究如何通过产品和工艺的创新,减少原材料投入,提高资源利用率,生产绿色产品,改善生态环境。研究如何通过延长产品使用寿命来提高资源的利用效率。研究如何减少废弃物的排放以及对废弃资源的再生利用;研究如何对有毒、有害废弃物进行无害化处理。研究如何对循环经济系统进行优化,以使在充分利用资源、优化利用资源和保护环境的前提下,实现效率和利润的最大化,如多产品联产和产业共生技术。只有这些具体的循环经济技术取得整体性的突破,循环经济才能够真正建立起来。

二、科技成果推广转化体系

循环经济技术研发是源头,而研发成果真正与企业等经济组织相结合,应用到生产实践,才是科技创新的最终目的。要对研发成果进行后续试验、开发、应用、推广直至形成新产品、新工艺、新材料,实现产业化,才真正实现了科技成果转化为现实的生产力。

科技成果转化的动力机制是指市场经济的不同行为主体为追求经济、社会效益的最大化,对科技成果转化产生强烈需求,从而驱动社会资源向有利于成果转化的方向积聚,促进成果转化的作用过程。在高度市场化的西方国家,市场力量始终是科技成果产生和转化为现实生产力的原发驱动力。这种原发驱动力的作用主要表现在3个方面:1.引导科研向应用开发研究和新产品开发方向倾斜。2.市场竞争迫使市场经济主体不断进行技术创新和新产品开发,提高自身的竞争力。3.市场需求引导技术创新的方向,最终产生研究开发项目。成果转化的动力因素可分为内在动力因素和外在动力因素。内在动力因素主要是指促进科技成果转化的内在驱动力的构成,主要有企业的科技意识、企业对经济效益最大化的追求、科研机构的生存压力及对经济利益的追求等。外在动力因素主要指对科技成果转化起推动作用的外在因素,主要指成果转化的外部环境,包括科技政策、成果转化的资金供应、成果转化利益分配制度等。内在动力是成果转化的根本动力,外在动力通过诱导、激发内在动力而起作用。如果内在动力与外在动力能够协同形成合力,那么成果转化将会以巨大的作用推动经济社会发展。

在市场经济条件下,科技成果推广转化的动力是市场需求。一项科技发明成果只有转化为产品,实现了市场价值才叫创新。市场价值是科技成果创新的推动力,市场需求是科技成果转化的原动力。理论成果如果能指导社会实践,成为推进社会进步的重要动力,获得了社会效应,就叫做理论上的创新。所谓体制创新和管理创新,就是应用研究成果对生产关系进行调整,对管理方式、组织结构、公司治理结构等进行改革,从而促进生产力的发展和经济效益的提高。

当今科学技术研究有两个趋势。一是向高、新、尖方向发展,形成高、新、尖的科技成果。二是向综合化方向发展,表现为科学技术集成综合化和软性化,而综合化越来越突显,在经济管理科学方面就更加突出。在科学技术高度发展的同时,科技成果软性化引起人们的极大关注,这使许多成果以模式化进行推广和应用。如区域经济发展模式、循环经济发展模式、生态化管理模式、农业生产的各种栽培模式、抗旱节水模式等,都是应用各种单项研究成果组合、转化的一种模式,这有利于推广应用,并取得了显著效益。

(一)循环经济科技成果推广转化的主体

循环经济科技成果推广转化是一项系统的社会工程,需要调动多方力量,统筹规划,严密组织。政府是循环经济科技成果推广转化的主导。在我国当前情况下,循环经济科技活动的体制和机制都还不健全,无论科研机构、高校还是企业,任何一方都难以承担起科技成果推广转化的重任。循环经济科技成果的推广转化是一项新兴而复杂的社会工程,需要政府在发展方向、政策、机制等方面加以引导。政府在循环经济科技成果推广转化中的主要作用如下。1. 引导资金投入。2. 提供政策保障和激励机制。3. 重点支持促进循环经济重大关键、共性技术成果转化。企业是循环经济科技成果推广转化的主体。作为循环经济技术的最终使用者和受益者,既是科技创新的主体,也应该成为科技成果推广转化的主体,即循环经济科技成果转化的主要投入者、风险承担者和利益分享者。首先,企业要更新观念,从长远利益出发,加快循环经济科技成果的创新和利用,从根本上实现增长方式的转变。其次,企业应该成为循环经济科技成果转化的投资主体。科技成果转化需要大量的投入,政府投入只占很少一部分,绝大部分是企业投入。

(二)循环经济科技成果转化的限制因素

1. 缺乏科技成果转化绩效评价体系

绩效评价体系对于一个系统的运行具有导向作用。由于评价体制原因,长期以来忽视科技成果后续环节的处理,人为降低了科技成果的经济效益。而有关成果的应用价值以及转化为生产力的状况,却较少作为绩效评价指标纳入评价体系中,因而研究机构和研究者个人缺乏针对市场需求从事开发研究和成果转化的动力,由此导致了其追求的目标与科研的社会目标、国家目标的分离。结果导致科研投入与产出严重失衡,科技成果的技术先进性不能转化成市场领先性。

2. 科研成果转化利益分配不合理

从科技成果转化收益中取得合理的经济利益,是科研机构和科研人员改善科研条件、增强研发能力以及维持其生存和发展的主要资金来源,也是对其依据市场需求进行研发活动的激励。但在实际运作中,往往是科技成果转化取得了经济效益,但科研机构或发明人难以取得合同约定的经济利益,影响了科研机构扩散技术成果的积极性。一些经济实力比较强的研发单位为了保证自身的经济利益,往往自行进行成果转化。因为科研机构的优势是组织研究和开发,并不是组织社会化大生产,这种成果转化模式显然违背了社会化大生产专业化分工的规律,资源配置效率不高,所以转化效率有限。科研机构的利益难以保障成为成果转化的主要障碍因素之一,科研机构难以取得应得的利益,通过调节环路抑制了科技成果转化。

3. 企业短期行为

在社会主义市场经济背景下,企业应是成果转化的主体,科技成果转化不仅能给企业带来高额利润,而且能够提升企业的竞争力,所以对利润最大化的追求是企业成果转化的内在动力。但是,首先,由于我国正处于社会主义市场经济体制的建立和完善过程之中,企业市场化的经营机制转换尚未最终完成,企业的市场经济主体地位尚未完全确立,企业普遍缺乏长远的发展规划。一些企业经营者观念陈旧,没有真正把科技作为生产力的第一要素,注重眼前利益,其发展普遍存在比较明显的短期行为;其次,由于成果转化投入较大,同时伴随较大的风险,企业经营者往往对于转化投资较大的主体技术犹豫不决,造成成果买方潜在市场大,现实市场小。所以,企业存在短期行为,风险意识和创新意识薄弱是企业成果转化的潜在需求转化为现实需要的主要障碍,同时也是企业对科技成果转化需求不旺的直接原因。当然,影响企业成果转化动力的因素十分复杂,从工业企业看,企业的运行机制、发展模式、生产经营状况均直接影响着其从事成果转化的积极性。企业的经营存在短期行为,承担风险能力弱,成为成果转化的主要限制因素之一,它通过调节环路抑制了成果转化。

(三)循环经济科技成果转化的投融资机制

循环经济科技成果转化为现实生产力需要大量资金的注入,大幅度增加科技成果转化资金是加速科技成果转化的重要措施之一。首先,政府应直接投资,采用经济手段促进循环经济科技成果转化。主要包括各级财政对循环经济科技的投入、合理配置循环经济科技研究与成果转化的资金比例、政府采购等。政府应逐年加大对循环经济科技工作的投入,设立循环经济科技发展基金,为循环经济科技产业提供各种形式的资金支持,加强对企业、科研院所中试基地的投入,使中试基地真正成为实现循环经济科技成果转化的有效渠道。其次,发展风险投资,建立循环经济科技风险投资基金,有利于促进科技成果的转化。循环经济科技成果转化资金要以政府投入为引导,吸引企业、社会力量等参与,建立多元化的风险投资机制。最后,金融机构应当在信贷方面支持循环经济科技成果转化,逐步增加用于循环经济科技成果转化的贷款。

(四)循环经济科技成果转化绩效评价体系

建立科技成果转化的合作机制。为适应市场经济对循环经济科技创新的要求,应建立科学的循环经济科技成果绩效评价体系,使循环经济科技成果的价值得到充分体现和认可。同时要建立循环经济科技成果转化的合作机制,实行利益与风险共担的制度,按照"风险分担、受益共享"的原则,对合作各方进行激励,健全科技成果转化合作的激励机制。从而实现三方共同利益的最大化,产生循环经济科技成果转化的驱动力。为适应市场经济对科研创新活动的要求,应对我国现行的科技创新成果绩效评价体系进行重大调整,建立与科研不同阶段目标相适应的评价体系。

科技成果转化合作的激励是指对合作各方加以激励,使他们通过分工和交易,客观地为全社会的科技进步而工作,从而实现自利与互利、局部利益与社会整体利益相互统一,达到最大利益与总目标的一致。

循环经济是一个复杂的大系统,这个大系统可以分解为若干个小系统。在这个复杂的环境下对企业进行评价时,必须使评价体系具有层次高、系统性强等特点,能够全面地反映循环经济发展的各个方面。但是,在构建评价系统时,为避免因指标过于庞杂而使系统显得杂乱无章,应将评价系统设置若干层次,在不同的层次中采用不同的指标,以便于企业对资源进行有效地配置。企业绩效评价体系应当充分反映和体现循环经济的内涵,从科学的角度设置各项评价指标。各项指标应当概念准确、目的明确、内容简明、易于理解、计算公式和方法科学规范,这样才能保证评价结果客观、真实。应当充分考虑系统的动态变化,要能综合地反映现状,同时还应预测未来的发展趋势。设置的指标体系也不应当一成不变。它将随着时间的推移和情况的变化而有所变化。由于循环经济的核心是实现社会经济、资源、环境之间协调发展,因此,循环经济条件下的企业绩效评价系统不仅仅从经济效益出发,而且还应当兼顾企业资源效益、环境效益两方面,概括反映企业经济效益的全貌。从而避免了传统绩效评价系统只重视企业的经济效益,而忽视了企业的生产经营活动对资源、环境的影响。

三、科技中介服务体系

科技推广中介服务是科技成果商品化的中间环节,是沟通技术产品供给与需求的桥梁和纽带,重视和加强科技中介服务体系的建设,有助于促进和加快科学技术向生产力的有效转化。

从总体上看,传统的农业科技推广服务模式没有取得实质性突破。1. 原有国家农业科技推广体系政府行为的单向性、被动性服务方式没有改变,技术水平和农业科技转化率低,缺乏市场推力,"线断、网破、人散"的状况进一步加剧。2. 新兴的各类农业科技服务组织技术辐射源弱、覆盖面小、发展慢。3. 农业大专院校、科研单位农业技术研发能力相对较弱,甚至有的研究内容与农业生产脱节,科技成果转化率低。4. 农业科技推广服务的各类主体、各种资源、各个要素缺乏有效整合,没有产生整体优势。现有的农业科技推广服务体系已不能适应农业、农民、农村经济协调发展的需要以及全面建设小康社会和经济市场化、全球化的新形势。因此迫切需要构建合理的科技中介服务体系,以促进科技推广应用。

(一)科技中介服务机构的基本要求

1. 主体的多样化

政府对科技中介机构的管理和支持要准确定位,加强对科技中介机构的宏观管理和引导,并且要重视发展公共的中介服务机构,如科技信息交流中心、技术创新支持服务体系等,推进政府主持开发的科技成果的产业化或向政府、企业提供政策建议、科技咨询、发展导向等工作。政府应该继续通过担保、补贴、税收优惠、设立专项扶持资金等方式对科技中介机构提供资金支持,用于保证科技中介机构中具有全局性或前瞻性项目的需要。同时,加快风险资金和社会投资基金体系建设,在确立科技风险投资公司的法律地位的基础上,制定配套的政策法规,实现投资主体多元化,积极吸收社会各方的资金,主要用于市场前景和利益比较可观的项目。逐步改变目前以政府出资为主的科技中介发展模式,尽快形成政府、高科技企业、科研院所、金融保险机构、民间资金和外资等共同介入的科技中介投资运作模式。大力支持有企业管理经验,特别是有创业经历,能够向新创企业提供支持的专业人才创办科技中介服务机构。

2. 运行市场化

科技中介机构必须按照市场经济的规律办事,坚持"服务第一、服务有偿"的原则,建立与市场经济相适应的运行机制,围绕中小企业的服务需求,培育主导业务,承担市场风险,在竞争中求生存、求发展,不断壮大自己。要加强管理,促进科技中介服务按照市场化要求规范运作。要积极发挥政府的监管作用,通过建立对科技中介服务组织的认证、投诉、评估和排名制度,实施对科技中介服务组织的管理和监督。科技中介服务机构要适应现代企业发展的要求,建立"开放、流动、竞争、协作"的新机制,探索企业化经营管理的模式。政府要积极为科技中介服务创造市场需求,可借鉴英国"法拉第合作伙伴计划",让中介服务机构直接参与成果转化工作,为科技中介服务机构发挥作用提供更多的机会。也可仿照欧盟的做法,重视市场对科技中介服务的需求,支持中小企业使用科技中介服务,用市场需求拉动科技中介服务,使科技中介服务机构在服务中得到发展和壮大。目前已经有一些中介机构进行了有益的尝试,从成立理事会、监理会和建立激励、约束机制入手,规范机构的决策机制和决策程序,从而有效地提升了机构的服务质量和服务水平。

3. 服务全面化

科技中介机构要通过自身努力和政府的支持不断将服务领域向前或向后延伸,实现服务内容全面化。一方面要服务于科技活动的下游,通过为科技成果的应用者提供科技成果鉴定、技术商品的评价及交易的认定、工商登记注册、投资融资、法律咨询、技术经纪、科技人才交流等全方位服务。另一方面要向科技活动的中上游延伸,直接参与到科技成果产出单位的科研活动中,为其提供需求信息,对其立项、科研资金、人才匹配等提供服务。另外,科技中介机构必须服务基层,尽快地把科技成果应用于生产第一线上,拓宽服务形式,增强服务功能,为科技成果的相关主体提供全方位、多层次、多功能和多渠道的咨询与服务。

4. 服务产业化

推进科技中介服务产业化,关键是要面向市场,在政府的引导和扶持下,以促进科技成果转化为目的,创新产业组织形式,拓宽服务领域,通过商品化、规模化、专业化发展,按产业化模式搭建服务体系,逐渐形成以科技咨询、技术贸易、创业孵化和科技评估服务为主,融资服务、法律服务和财务服务为辅,机构合理、机制灵活、功能完备的产业结构和经营格局。

科技中介服务产业化是构建科技中介服务体系的最终目标。为此,必须建立严格的研发、生产、营销、服务及质量控制等规范体系,鼓励各个中介机构、高等院校和科研机构联合起来,形成优势互补、网络经营的新机制,并在中心网络建设的基础上,打破地方、行业及所有制的界限,整合省内各中心、高等院校、科研机制和技术创新试点企业力量,成为推动技术创新、促进科技经济一体化的重要力量。

(二)科技中介服务机构的服务机制

科技中介服务机构是指为科技创新主体提供社会化、专业化服务以支撑和促进创新活动的机构,它是区域创新体系的重要组成部分,主要承担与科技创新直接相关的信息交流、决策咨询、资源配置、技术服务以及科技鉴定等职能,能够有效地降低创新成本,化解创新风险,加快科技成果转化,提高整体创新功效,在政府、各类创新主体与市场之间的知识流动和技术转移中发挥着关键性作用。在技术创新的过程中,科技中介服务体系为科技供求双方和国家有关部门提供技术创新与技术应用所需的知识、技术、经验、资金与信息等支持,推动技术创新主体之间的研究开发活动,促进已有技术成果的转移、扩散,为技术供求双方提供交易、联系平台,协助国家有关部门做好科技创新管理的有关工作。

科技中介服务是具有创造性的智力活动,它与现代社会中发展最快的知识、技术、智力密集型新型产业紧密相连。而市场经济的发展需要确立独立、客观、公正、社会化的科技中介服务体系。目前科技中介服务机构是多种模式与机制竞争并存,但从发展趋势看,公司制、市场化为主的运作模式将是其发展目标。从短期看,非营利性科技中介服务机构的存在和发展,一方面会弥补市场的不足,另一方面也反映出政府干预市场、加快技术经济结合步伐的意志。但从市场参与主体的特征以及非营利性机构的局限性看,未来运行模式的主要趋向将是建立公司制,以营利性为目标的机构。

科技中介服务工作是一项创新性和专业性很强的工作,对从业人员的要求较高。一方面,要求从业人员既具有广博的知识结构,对科学技术的未来走向有高瞻远瞩的判断能力;另一方面,又要求从业人员对市场发展趋势具有较强的洞悉能力,对新技术的市场化价值有敏锐的判断能力。科技中介人才是我国科技中介机构服务质量和水平提高的一个关键因素。与发达国家中介人才相比较,我国人才相当缺乏。因此要培养满足上述要求的复合型人才,同时还要注意开发、吸引、挖掘高等学校、科研院所、留学回国创业人员等人才群体,解决我国科技中介服务业发展壮大的突出问题。

就中介机构发展而言,首先,要尽快建立以行业协会管理为主的宏观管理体制。应按不同类型、不同领域建立相应的协会,行业协会应为非营利机构,负责制定行业发展规划,把握行业发展方向,维护行业利益,实施行业监督,通报行业信息,服务中介机构发展。政府不再直接管理中介机构,而是通过法律法规对行业协会实施监管,指导其发展。

其次,要探索建立中介机构新的组织体制。本着有所为、有所不为的原则,在宏观上对科技中介服务市场需求做全面分析的基础上,为各类中介机构的组织形式、性质和功能进行明确定位,开展组织创新体系设计。重点要减少行政干预,加速非独立的中介机构与隶属单位脱离行政关系,使之转化为独立经营的社会化服务组织,调动科技与经济两方面的积极性。组织有条件的科研单位、高等院校立足技术条件和人才优势,兴办各类中介机构,加快中介机构的独立性与社会化转制进程。

(三)科技中介服务体系的构成

近年来,国内许多学者对发达国家的科技中介服务体系进行了比较系统、全面的研究。如吴伟萍的《国外科技中介组织的成功管理经验及对我国的启示》、杨敏的《国外科技中介机构的运作模式及启示》、何正军的《美国构建科技中介服务体系的经验及启示》、余晓的《英国科技中介服务机构的现状、主要做法及经验》和钟鸣的《日本科技中介机构的运营机制》等。上述研究表明,美国科技中介服务体系主要由非营利和营利两类部门组成,非营利部门主要由国家设立和民间设立。国家设立的主要是国家技术转让中心,它是联系国家实验室、大学和私人研究机构的中介机构。营利部门主要由孵化器、技术咨询组织和技术成果评估公司组成。英国的科技中介服务体系主要由政府、社会和私人中介公司等三方面组成。在政府层面上主要由本地企业与大学、研究机构以及金融机构组成的240个企业联系办公室构成,在公共层面上由各种学会和专业协会组成,私人中介机构是以营利为目的的独立科技中介公司。日本科技中介服务体系主要由国家公立机构和民营、私营机构组成。

　　科技中介服务体系是一个由多层次、多要素构成的有机系统。构建科技中介服务体系,要根据企业科技创新过程的特点和中介机构组织形式、服务功能的不同,建立网络化的动态的科技中介服务组织系统。在循环经济的框架下主要有科技咨询中介服务机构,包括决策咨询、技术咨询、工程咨询、管理咨询、信息咨询、专项事务咨询、涉外咨询和法律咨询机构等。循环经济金融服务机构,包括循环经济投融资中介、循环经济投融资担保机构等。还包括循环经济公共信息平台、循环经济技术产权交易市场和循环经济会计事务所等。通过对信息的收集、整理、加工和分析,为其提供可靠的决策依据和实施建议等知识型产品的创造性智力服务产业。科技咨询业的发达程度既是社会信息化程度的重要标志,又是衡量社会文明和进步的重要标志。

　　循环经济科技咨询服务体系是循环经济技术创新的基础设施。加快循环经济科技咨询服务体系建设,是建设资源节约型和环境友好型社会,提高企业自主创新能力的重要组成部分。它包括了循环经济技术创新的各类咨询机构和各类中介机构。

四、循环经济生产组织体系

　　循环经济生产组织体系即循环生产体系,是对循环生产技术应用和对循环生产活动的组织。循环生产体系是新工业化的生产组合,包括企业集团、企业之间、地区之间乃至整个社会产业体系和生产体系。循环生产体系的组合是按生态工业的基本原理进行的。生态工业的基本原理是工业生态学，它把生产体系和过程视为一种类似自然生态系统的封闭物质能量体系，其中一个单元产生的"废物"成为另一个单元的"营养物"。按这种原理建立的企业、企业集团就可以形成一个相互关联、类似于生态食物链过程的"工业生态体系"。生态工业追求生态效率，关注最大限度提高资源投入的生产力，努力降低资源消耗和污染物排放，实现环境和发展的双赢。

在市场经济体制下，企业作为自主经营、自负盈亏的经济主体，生存与发展是其永恒的主题，对科技进步的需求是企业进行科技成果转化的内在动力，也是带动其他动力的源动力。而内在动力是随市场经济体制的逐步完善，使企业真正成为经济活动的主体而逐步增强的。因此从这个意义上来说，完善市场经济体系对科技成果转化为现实生产力十分关键。市场需求是吸引企业进行科技成果转化的拉力，市场需求目的性越具体，科技成果转化的市场拉力越大，科技成果的技术推力也越强，企业进行转化的动力也越大。但是无论是企业发展的内在动力，还是技术推力及市场需求拉力，都只为成果转化提供了可能性，而要把这种转化的可能性变为现实还必须有社会支撑力。因为企业科技成果转化过程实质上是一个特殊的技术创新过程，转化过程中同样会涉及各种资源和生产要素的重组问题，在我国目前企业总体实力较弱，并且又处在市场经济体制初建时期，仅靠企业自身的力量，往往难以解决成果转化中所需要的资源和生产要素。此时，社会支撑力就成为影响企业科—技成果转化的重要因素。社会支撑力主要是政府以法律、法规、政策、资金等方式为企业科技成果转化提供支持。另外，还要求其他社会组织在技术服务、成果信息管理、风险投资、文化氛围创造等方面为企业科技成果转化提供支撑。企业之所以存在短期行为,风险意识和创新意识薄弱,是因为企业的市场经济主体地位尚未完全确立。因此,建立企业成果转化原发动力机制的核心就是通过理顺企业的管理体制,加快企业的机制转换,建立产权清晰、权责明确、自主经营、自负盈亏、自我发展、自我约束的现代企业制度。

发展老工业基地的生态工业园,加快对现有开发区和工业集中区的产业改造,建立服务于开发区或工业集中区主导产业的共生产业体系,在开发区或工业集中区内实现资源利用效率的最大化和污染排放的最小化。选择技术较先进、产品具有一定的市场竞争力、企业发展前景较好、具有较大经济规模和副产品流(物质、能量、水)、在当地有一定影响的重点产业领域的龙头企业作为关键企业与其他企业通过副产品交换形成一条或几条主要生态工业链。企业的选择不局限于园区或工业区的地理边界,在必要时可以采取虚拟的办法以便形成完整的生态工业链。循环型工业系统内企业实行清洁生产审计和ISO14000环境管理体系,并积极应用高新技术改造传统工艺和开发新产品,以提高每一个环节的经济效益和生态效益。

第三节　东北老工业基地循环经济科技支撑体系的保障措施

一、制定合理的循环经济发展规划

构建循环经济科技支撑体系已经成为当前发展循环经济的必需环节。需要进一步提高对科技促进循环经济发展的认识,切实将循环经济科技工作作为政府的一项重要的工作来抓。由科技部牵头,会同地方科技主管部门及其他有关部门建立健全循环经济科技支撑体系的协调运行机制,做好组织协调和指导推动工作,及时解决构建循环经济科技支撑体系中遇到的重大问题。

循环经济建设需要建立一种新型技术经济范式,以保持社会经济的快速可持续发展。要实现"经济增长、就业增加、环境保护、资源可持续供给"的"四赢"目标,只依靠现有工程科技是无法完成的,必须持续进行技术创新。

循环经济科技支撑体系的建设要从国家循环经济发展目标出发,解决重大科技问题,充分发挥行业和部门的积极性。东北老工业基地要选准切入点,积极开展符合区域特点的科技工作。要运用市场机制,调动企业和社会各界的积极性,围绕市场开发先进适用的技术,推动产业发展,形成国家、部门、地方与企业有机结合的体系,共同推动循环经济科技支撑体系的建设。

东北老工业基地应从战略和全局的高度,充分认识构建循环经济科技支撑体系的重大意义,增强紧迫感和责任感,结合本地区、本部门实际,抓紧制定具体的实施方案,采取切实有效的措施,加快推进循环经济科技支撑体系建设。要明确本地区、本部门循环经济科技工作的归口管理机构,加强综合协调,提高服务水平。

在编制总体规划和各类专项规划、区域规划以及城市规划的过程中,把发展循环经济放在重要位置。把发展循环经济作为编制规划的重要指导原则,用循环经济理念指导各类规划的编制,在规划编制过程中,加强对发展循环经济的专题研究,加快节能、节水、资源综合利用、再生资源回收利用等循环经济发展重点领域专项规划的编制工作。尽快建立科学的循环经济评价指标体系。加快研究建立以资源生产率、资源消耗降低率、资源回收率、资源循环利用率、废弃物最终处置降低率等为基本框架的循环经济评价指标体系及相关统计制度,并把主要指标逐步纳入国民经济和社会发展规划。

东北老工业基地也应结合各自实际情况，制定切实可行的发展循环经济的推进计划，明确工作目标和重点。鉴于循环经济的发展是关系到我国全面建设和谐社会、小康社会目标的大事，建议尽快着手研究制定发展循环经济的战略目标和总体规划，将提高资源利用效率、减少资源消耗量和污染产生量纳入国家发展的战略目标，由国家高度统筹规划循环经济的总体发展框架和战略，制定循环经济的推行与实施方案和计划，从根本上创造实施循环经济的动力机制，形成发展循环经济的国家能力。

二、加强技术整合与合作

（一）技术整合

循环经济的发展离不开科学技术。这种科学技术不仅指的是环境无害化的，更重要的是指科学技术的运动、创新。我国现有的科学技术还不足以支撑我国循环经济的发展，也就不可能实现循环经济所追求的经济环境等多项目标。技术整合与技术集群是循环经济技术创新活动的重要形式。随着经济全球化发展以及我国循环经济科技水平、资金、人才等方面的制约，我国的循环经济科技工作必须与时俱进，开拓创新，深入开展国际交流与合作，吸引国外资金、技术、人才和管理，更好地服务于我国循环经济科技支撑体系的建设。

1. 技术整合

所谓整合，是指将整体的各个局部重新加以整顿组合，以达到优势互补、协调发展。循环经济技术整合应是对循环经济技术系统加以整顿组合，以保证技术优势互补，协调发展，从而实现循环经济技术创新，促进循环经济的良性发展。

在微观层面上,企业应通过技术整合,提高清洁生产技术水平,实现在生产源头和末端排放上减量化以及生产过程的资源化。在中观层面上,通过技术整合,可提高生态工业技术,使生态工业园区实现污染的少排放甚至零排放。在宏观层面上,技术整合可使循环经济系统更加优化,达到社会、经济与环境更加和谐的发展。

具体来说,应该采取以下几个方面的措施。(1)建立研发中心,发挥技术开发的核心骨干作用。在产业链构建、污染治理技术、清洁生产技术、资源综合利用等关键技术的开发方面,发挥技术中心的核心骨干作用。(2)建立产学研基地,与高校、科研单位广泛开展产学研联合攻关。(3)引进外国先进技术和设备为我所用。(4)建立以政府投入为引导,企业投入为主体,金融信贷为支撑,社会投入为补充的多元化科研经费投入机制。(5)以清洁生产管理信息系统、环境管理地理信息系统、数据库管理信息系统为3个子系统,建立数据库服务层、应用服务(业务逻辑)层、应用表达(客户端)层等3个层面的信息平台。

2. 技术集群

所谓技术集群是指在创新过程中由于群体技术的内在关联性和技术势差的存在,各创新因子在流动中造成连锁、协同效应,并与技术相关的社会各种要素反馈互动,形成以集群为特征的集合。

技术是由众多的技术因子组成的,它们之间必然存在着技术势差,因而有核心和辅助之分。一般而言,技术的发展或技术创新首先是从核心技术的发展开始的,随着这些技术的扩散和模仿,会围绕这些原创新展开一系列的二次创新。这些二次创新将完善原创新,并与之共同作用形成新的技术集群。因此,技术集群就是技术实际的存在形式和发展方式,或者说技术是以技术集群的形式存在和发展的。技术集群的主体是科技资源,它们之间的关联方式是无形的,例如知识的扩散和信息流动。

　　循环经济技术集群最为典型的当为生态工业园。构成生态工业园的不同企业的所有技术形成了一个庞大的技术群体,每个企业内部的技术又形成了不同的群体与子群体,某个企业关键技术的发展可能会引起整个工业园庞大的技术体系跟着发生一系列的创新。

　　适应经济全球化和我国加入世贸组织的新形势,围绕发展循环经济、生态环境建设与保护、清洁生产技术与工艺、资源综合利用等,在资金、技术、人才、管理等方面积极开展国际交流与合作。拓宽利用外资渠道,积极利用世行、亚行、全球环境资金、联合国开发计划署等国际组织以及各国政府的贷款或赠款。利用产业导向和优惠政策,鼓励外资投资高新技术、污染防治、节能和资源综合利用项目,鼓励外商设立生态经济研发机构,积极开展有关项目的合资合作。

　　（二）技术合作

　　1. 加强宣传,扩大合作渠道

　　我国的循环经济事业刚刚起步,科技水平比较落后,经济实力比较薄弱,需要国际社会的支持。在国际交往和对外合作中,应客观地认识自己的经济实力和科技水平,积极争取有关国家、国际金融机构和国际组织对我们在循环经济科技工作方面的支持和援助。特别要注意研究国际条约所规定的循环经济领域的合作机制,充分利用这些机制为我国循环经济科技工作争取国际合作与援助的机会。

　　2. 坚持以我为主的循环经济国际科技合作战略

　　在合作战略上,我国要尽可能地开展以我为主的国际科技合作,以防发达国家以其拥有的高新技术和知识掠夺自然资源、人才资源、资料和数据等。在合作项目和合作方式的选择上加强集成,坚持有所为、有所不为的方针,尽可能地针对我国循环经济发展中面临的具体问题,使国际合作更加符合我国循环经济科技发展的目标,支持我国科技人员和管理人员在合作项目中发挥更大的作用。

3. 积极扩大科技合作计划,提高合作水平

要更加积极主动地扩大对外开放,提升国际科技合作水平,充分利用世界范围内循环经济科技进步的新成果和国际循环经济科技资源。扩大国际合作的一个重要举措是与有关国家和组织对等开放循环经济重点科研计划。同时,我们要密切跟踪国际循环经济方面的重大问题,不断寻找国际科技合作的新切入点。此外,应积极参与全球性和区域性重大国际合作计划,积极参与有关清洁生产、清洁能源替代、减量化、废弃物资源化、环境工程等循环经济科技领域重大问题的共同研究,鼓励和支持我国科学家更多地走向世界重要科技舞台。通过参与重大国际合作计划的共同研究,为我国的科研机构和人员提供更多参与国际合作与竞争的机会,展示我国的科研实力,提高我国的整体科研水平,利用国际科技资源,共享全球重大科技成果。

4. 利用市场机制,促进国际合作

加强对地区内国际科技合作的总体部署和顶层设计,通过开展国际科技合作战略研究和制定国际科技合作中长期规划,引导区域内国际科技合作走向规范化,把随机性合作转为有针对性的合作,把以一般项目为主转向以重点项目为主的国际科技合作,有计划、有重点、有策略地策划、设计和组织系列重点或重大国际科技合作项目和交流活动,推动国际科技合作跨上个新的台阶。通

过持续、稳定的国际科技合作，把区域内高等院校、科研机构和企业研发机构的研发活动向国际化方向不断推进。

在经济全球化的进程中，跨国公司成为举足轻重的力量。我们要充分利用市场机制，吸引国际上的大企业，特别是跨国公司，通过直接投资等方式向中国转让循环经济技术、关键设备和管理经验等。鼓励国外企业和研究机构到我国开办循环经济技术研究开发机构。在技术扩散和人才竞争中不断提高自身的科技实力，取得双赢的结果。同时，国际科技合作应该更多地着眼于为我国的企业争取更大的国际市场份额和发展空间，并获取我国所需的循环经济技术和资源。

5. 重点推广以引进技术为内容，实现一次开发的合作模式

在国际科技合作中，应推广引进国外成熟的工艺技术及先进的生产技术，即推广工艺技术或产品引进型的合作模式，以提高我国企业自身的工艺技术或产品水平。由于开发型国际科技合作模式是中方企业结合自己的生产需要独立从国外引进相关生产工艺、技术并进行改进，产生实用性更强的新生产工艺、制造技术的合作模式，所以，这种合作模式可以巩固、发展企业的技术积淀，增强技术开发的深度，提高技术档次。引进工艺技术或产品型国际科技合作模式使中方企业在采用国外先进工艺、技术后，能够增强自身的技术创新能力，并以此作为一次开发的基础，进行更深层次的充分开发。

三、加强专业人才队伍建设

强化国际科技合作人力资源的开发和利用，推动人才的国际合作与交流。当前国际化发展的突出表现就是国际化合作的内容已发生了重大变化，人力资源的国际化流动和优化重组正发挥着

越来越重要的作用。因此,发达国家从战略上越来越重视对这种
国际化时期专业队伍的培养与建设,并形成了一套利于国际科技
合作专业人才队伍培养和成长的相关政策与机制。我们应加强国
际科技合作专业人才队伍建设,建立健全人才标准,坚持以人为
本,树立职业道德,通过各项科技计划的组织和实施,培养和造就
更多具有国际水平的研究团队、学术带头人和国际科技合作专业
人才。通过完善相关人事制度鼓励创新,培养和凝聚人才,在科
研、组织、管理等各个领域培养一批综合素质高、具有国际竞争力
的人才队伍。

加快老工业基地国际科技合作信息服务体系和覆盖各省的、
快捷便利的国际科技合作信息服务平台的建设,为企业、科研机构
和高等院校获取各自急需的各种国际科技合作信息,提供顺畅的
信息来源渠道和充足的信息供给。加快建立高层次、高效率、专业
化的国际科技合作中介机构,努力改善服务设施、服务手段,不断
创新服务方式,有计划、有重点地培养一批服务专业化、发展规模
化、运行规范化的国际科技合作中介服务机构和咨询评估机构。

第四节 本章小结

东北老工业基地发展循环经济,核心是必须依靠科学技术,尤
其是高新技术的发展。研发和应用重大关键、共性技术是东北老
工业基地发展循环经济的必然要求。然而,无论单个技术多么优
化,对循环经济发展都是不完善的,必须把能减少资源消耗和废物
产生的各种技术作为系统化的考虑对象,形成有利于循环经济发
展的技术体系,才能全面支撑东北老工业基地循环经济的发展。

本章根据东北老工业基地循环经济的发展模式以及所确定的

主要途径和重点领域,从系统论的角度将相关技术进行整合,构建起完整的技术体系。阐述了循环经济科技支撑体系的构成、运行机制、运行目标等,分别从机构设置、体系整合、体制建设和机制建设的角度论述东北老工业基地循环经济科技研发体系、科技成果推广转化体系、科技中介服务体系、科技管理与保障体系的建设。最后,分析了东北老工业基地循环经济的多元化科技投入机制、经济鼓励政策、国内外科技合作、科技信息交流、科技人才培养等保障措施。

第八章 东北老工业基地循环经济发展评价指标体系研究

第一节 循环经济发展评价指标体系的构建

循环经济发展评价指标体系以综合反映循环经济示范园区发展水平为目标,以对循环经济发展示范园区水平的客观评价为基础,将一系列相互联系、相互补充的指标构建成具有科学性、相关性、动态性的有机整体,既具备一般指标体系的共性,又能直接满足循环经济发展评价的需要。

一、评价指标体系的构建原则

循环经济发展评价指标体系的构建应该满足以下基本原则。

1. 系统性原则

评估指标体系应该具有足够的涵盖面,能够较为全面系统地反映示范园区循环经济发展的基本情况和主要特征。评估指标体系中的各个指标也应该注重指标之间的联系和有机统一,形成以总体目标为核心,同时兼具多层次内容的框架结构,建立全面系统的评估指标体系。

2. 科学性和客观性原则

对循环经济发展进行评价涉及面较广,评价指标体系的构建涵盖众多方面和层次,在数据收集、处理过程中都要本着科学严谨的态度,以客观事实为基础和前提,在指标选取、数据处理过程中,也要兼顾指标体系的完整性和各级指标之间的层次性。

3. 可操作性原则

指标评价体系的构建不仅要充分考虑所选择的指标进行量化的可行性、数据的可获得性以及指标之间的相容性,还要根据这些原则对可选择的指标进行调整,尽量使选取的指标更具有代表性,以便降低指标体系的复杂性并提高评价的可操作性。

4. 动态性原则

循环经济示范园区的建设是一个动态持续的过程,而且各个地区在资源、环境和社会经济水平、循环经济发展现状等方面都存在差异。因此,在构建循环经济发展评价指标体系的过程中,要充分考虑到系统的动态变化和区域差异。园区当前现有情况及其未来的发展潜力、不同区域的不同特点及各个区域发展循环经济所体现的共性,这样才能利用所构建的评价指标体系进行科学合理的预测和评价。

5. 定性指标和定量指标相结合

指标体系的构建要充分考虑定量分析和定性分析相结合。一般来说,评价指标要求尽量采用定量指标,但对一个复杂的巨系统来说,总会有一些因素不能定量化,不能直接进行数量分析,对此要进行切实的定性描述,设置必要的定性指标,并将定性指标和定量指标结合起来,从而可以对循环经济发展水平进行更加客观的分析评价。

二、评价指标的选择

目前,对循环经济发展的定量研究在国内已经取得一定的成果,我国学者对如何构建循环经济指标体系所进行的研究采用了多种研究方法。其中刘滨等人采用物质流分析方法,筛选出我国循环经济指标应该包括的主要经济指标①。刘华波等人以生态效率指标为基础构建一套循环经济评级指标体系②。元炯亮认为生态工业园区是循环经济的一种重要表现形式,并提出生态工业园区的评价指标体系的框架③。李王锋等通过案例实证分析,对循环经济指标体系的构建提出了对策与建议④。韩艳等以宁波化学工业区为例,采用频度统计法和理论分析法确定评价指标并构建评价体系。

　　根据现有研究成果,结合东北老工业基地在地域、自然资源、社会环境及经济发展水平等方面的特点,本研究按照上述基本原则,将循环经济发展评价指标分为4个一级指标:经济社会发展指标、生态环境保护指标、资源循环利用指标和资源生产率指标,并对每个指标分别进行细化,初步确定指标。接下来,在考虑数据的可获得性和指标之间的相关性之后,根据研究需要对初步选定的指标进行删减,最终确定的循环经济发展评价指标包括4个一级指标和18个二级指标,如表8.1所示。

　　① 刘滨、王苏亮、吴宗鑫:《试论以物质流分析方法为基础建立我国循环经济指标体系》,《中国人口.资源与环境》2005年第4期。
　　② 刘华波、杨海真、顾国维:《基于生态效率建立我国循环经济评价指标体系的思考》,《四川环境》2006年第3期。
　　③ 元炯亮:《生态工业园区评级指标体系研究》,《环境保护》2003年第3期。
　　④ 李王锋、张天柱:《城市循环经济指标体系案例研究》,《生态经济》2005年第10期。

表 8.1　区域循环经济发展评价指标体系

分类	序号	名称	标准值	单位
资源生产率指标	1	万元 GDP 能耗	<0.5	吨标煤/万元
	2	万元 GDP 新鲜水耗	<500	m³/万元
	3	用水弹性系数	<0.8	—
	4	资源开发利用合理性	100	%
生态环境保护指标	5	工业废弃物综合处理率	>95	%
	6	危险废弃物安全处置处理率	100	%
	7	城市生活污水垃圾处理率	100	%
	8	单位种植面积化肥施用量	<250	kg/公顷
资源循环利用指标	9	工业废弃物回用率	>80	%
	10	能源重复利用率	>80	%
	11	城市生活污水垃圾回用率	>80	%
	12	农村沼气普及率	>80	%
	13	资源回收网络覆盖率	100	%
经济社会发展指标	14	人均 GDP	>30,000	元/人
	15	恩格尔系数	<0.3	—
	16	失业率	<4	%
	17	城镇化水平	>60	%
	18	循环经济理念普及程度	>90	%

三、评价指标的解释及取值设定

1. 万元 GDP 能耗。在对东北三省调研的基础上,综合比较不同经济发展程度地区基于不同产业结构设定的能耗指标后取值。循环经济发展重视节能与降耗,因此设定标准值突出能耗水平低的要求,以 0.5 吨标煤/万元为上限。

2. 万元 GDP 新鲜水耗。不同类型的企业、不同行业对水资源消耗差别很大,甚至达到几十倍的差距。本指标考虑到行业差别,以一般耗水量为基点,取值严格,强调通过水的循环利用带动经济增长而非大量取用新鲜水,因此对新鲜水设标准较高,以 500m³/万元为上限,强调通过废水回用减少新鲜水的消耗。

3. 用水弹性系数。以用水增长率与国内生产总值增长率的比值表示,用来反映用水量对经济增长的弹性影响,是判断经济活动中节水水平和内部重复利用率大小的指标,一般应小于 1;此处取值以 0.8 为上限,意味着评价指标体系重视水资源的回用和节约。

4. 资源开发利用合理性。本指标为定性测度指标,强调区域内资源应合理开发利用,内涵包括:在不降低区域经济增长的前提下缩减资源采掘规模,延长产业链,发展资源深加工,提高附加值;同时,在资源开发过程中应保护生态环境,不能对当地环境造成不可修复性的破坏。

5. 工业废弃物综合处理率。含工业废水、废气、固体废弃物的无害化处置率和危险废弃物安全处置率。所谓工业废弃物综合处理是指将工业废物焚烧或者最终处置于符合环境保护规定的场所并不再会回取的工业废物量(包括当年处置往年的工业固体废物累计贮存量)。

6. 危险废弃物安全处置处理率。所谓危险废弃物是指具有各种毒性、腐蚀性、化学反应性、传染性、爆炸性、易燃性等危险特性的废物,其对环境和人体健康危害严重,并且具有长期性和潜伏性。

7. 城市生活污水垃圾回用率。城市污水中水回用量占污水总量的比率和垃圾分类回收综合利用总量占垃圾总量的比率。

8. 单位种植面积化肥施用量。农业生产中大量化肥的施用，不仅会破坏土壤，污染水体，还会造成农产品的不健康，影响人类的身体健康。本指标为化肥施用量设定上限为 250kg/公顷，以限制化肥施用量，代之以有机肥。

9. 工业废弃物回用率。工业废水、废气、固体废弃物的循环利用量与总排出量的比率，以提高资源利用效率。

10. 能源重复利用率。能源通过技术手段进行重复利用的情况，对于不可再生资源尤其重要。

11. 城市生活污水垃圾回用率。城市污水中水回用量占污水总量的比率和垃圾分类回收综合利用总量占垃圾总量的比率。

12. 农村沼气普及率。即沼气入户率。农村生产、生活废弃物多为有机废弃物，通过制沼可以有效改善农村环境，同时实现资源综合利用，提高农户经济效益。

13. 资源回收网络覆盖率。是指社会范围内资源回收网络覆盖的区域面积与整个评价区域面积的比值。本指标可以反映第三产业中逆向物流的发达程度，也可以反映资源社会范围内的集聚程度，在循环经济发展中具有重要意义。

14. 人均GDP。区域内地区生产总值（GDP 总量）与区域人口的比值，反映区域经济发展程度。

15. 恩格尔系数。是指居民食物支出占总收入的比例。本指标与人均GDP 结合，能够涵盖通货膨胀现象，可以进一步反映自然资源重定价后物价水平的稳定程度。

16. 失业率。是指区域内失业人口占劳动力总数的比率。循环经济产业可以带动就业，因此本指标具有参照作用。

17. 城镇化水平。表示城乡协调发展的实现程度，同时可以反映农区产业、资源、人口的集聚度。

18. 循环经济理念普及程度。是指循环经济理念宣传普及人数与评价区域总人口数的比值。

四、评价方法与综合评价指标体系层次模型

1. 评价方法的选择

目前，用于多指标综合评价的方法有很多，如关于确定性指标的综合评价方法有主成分分析法、因子分析法、聚类分析法、判别分析法、灰色关联度评价法、数据包络分析法。关于非确定性指标的综合评价方法有模糊综合评价法、多维标度分析法，等等。其中的灰色关联度评价法和模糊综合评价法在众多的领域中得到了广泛的应用，并且也取得了满意的结果。但由于各种方法出发点不同，解决问题的思路不同，适用对象不同，所以又各有优缺点，在选择评价方法时应适应综合评价对象和综合评价任务的要求，根据现有资料状况，做出科学的选择。也就是说，评价方法的选取主要取决于评价者本身的目的和被评价事物的特点。

层次分析法（The Analytic Hierarchy Process，AHP）是美国著名的运筹学家 T. L. Satty 等人在 20 世纪 70 年代提出的一种定性与定量分析相结合的多准则决策方法。它是指将决策问题的有关元素分解成目标、准则、方案等层次，它把人的思维过程层次化、数量化，并用数学为分析、决策、预报或控制提供定量的依据。

应用层次分析法分析问题时，首先要把问题层次化。根据问题的性质和要达到的总目标，将问题分解为不同的组成因素，并按照因素间的相互关联影响以及隶属关系将因素按不同层次聚集组合，形成一个多层次的分析结构模型。层次分析法不仅简化了系统分析和计算，还有助于决策者保持思维过程的一致性。层次分析法十分适用于具有定性的，或定性定量兼有的决策分析。这是

一种十分有效的系统分析和科学决策方法,现在已广泛地应用在经济管理规划、能源开发利用与资源分析、城市产业规划、企业管理、人才预测、科研管理、交通运输、水资源分析利用等方面。通俗地讲,层次分析法的基本原理就是把所要研究的复杂问题看出一个大系统,通过对系统的多个因素的分析,划分出各因素间相互联系的有序层次。再请专家对每一层次的各因素进行较客观的判断后,相应给出相对重要性的定量表示。进而建立数学模型,计算出每一层次全部因素的相对重要性的权值,加以排序。最后根据排序结果规划决策和选择解决问题的措施。

层次分析法是一种实用的多准则决策方法。这种方法能够统一处理决策中的定性与定量因素,是一种测度难于量化的复杂问题的手段。它能在复杂决策过程中引入定量分析,并充分利用决策者在两两比较中给出的偏好信息进行分析与决策支持,既有效地吸收了定性分析的结果,又发挥了定量分析的优势,从而使决策过程具有很强的条理性和科学性,特别适合在社会经济系统的决策分析中使用。在多数情况下,决策者可以直接使用 AHP 进行决策,这就大大增加了决策的有效性。另一方面,在 AHP 的使用过程中,无论建立层次结构还是构造判断矩阵都需要依赖于人的主观判断、选择、偏好对结果的影响极大。判断失误即可能造成决策失误,这就造成用 AHP 进行决策主观成分很大,而产生某种对客观规律的歪曲。

2. 综合评价指标体系层次模型

构造层次结构模型是 AHP 法中最重要的一步,按照决策需要把问题依次分解为目标层、准则层和方案层。目标层只有一个元素,表示决策者所要达到的目标。准则层为相对于目标层来说构成目标层或决定目标的关键因素。方案层是指解决问题的各种措施、决策方案。同一层次的元素作为准则对下一层次的元素起支配作用，同时它又受上一层次元素的支配。除目标层外，每个元素至少受上一层一个元素支配。除了方案层外，每个元素至少支配下一层一个元素。

指标体系是对循环经济发展状况进行综合评价与研究的依据和标准，必须综合反映资源、环境、经济、社会以及人口系统的隶属关系和层次关系等复杂内容。资源利用的效率高低与环境消纳废弃物的能力是直接影响循环经济发展的重要因素，在一定发展阶段和特定区域，资源与环境状态成为经济发展的决定性因素。而社会经济的增长与发展则决定了社会消费水平与分配水平，决定了保持公共服务能力的水平，并且反作用于资源环境系统，可能为资源环境支撑系统开拓新的资源，提供新的动力，从而增强其支撑力度，逐步实现经济可持续发展。因此，指标体系应包括经济社会发展指标、生态环境保护指标、循环经济特征指标和资源生产率水平指标。

通过借鉴现有的循环经济发展综合评价指标体系，听取多个专家的意见，初步选取了循环农业综合评价指标体系的各个指标。考虑到指标的可行性，（即指标的数值能否获得，那些无法或很难取得准确资料的指标，或者即使能够取得但费用很高的指标，都是不可行的）通过进一步筛选，从而确定该评价指标体系。指标体系设置为 3 个层次，自上而下分别为目标层、准则层和指标层（见图 8.1）。

第二节　指标权重的确定

采用多指标综合评估（或决策）模型，必须确定各指标的权重，即各个指标在整个评价指标体系中相对重要性的数量表示，科

目标层　　　　准则层　　　　　　　　　　　　指标层

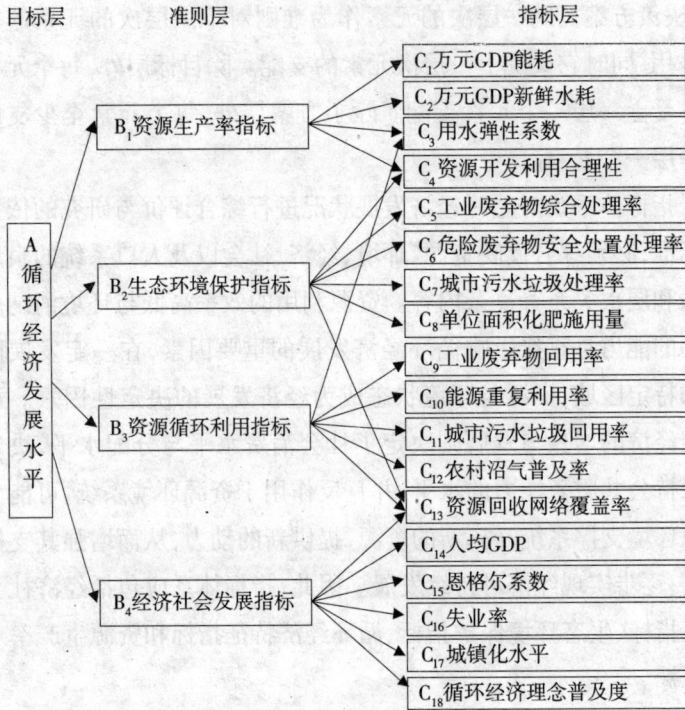

图8.1　循环经济发展水平评价指标体系

学合理地确定各个评价指标的权重对评价结果的合理与否有着至
关重要的影响。

一般来说,由于各个指标所包含的信息不同,指标区分对象的
能力不同,各个指标的权重也是不一样的。所含有关的信息多,其
权重就大,有关的信息少,其权重就小。区分对象能力的,其权重
就应该大,能力弱的,其权重就小。

一、赋权方法选择

采用层次分析法对指标赋权。通过德尔菲法构造判断矩阵,

经一致性检验确认,作为评价因素的相对权重。德尔菲法是由主持机构以书面形式征询各专家的意见,背靠背反复多次汇总与征询意见,依据多个专家的知识、经验、综合分析能力和个人价值观对指标体系进行分析、判断并主观赋权值的一种多次调查方法。本咨询专家组由循环经济专家、农业经济专家、环境工程专家、企业管理专家组成,人数为 15 人。经反复咨询与归纳,使意见最终趋于集中。

二、权重计算

表8.2　判断矩阵标度及其含义

序号	重要性等级	C_{ij}赋值
1	i,j 两元素同等重要	1
2	i 元素比 j 元素稍微重要	3
3	i 元素比 j 元素较为重要	5
4	i 元素比 j 元素相当重要	7
5	i 元素比 j 元素极度重要	9

对于 n 元素来说,可以得到两两比较的判断矩阵 $C=(C_{ij})_{n\times n}$。其中 C_{ij} 表示因素 i 和因素 j 相对于目标重要性程度。一般来说,构造的判断矩阵取如下形式:

$$B_k = \begin{bmatrix} c_{11} & c_{12} & \cdots & c_{1n} \\ c_{21} & c_{22} & \cdots & c_{2n} \\ \vdots & \vdots & & \vdots \\ c_{n1} & c_{n2} & \cdots & c_{nn} \end{bmatrix}, 该矩阵为正反矩阵。$$

三、进行一致性检验

为保证判断不偏离一致性过大,必须进行一致性检验。计算偏离一致性指标 $CI = \dfrac{\lambda_{\max} - n}{n-1}$($n$ 为评价指标个数),从表中查出随机一致性指标 RI,得出一致性比例 $CR = \dfrac{CI}{RI}$。当 $CR < 0.1$ 时,一般认为判断矩阵的一致性可以接受,如果满足一致性检验要求,则停止计算。

表 8.3 循环经济综合评价指标体系权重

	B_1	B_2	B_3	B_4	权重
	$W_{B_1} = 0.1787$	$W_{B2} = 0.1787$	$W_{B3} = 0.4074$	$W_{B4} = 0.2352$	
C_1	$W_{C1}^1 = 0.1667$	0	0	0	0.02979
C_2	$W_{C2}^1 = 0.1667$	0	0	0	0.02979
C_3	$W_{C3}^1 = 0.1667$	0	$W_{C3}^3 = 0.1496$	0	0.09074
C_4	$W_{C4}^1 = 0.4999$	$W_{C4}^2 = 0.0887$	0	0	0.10518
C_5	0	$W_{C5}^2 = 0.2112$	0	0	0.03774
C_6	0	$W_{C6}^2 = 0.2408$	0	0	0.04303
C_7	0	$W_{C7}^2 = 0.2112$	0	0	0.03774
C_8	0	$W_{C8}^2 = 0.1376$	0	0	0.02459
C_9	0	0	$W_{C9}^3 = 0.0632$	0	0.02575
C_{10}	0	0	$W_{C10}^3 = 0.0632$	0	0.02575
C_{11}	0	0	$W_{C11}^3 = 0.2323$	0	0.09464
C_{12}	0	0	$W_{C12}^3 = 0.2323$	0	0.09464
C_{13}	0	$W_{C13}^2 = 0.1105$	$W_{C13}^3 = 0.2594$	$W_{C13}^4 = 0.2243$	0.17818

续表

	B_1	B_2	B_3	B_4	权重
	$W_{B_1}=0.1787$	$W_{B2}=0.1787$	$W_{B3}=0.4074$	$W_{B4}=0.2352$	
C_{14}	0	0	0	$W^4_{C14}=0.2243$	0.05276
C_{15}	0	0	0	$W^4_{C15}=0.1078$	0.02535
C_{16}	0	0	0	$W^4_{C16}=0.0898$	0.02112
C_{17}	0	0	0	$W^4_{C17}=0.1295$	0.03046
C_{18}	0	0	0	$W^4_{C18}=0.2243$	0.05276
Σ	1	1	1	1	1

　　经计算,$CR=0.058<0.1$,符合一致性检验要求,说明权重比较合理,可以作为循环经济发展水平评价依据。从权重计算结果可知,在循环经济发展水平评价指标体系中,资源回收网络覆盖率(C_{13})对循环经济发展水平的影响最大,其次是资源开发利用合理性(C_4),以下依次是城市生活污水垃圾回用率(C_{11})、农村沼气普及率(C_{12})、用水弹性系数(C_3)、人均GDP(C_{14})、循环经济理念普及程度(C_{18})、危险废弃物安全处置处理率(C_6)、工业废弃物综合利用率(C_5)、城市污水垃圾处理率(C_7)、城镇化水平(C_{17})、万元GDP能耗(C_1)、万元GDP新鲜水耗(C_2)、工业废弃物回用率(C_9)、能源重复利用率(C_{10})、恩格尔系数(C_{15})、单位面积化肥施用量(C_8)、失业率(C_{16})。

　　以上指标体系权重排列说明,东北地区在发展循环经济时,首先应关注社会资源回收网络的建设,以便从社会层面形成区域大循环,为循环经济良性发展奠定基础。其次,东北地区发展循环经济的基础应是重视资源开发合理性,减少采掘业比重,应重点发展资源深加工,避免在资源开采和加工中对环境造成的污染,在循环经济发展过程中,城市基础设施建设和完善对循环型社会建设具有重要意义,同时农区公共卫生和资源综合利用对循环经济发展与城乡协调发展也具有基础性作用。针对社会公众循环经济理念的传播和生产中的节能降耗,也对循环经济发展具有重要作用。总之,东北地区应将社会层面与产业层面有机地进行结合,使循环经济建设得以顺利进行。

第三节　东北老工业基地循环经济发展评价

一、定义权重集

依据前一部分计算,B_1,B_2,B_3,B_4对总目标层 A 的权重集为:

$W = (0.1787, 0.1787, 0.4074, 0.2352)$

二级指标 C_j 对应 B_i 的权重集为:

$W_1 = (0.1667, 0.1667, 0.1667, 0.4999)$

$W_2 = (0.0887, 0.2112, 0.2408, 0.2112, 0.1376, 0.1105)$

$W_3 = (0.1496, 0.0632, 0.0632, 0.2323, 0.2323, 0.2594)$

$W_4 = (0.2243, 0.2243, 0.1078, 0.0898, 0.1295, 0.2243)$

二、定义循环经济发展水平评价集

评语是对评价对象的定性描述,本方法将循环经济发展水平由强至弱分为 4 个阶段:高度发达阶段、中度发达阶段、初级发展阶段、未发展阶段。即:

评价集 $V = (V_1, V_2, V_3, V_4)$

=(高度发达阶段,中度发达阶段,初级发展阶段,未发展阶段)

$$V_1 \in [0.75, 1], V_2 \in [0.5, 0.75), V_3 \in [0.25, 0.5), V_4 \in [0, 0.25)$$

三、隶属度的确定

模糊综合评价另一关键点就是隶属度的确定。列出一张评价因子与评价水平具备等级对应关系的循环经济发展水平分级评价表,让参加咨询的每位专家进行唯一对应的结果选择,然后按各个评价因子,统计每种等级选择结果的概率,以此作为该评价因子的隶属度。经一级评价得出的评价因子结果可作为二级评价中评价要素的隶属度,进而能推断出循环经济发展的整体水平。

对循环经济发展水平分级评价表的具体说明如下(见表8.4)

表8.4　循环经济发展水平分级评价

序号	名称	单位	标准值	现状值	评价值	评价级			
						好	较好	一般	差
C_1	万元 GDP 能耗	吨标煤/万元	<0.5						
C_2	万元 GDP 新鲜水耗	m³/万元	<500						
C_3	用水弹性系数		<0.8						
C_4	资源开发利用合理性	%	100						
C_5	工业废弃物综合处理率	%	>95						
C_6	危险废弃物安全处置处理率	%	100						
C_7	城市生活污水垃圾处理率	%	100						
C_8	单位种植面积化肥施用量	kg/公顷	<250						
C_9	工业废弃物回用率	%	>80						

序号	名称	单位	标准值	现状值	评价值	评价级			
						好	较好	一般	差
C_{10}	能源重复利用率	%	>80						
C_{11}	城市生活污水垃圾回用率	%	>80						
C_{12}	农村沼气普及率	%	>80						
C_{13}	资源回收网络覆盖率	%	100						
C_{14}	人均 GDP	元/人	>30000						
C_{15}	恩格尔系数		<0.3						
C_{16}	失业率	%	<4.0						
C_{17}	城镇化水平	%	>60						
C_{18}	循环经济理念普及程度	%	>90						

1. 指标评价分级算子应与评价集 V 相对应,此处分为"好"、"较好"、"一般"、"差"4 个等级。

2. 评价值应采取无量纲化处理。对于正作用指标,评价值=现状值/标准值;对于负作用指标,评价值=标准值/现状值。

3. 评价级参考标准如下:评价值为 0—0.5:差;评价值为 0.5—0.8:一般;评价值为 0.8—1:较好;评价值大于 1:好。

4. 对个别定性度量的指标,可经专家经验评估取得评价集结果。

四、模糊评价矩阵的确定与运算

经过对循环经济发展水平分级评价表进行统计与计算,可以求得隶属度值,建立评价矩阵如下:

$$R_i = \begin{bmatrix} \gamma_{11}, \gamma_{12}, \cdots, \gamma_{1j} \\ \gamma_{21}, \gamma_{22}, \cdots, \gamma_{2j} \\ \vdots \quad \vdots \quad \quad \vdots \\ \gamma_{m1}, \gamma_{m2}, \cdots, \gamma_{mj} \end{bmatrix}, (i = 1,2,3,4, j = 4) \qquad (8.1)$$

1. 一级综合评价

确定一级指标的模糊综合评价集合 S_i：

$$S_i = W_i {}^{\circ} R_i \qquad (8.2)$$

记：$R = \{S_1, S_2, \cdots S_n\}^T$

其中"。"是对权系数矩阵和模糊关系矩阵进行合成，即模糊算子的组合。这是著名的扎德运算，即取大取小运算，将 W 中从左到右每个数字与 R 中第 j 列从上到下相对应位置的数字相比较取较小者，再从这几个较小者中选取最大者。

已知 $W_i (i=1,2,3,4)$ 的具体权重，对 R_i 进行模糊矩阵运算，经归一化处理，可求第三层次对第二层次的隶属向量 S_i：

$S_1 = (R_{11}, R_{12}, R_{13}, R_{14})$

$S_2 = (R_{21}, R_{22}, R_{23}, R_{24})$

$S_3 = (R_{31}, R_{32}, R_{33}, R_{34})$

$S_4 = (R_{41}, R_{42}, R_{43}, R_{44})$

2. 二级综合评价

确定一级指标的模糊综合评价集合 S，即循环经济发展水平的模糊综合评价模型为：

$$S = W {}^{\circ} R \qquad (8.3)$$

已知 W 的具体权重，依据上述计算结果，可求：

$$S = W \circ R = (W_1, W_2, W_3, W_4) \circ \begin{Bmatrix} R_{11} & R_{12} & R_{13} & R_{14} \\ R_{21} & R_{22} & R_{23} & R_{24} \\ R_{31} & R_{32} & R_{33} & R_{34} \\ R_{41} & R_{42} & R_{43} & R_{44} \end{Bmatrix} = (S_A, S_B, S_C, S_D)$$

将计算结果(S_A, S_B, S_C, S_D)作归一化处理后,可得到 $S = (S_a, S_b, S_c, S_d)$。

将(S_a, S_b, S_c, S_d)与评语等级(V_1, V_2, V_3, V_4)对应,根据模糊识别的"最大隶属度"原则,就可以对循环经济发展水平做出评价,判断出区域内循环经济发展是处于高度发达阶段、中度发达阶段、初级发展阶段还是未发展阶段。

第四节　本章小结

目前关于循环经济发展的评价指标已见诸报端,但就现有研究分析,多数评价指标体系只是停留在指标体系构建阶段,主要存在以下三方面的不足。1. 现有指标体系多是针对生态工业或农业循环经济的发展,适合不同区域、具有普遍应用性的循环经济发展水平指标体系尚不多见。2. 一些指标体系设定后,并未设定具体取值,实际应用性较差。3. 已有的指标体系并未提出具体的评价方法,对区域循环经济发展水平的测度可操作性不强。本章提出了以资源利用与资源生产率、资源开发与废弃物排放对环境的影响、资源循环利用程度、社会经济发展进步水平等为基本框架的4大类18个指标组成的循环经济发展水平评价指标体系,涵盖了不同产业、不同领域的循环性特点,并将模糊综合评价的数学方法应用到评价指标体系的评价流程中,使评价结果具有较强的解释力,可以对宏观层面的区域循环经济发展水平进行测度,从定量的角度完善了循环经济理论与实践研究。

第九章 推动东北老工业基地循环经济发展的对策建议

东北老工业基地在国家振兴东北老工业基地战略的带动下,经济发展水平不断提高,近年来通过建立生态工业示范园区,推进清洁生产,开展循环经济试点等工作,在循环经济发展方面已经取得一定的进步,奠定了良好的基础,为进一步推动东北老工业基地循环经济的深入发展,有效地践行新型工业化道路并最终实现经济的可持续发展,根据本研究,应加强以下几方面。

第一节 加强政府的调控监管与宣传示范作用

循环经济是与传统经济发展方式截然不同的经济运行方式,对现有经济发展模式下的各个市场主体的现行经济利益都必须进行一定的调整,而且循环经济思想具有一定的前瞻性和技术要求,这就对各个企业、区域的经济政策实施提出了挑战。因此,全面发展循环经济,真正落实可持续发展,必须通过一系列有效的政府决策和法律法规来引导约束经济运行过程各个环节的市场主体的经济行为,而且从国内外的循环经济发展实践经验来看,政府对循环经济发展的推动作用是十分有效而必要的。

一、完善循环经济法律体系

循环经济发展需要相关法律法规的出台和执行,以明确规范企业、消费者等经济主体在运行过程中各种上的经济行为。循环经济的全面发展需要对传统经济运行进行深刻改革,需要一个明确的调整方向和技术要求,需要对循环经济各项指标提出明确规定,这就要求从立法的高度和角度进行规范和约束。

循环经济发展实践表明,循环经济立法的完善是能够有效促进循环经济发展的,世界上较早实施循环经济的国家,德国和日本都形成了比较完整细致的循环经济法律体系。德国的循环经济立法主要是在具体领域实施,然后建立系统的循环经济法规。日本则是现有总体性的再生利用法,然后向具体领域进行推进。目前,我国已经相继出台部分推动循环经济发展的立法,东北老工业基地在发展循环经济的过程中,各省各级政府要严格按照这些法律法规的要求对企业、居民的经济行为进行约束和监管。

目前我国已经初步建立了资源与环境法律体系,在一定程度上已经体现了循环经济的相关内容①。我国政府也已经制定了一些含有"循环经济"术语的行政规章或政策文件②。但目前我国还没有全面、专门的促进循环经济发展的法律。为推动循环经济发展,有关部门必须加快立法进程,研究起草循环经济法,并抓紧制定相关的专项法规。

---

① 如《节约能源法》、《中华人民共和国清洁生产促进法》、《废旧家电及电子产品回收处理管理条例》、《清洁生产审核办法》等相关法律法规。

② 发改委于 2004 年 7 月制定了《关于加快推动循环经济发展的指导意见》。

目前政府正在加快研究循环经济的法律法规框架以及《循环经济促进法》的立法建议。据了解,国家发展改革委将会同有关部门从 7 个方面推动循环经济发展。1. 加快立法进程。2. 加强规划指导,组织编制循环经济发展规划,建立循环经济评价指标体系及相关统计制度。3. 推进结构调整,合理调整产业布局,按照循环经济要求对开发区和重化工业集中地区进行规划、建设和改造。4. 加快技术创新。5. 完善政策机制,通过财政、税收、价格、金融等方面的政策,形成有效的激励机制。6. 抓好示范试点,探索循环经济发展的有效模式。7. 加大宣传力度,形成发展循环经济的良好社会氛围(姜伟新,2006)。

我国循环经济立法应结合中国的国情,认真吸收和借鉴国外循环经济立法的有益经验,避免立法失误或滞后,努力提高立法效率。从制度规制角度讲,《循环经济促进法》应包括以下三方面内容。1. 政府的监管权限与强制手段、措施。2. 经济手段与奖惩措施。3. 促进全社会公众参与的鼓励手段与措施。

东北地区在循环经济立法方面必须和中央政府保持一致,但在国家出台《循环经济促进法》之前,为促进东北地区循环经济发展,可以结合东北地区经济社会发展特点,由三省政府统一协调,出台三省统筹规划的循环经济相关法律。最主要的是重点推出《东北地区发展循环经济的实施意见》,进一步完善与国家发展循环经济相配套的地方性法规。同时,制定其他促进企业节能、节材、节水和资源综合利用的政策、规定、标准和管理制度,如《资源综合利用条例》、《废旧轮胎回收利用管理条例》、《重点行业清洁生产评估指标体系》、《包装物回收利用管理办法》、《城市生活垃圾袋装管理办法》、《城市建筑垃圾管理办法》等具体专项措施。通过法律法规以确定循环经济在东北地区社会发展中的地位,明确东北地区政府、企业、公众在发展循环经济中的权利和义务。在这些法律法规中，应该优先体现减量化、再利用、再循环和适当处理原则。详细规定废物产生者的责任和义务。要求废物产生者发布废物循环利用和处理信息，受社会和公众的监督。还应该禁止某些产品（如廉价电池、不可降解塑料袋、卫生筷子）的生产[①]。

二、完善循环经济政策体系

各种经济政策是对循环经济发展的有效推动手段，有效完善的政策体系将为循环经济发展提供有效的激励机制。发达国家在发展循环经济的过程中，都十分重视产业、财税及投资等经济政策的作用，日本、美国、英国都设立了政府鼓励政策、税收优惠政策、政府优先购买政策等。鼓励发展资源消耗低、附加值高的高新技术产业，引导企业进行资源的循环利用，对使用循环再生能源或生产再生资源产品的企业实行税收优惠减免政策，同时对企业生产过程中在循环经济技术方面进行的技术创新活动设立专项资金。

首先，实施财政直接投资政策。循环经济的发展，需要配套基础设施建设的日渐完善，政府要在生态产业园区、生态农业基础设施、城市地下管道、公共废旧物品交易平台等方面进行直接财政投资，从而直接推动循环经济发展步伐。同时，政府财政还要加大生态环境保护与建设方面的支持力度，安排专项资金，用于环境保护基础设施建设、生态改善以及重大污染综合治理等方面。当然，政府也可以尝试与企业进行合作，利用财政支持企业进行生产设备和技术更新，降低企业在由传统生产经营模式向循环经济发展模

---

① 姜国刚:《东北地区循环经济发展研究》,中国经济出版社 2007 年版,第217 页。

式转变的过程中,面临的投资收益周期较长等压力和困难。

其次,实现政府采购的"绿色化",政府采购也应遵循循环经济发展的基本原则和要求,为循环型社会建设做出示范。优先购买节约型的绿色产品,如在各种办公设备、电器等产品的采购过程中,要选择有利于节约能源、节约用水等要求的产品,选择那些环境污染小、功能退化、淘汰回收再利用方便的产品。同时,要优先采购那些发展循环经济的企业生产的产品。当前东北地区循环经济发展尚处于起步阶段,各项技术成本相对较高,企业在发展循环经济的过程中投入高,产品的市场价格也较高,政府采购倾向于这类企业,不仅是对循环型企业发展的大力支持,也可以更好地树立政府"绿色"采购的社会形象。日本政府根据《绿色采购法》在购买商品,如办公用品、纸张及汽车时,都要根据相关要求购买环境友好型产品。

另外,政府推行循环经济发展还应充分发挥税收政策的作用,在资源开采、消耗、废弃物处理、回收等方面灵活运用税收手段。东北老工业基地各种自然资源和能源储量丰富,但是对于资源的过度开采已经对生态和环境保护造成巨大破坏,因此循环经济发展模式必然要求东北地区在现行的资源税基础,加大对急需加以保护的各种资源和能源的保护力度,充分考虑生态和社会效益,提高征税标准以限制对自然资源的过度开采和浪费,鼓励生产企业采用替代能源,提高资源利用效率。在废弃物回收处理和循环利用等方面,政府可以通过征收污染性产品税,限制企业生产污染严重、对生态破坏性强的产品,限制企业排污量,规范企业对废弃物的处理和回收。同时,也要鼓励对生产废弃物的回收再利用,延长税收优惠时间,降低税收征收起点,或对一些企业免征增值税等。

最后,推行绿色 GDP 核算体系,即把资源和环境因素引入到现行的国民经济核算体系中,扣除由生产活动及最终使用造成的环境损害,包括资源耗竭和环境污染等因素。绿色 GDP 的核算表达式为:

$$绿色\ GDP = GDP - EN$$

其中,EN 为经济增长负效应。

目前,西方国家已将资源耗竭和环境破坏考虑到国民经济核算体系中,我国很多地区也在这方面进行积极尝试和探索。东北老工业基地在发展循环经济的过程中,也应该充分重视绿色核算方式,在实践中探索更能为社会接受的推行方式。如果经济增长在扣除环境破坏所造成的损失后得出的结果是低增长、零增长,甚至负增长,那么就意味着经济是以资源环境破坏为代价增长起来的,经济发展是不可持续的。

第二节　明确企业责任,转变生产管理方式

一、重视资源节约和环境保护,推进清洁生产

企业是循环经济在微观区域发展的主体,只有将企业纳入循环经济模式中,才能真正全面发展循环经济。东北老工业基地的企业多是以工业企业为主,这部分企业的国有成分较多,在思想转变、体制改革过程中压力较大,这也是东北老工业基地循环经济发展过程中的关键。生产企业是污染物和废弃物的排放终端,也承担着扩大生产的责任。在循环经济发展模式下,企业不仅要承担对生产过程中废弃物排放进行管理的责任,同时也要承担企业生产出的产品在其被消费使用后,回收循环利用的管理责任。因此,循环经济要求企业尤其是工业企业承担起相应的责任。

在循环经济发展模式下,企业必须进行清洁生产,从生产源头

减低污染排放,并在生产全程对污染物和生产废弃物进行监控。企业要在生产实践过程中,开发清洁生产技术,建立企业内部的循环利用链条,在整个区域内进行资源整合和技术共享。循环经济不仅在生产方式上对企业提出挑战,同时也要求管理方式的改进和管理理念的更新。在循环经济背景下,生态竞争已经成为现代企业间竞争的重要内容,国际上许多企业纷纷进行生态转型和"绿色再造",将生态经营理念融入企业的管理活动中,追求企业的生态效率,大大提升了企业的生态竞争力。

二、加强循环经济技术投入,实现区域联合

科学技术是发展循环经济的重要支撑。企业发展循环经济必须依靠技术创新,重点开发具有推广意义的资源节约和替代技术、零排放技术、有毒有害原材料替代技术、可回收利用材料和回收处理技术,特别是降低再利用成本的技术等。制定和发布相关技术政策,加快新技术、新工艺、新设备的推广应用,突破循环经济发展的技术瓶颈,组织实施循环经济重大技术示范,以此为主体构建循环经济技术支撑体系。

东北地区3个省份之间,要发挥区域联合的规模优势,共建循环经济示范企业、工业示范园区、农业示范园区,共同在实践中结合技术发展和生产情况,制定重点行业的清洁生产评价指标,共同进行有利于循环经济发展、节约能源的生产技术研究开发。在提高资源利用效率,降低污染废弃物排放,提高废弃物回收再利用效率方面进行创新,提高高耗能、高耗水及高污染行业市场准入标准并制定合适的评定制度,完善主要用能设备和行业的能源利用标准及规范。加强废旧汽车、计算机、家用电器、轮胎、电池、木料、建筑垃圾、农业废弃物等资源化利用的标准化建设。

第三节　提高公众参与意识

公众也是循环经济发展过程中重要的参与者。一方面,作为消费者,公众的绿色消费需求是生产企业进行绿色生产的根本动力;另一方面,广大公众也是生活垃圾和污染的直接源头。同时,对于环保理念的传播还需要政府、企业及公众的共同努力和积极参与。

消费者在消费绿色产品的过程中,推动了循环经济理念在社会范围内的传播和推广,越来越多的消费者在消费商品的过程中,不仅考虑质量和价格等因素,也会充分考虑环境因素,会考虑选购那些商品包装对环境污染小、无添加剂的食品,会自带购物袋。这些行为都是循环经济发展的推动力量。在生活中,各个家庭都将垃圾进行分类处理,这大大提高了相关部门对可回收资源的回收利用效率,也将降低生活垃圾的污染。许多发达国家的生活垃圾分类处理方式都已经成为广大民众的一种自觉行为,生活垃圾的有效处理和循环利用也在很大程度上得益于公众的自觉维护和支持。

同时,要注重非营利性组织的支持作用。社会上很多自发组织的非营利性社会中介组织都积极活跃在宣传环境保护,倡导循环经济的工作中,这些组织与其他公共机构一起采取多种方式加强废弃物的回收处理、污染源的治理,是循环经济发展中强有力的推动力量,是循环经济发展过程中,政府、企业和公众之间有效的沟通桥梁。

第十章 东北老工业基地循环 经济发展实证研究

第一节 案例一：黑龙江省农业 循环经济的发展模式

一、黑龙江省发展农业循环经济的背景

黑龙江省农业发达，粮食商品量、存储量均居全国第一，是国家重要的商品粮生产基地之一。黑龙江省的大豆产量和出口量均居全国首位，其出口量占全国的 2/3。亚麻、甜菜、烤烟等经济作物的产量也均居全国前列。在整个农业经济中，畜牧业占有相当大的比重，奶牛存栏数、牛奶产量和乳制品产量均居全国之首。黑龙江省目前正实现着从传统农业向以特色经济为主的质量效益型农业的转变，由一般粮食品种向优质、专用品种转变，由单一粮食种植向多种经营转变，由注重数量向提高效益转变。

农业生产存在的主要问题是，由于粮食和畜产品价格下跌，农民增收困难，导致农业投入不足。2000 年严重的旱灾，暴露了黑龙江省农业基础设施建设相对滞后，抗灾能力较弱。农业产业化规模小，传统农业仍占据主导地位，农产品加工转化增值能力偏低。以开发绿色食品为中心，走优质高效农业之路。林业生产稳定发展。2000 年全年完成幼林抚育面积 149.7 万公顷。完成造林面积 32.9 万公顷。继续深入实施天然林资源保护工程。省森

工系统全年投入公益林建设资金 1.7 亿元,完成造林面积 3.3 万公顷,封山育林面积 15.7 万公顷。畜牧业、水产业生产继续发展。2000 年肉类总产量 159.9 万吨,比 1999 年增长 5.9%。水产品产量 38.2 万吨,增长 4.7%。乡镇企业继续保持快速发展态势。2000 年实现增加值 290.1 亿元,比 1999 年增长 13.8%。营业收入 1175.6 亿元,增长 13.6%。实缴税金 14.1 亿元,增长 7.5%。净利润 53.5 亿元,增长 9.6%。农业生产条件有所提高。2000 年末农业机械总动力达 1613.8 万千瓦,比上年增长 3.5%,拥有农用拖拉机 72.7 万台,增长 0.1%,农用载重汽车 1.1 万辆,增长 7%。化肥施用量 121.6 万吨,下降 3.7%。农村用电量 27.5 亿千瓦时,增长 4.6%。

二、黑龙江省农业循环经济的发展条件分析

黑龙江省虽然生态环境受到一定程度的破坏,但从区域整体看,综合条件还是较好的。目前的生态破坏是局部的、有较强可恢复性的,生态环境基底较好,生态景观的异质性,生物资源的多样性十分突出,这是无可比拟的优势。

(一)黑龙江省农业发展现状

1. 农业生产情况

依据对东北地区第一产业的增长分析,黑龙江省农业总体规模呈现持续扩大的发展趋势,特别是近年来,农业增长呈现加速上升的态势。2007 年,黑龙江省实现农林牧渔总产值 1700.6 亿元,农作物播种面积 1189.9 万公顷,粮食作物播种面积 1082.1 万公顷,粮食产量 3965.5 万吨,各项经济指标增幅显著。近年来主要农作物的产量如表 10.1 所示。

表 10.1　近年来黑龙江省的主要农作物产量　单位:万吨

年份	水稻	小麦	玉米	高粱	大豆	薯类	亚麻	甜菜	蔬菜	瓜果类
2000	1042.2	95.8	790.8	26.0	450.1	81.8	18.0	254.8	1325.6	319.4
2001	1016.3	93.8	819.5	28.5	496.2	125.1	28.1	329.8	1250.2	335.9
2002	921.0	89.4	1070.5	52.3	556.3	135.0	35.7	437.6	1324.7	353.2
2003	842.8	39.7	830.9	39.8	560.8	104.1	26.7	71.4	1198.3	316.5
2004	1120.0	83.0	1050.0	24.7	675.0	105.0	31.0	96.0	1061.6	273.1
2005	1172.5	97.0	1379.5	25.6	748.0	85.3	34.5	155.0	1153.5	306.4
2006	1360.0	93.0	1453.5	24.5	652.5	104.0	20.5	205.0	1135.6	366.6
2007	1658.5	77.0	1568.5	15.9	491.0	89.0	15.4	237.2	1058.5	321.5

资料来源:《2008 年黑龙江省统计年鉴》。

农业生产以自然作物为生产对象,因此与生态环境的关系也就十分密切。长期以来黑龙江省的农业生产方式还相对粗放,因此而带来的资源短缺、生态破坏和环境污染问题日益明显,对黑龙江省农业造成很大的损害,严重地制约了黑龙江省农业发展的可持续性。随着经济发展和生活水平的提高,城市和工业垃圾导致的点源污染的影响将逐渐减少,而由于经济增长的滞后效应,农业生产所导致的污染将成为污染的主要原因。

2. 水体污染情况

黑龙江省是一个农业大省,农业人口占大多数,人畜粪便、生活废物对周边环境特别是饮用水源污染严重。在农业生产中,由于生产者的生态意识薄弱,化肥施用量一直居高不下(见图10.1),造成土地板结、肥力下降,对居民健康构成了威胁,也引起了水质的富营养化,危害地表水和地下水水质,严重破坏了生态环境。农业生产所导致的污染(包括作物种植导致的面源污染和规模化养殖业导致的点源污染)将成为未来水质污染的主要原因。

（单位：万吨）

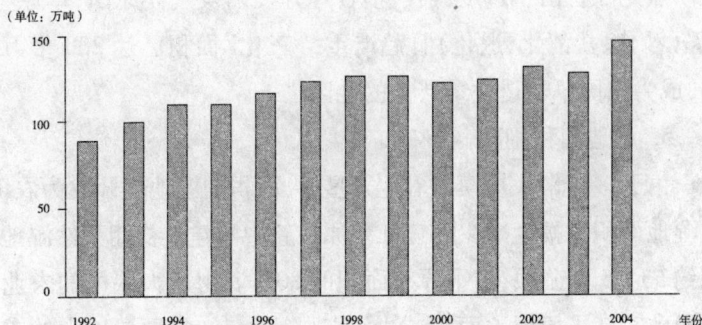

图 10.1　黑龙江省历年化肥施用量（折纯量）变化

3. 黑土肥力下降

近半个多世纪，黑龙江省黑土地开垦十分严重。由于长期耗竭性利用，造成黑土地肥力下降，水土流失严重。当前，黑龙江省农业用地质量退化严重，加上过量施用化肥和农药，导致面源污染严重，农业生产力受损。黑龙江省黑土地受自然因素制约和人为活动的影响，已出现侵蚀沟的恶性扩张和黑土表层的水土流失。一般开垦 60～70 年的坡耕地，黑土层已经由原来的 60～70cm 厚减少到 30cm 左右；大约有 1/4 的耕地由于黑土层被侵蚀而露出黄土。有许多地方甚至出现了盐渍化现象，土壤有机质含量也由初垦时的 7% 下降到 3.5% 左右。目前黑龙江省每年流失的黑土达 0.5 亿～1 亿 m^3，因水土流失造成每年全省粮食减产在 20 亿～40 亿 kg。

4. 草原退化

长期以来由于重视农业生产，轻视资源保护，过度垦荒、砍伐，使湿地、森林资源锐减，农业生产失去了水资源调节和绿色屏障保护，导致风灾、旱灾和水灾年份增多，土壤沙化、碱化面积不断扩大。黑龙江省由于过度放牧、不合理开发以及气候原因,草原"三化"(沙化、盐渍化、退化)日趋严重,"三化"面积已达 200 多万公顷,成为我国草场退化最严重的地区之一。

5. 湿地面积剧减

由于多年来大规模的农业开垦,大面积的湿地被开发为农田,使湿地面积大幅度减少。三江平原在新中国建立初期天然湿地面积约 534.5 万公顷,占平原总面积的 80%。由于大规模的农业开发导致三江平原湿地面积减少,到现阶段三江平原湿地大约丧失80%。大规模的湿地农业开发从整体上直接改变了区域生态系统的自然属性,自然湿地景观演变成人工农田景观,残留的自然湿地景观破碎化程度高,适合野生动植物生存的自然环境面积急剧缩小,致使野生动植物种群数量减少,越来越多的生物物种,特别是珍稀物种因失去生存空间而逐渐处于濒危或灭绝状态,区域生物多样性急剧下降。

6. 水利工程基础薄弱

黑龙江省水利工程系统不完善,整体配套率低,灌溉技术落后。东部地区水资源浪费较严重,西部地区水资源贫乏。

(二)黑龙江省农业循环的经济发展条件

1. 农业资源基础条件较好

黑龙江省土地资源丰富,总耕地面积和可开发的土地后备资源均占全国 1/10 以上,而且土质优良,地处世界三大黑土带之一,具备发展农林牧业的良好基础和潜力。地表水、地下水径流量大,水能资源比较丰富。森林资源丰富,材质优良,人均占有林地、森林覆盖率等指标均高于全国平均水平,是全国重要的林业基地之一。降雪丰富,具有开展冰雪旅游的资源条件。

2. 绿色产业发展具备比较优势

黑龙江省农业生产规模大,种植业发达,是国家重要的商品粮生产基地之一。畜牧业在农业中也占有相当大的比重,2004 年底达38.2%,奶牛存栏数居全国第一,2004 年底达到 141 万头,牛奶产量和乳制品产量均居全国之首。依托农业发展起来的绿色食品产业增长较快,截至 2004 年全省绿色食品认证数量达 787 个,绿色食品认证数量居全国第一位。全省绿色食品监控面积达 2380万亩,AA 级、A 级绿色食品和有机食品种植面积分别增长 1 倍、59.3% 和 37.7%。绿色食品产业牵动农户 130.1 万户,增长 24.4%。

3. 区位优势

黑龙江省地处东北亚中央,与俄罗斯接壤,边境线长,是进行对外贸易和国际交往的重要通道。目前黑龙江省已经形成了以铁路、公路、内河航运与海运、航空、管道等 6 种现代交通运输方式组成的发达的交通运输网,运输能力逐渐增强,对促进黑龙江省区际、国际交流将起到巨大的作用。

4. 宏观战略的支撑

黑龙江省政府已把可持续发展作为经济社会发展的基本战略,并采取了一系列重大举措。党的十六大做出了"支持东北地区等老工业基地加快调整和改造,支持以资源开采为主的城市和地区发展接续产业,支持革命老区和少数民族地区发展经济"和"国家要加大对粮食主产区的扶持"的决策,对黑龙江省区域经济发展具有决定性的意义。

2000 年经国家环保局批准,黑龙江省成为全国生态省试点省份。《黑龙江省生态省建设规划纲要》中指出,2020 年基本形成具有可持续发展能力的生态体系,实现山川秀美、经济繁荣、社会文明。生态省建设战略的实施,对黑龙江省农业循环经济建设也是良好的支撑和辅助。对黑龙江省农业的分析表明黑龙江省农业发展极具潜力。从分工角度讲,应充分发挥现有产业与生态优势,将黑龙江省塑造成我国及东北亚地区的农业循环经济发展区。

三、黑龙江省农业循环经济发展的制约因素

黑龙江省土地等自然资源丰富,为发展现代化农业提供了良好的物质基础。但是,黑龙江省农业改革和发展落后于全国其他省区,农业经济结构不尽合理。黑龙江省循环经济的发展还处于起步阶段,存在一些难以规避的问题。

1. 法规政策的不完善

从总体上看,黑龙江省还没有形成促进循环经济发展的法律框架,已有的相关法律之间存在着不够协调、可操作性不强、有关的配套措施不到位等问题。目前,有利于推动黑龙江省农业循环经济发展的法规和政策体系还没有形成体系。缺乏法律规章和政策体系就难以从制度上约束不利于循环经济发展的做法,无法对农业循环经济发展起到强有力的支撑作用。

2. 观念性障碍

黑龙江省社会层面对循环经济的认知率比较低。(1)对严峻的资源和环境形势认识不足,缺乏对发展循环经济迫切性和重要性的认识,政府对农业循环经济的扶持力度有待加强。(2)追求利益最大化,企业参与意识不强。(3)公众的环保意识薄弱,大家多将保护环境归结为政府的责任,再加工收入水平偏低,对环境质量的要求相对不高,普遍缺乏参与意识和社会责任感。农户环境意识还比较淡薄,缺乏对环境保护的认识。

3. 保障机制缺位

黑龙江省目前正处于经济转型和结构调整的关键时期,在原

有产业基础上进行农业循环经济的开发和建设需要大量的资金和技术投入,需要各级政府提供一定的政策倾斜。环境领域技术薄弱,农业技术创新能力不强。黑龙江省拥有很多科研单位和高等院校,但多年来这种优势并未得到发挥,科技水平比较低。而农业循环经济的长期发展需要以先进的技术为依托。

市场应该是建设循环经济的主要力量,完善的市场机制辐射范围大,持续效果稳固。目前,黑龙江省循环经济发展对技术的重视远高于对制度的重视,在制度上还没有真正把循环经济的发展纳入市场体系,同时缺乏相关的激励竞争机制。

四、黑龙江省农业循环经济的发展模式

(一)生态农业模式

生态农业是循环农业的重要组成部分和当前的典型代表,在我国发展已有相当成功的模式。这种模式在生产流程中自始至终贯穿着资源节约与高效利用的基本思想,通过“基地+农户”或农民专业协会等组织形式将农民集中管理,扩大生产规模,实现“种、养、加”一条龙生产。深入探索农作物秸秆和动物粪便开发利用的新途径,通过将加工业引入到以种植业和养殖业为主体的循环链条中,延伸产业链条,提高经济效益,带动种养业的快速发展,使原来的生态农业模式得以提升和整合。该模式比较适应于我国农业生产条件比较恶劣的地区,例如在我国西北、西南的生态脆弱区,水土资源匹配不合理,通过发展小规模的循环农业生产。种、养、加二者有机结合,充分利用农业资源,提高产品产量和产值。黑龙江省生态农业发展可以采用以下两种模式。

1. 共生的生态农业模式

采用共生的生态农业模式,可充分利用农业资源,使产业结构

趋向合理,并保护好农业生态环境。黑龙江省应在农业中充分发挥这一特色,积极推行轮种、间种,同时通过沼气的规模化应用,发展大棚无土栽培、立体种植,强化种养一体化,强调资源的层级利用,如利用作物秸秆作饲料养猪,猪粪养蛆,蛆喂鸡,鸡粪施于农田,通过废弃物被合理利用,提高农业的综合效益,同时达到保护和改善生态环境的目的。

根据黑龙江省的农业资源、技术储备及工作基础,依据农业生态原理和循环经济系统理论,可构建多种农业循环经济模式:稻—菇—鹅循环经济模式、米—菇—鸡循环经济模式、米豆—蛋鸡—生猪循环经济模式、米豆—肉鸡—鱼循环经济模式、草米—生猪—林蛙循环经济模式、麦粱—菇—菇循环经济模式、米草豆—奶牛循环经济模式、米豆—肉牛循环经济模式、米豆—肉鸡循环经济模式、米豆—蛋鸡循环经济模式、米豆—生猪循环经济模式、米豆—菇循环经济模式、桑豆—菇循环经济模式、特种(甜、糯)玉米—奶牛循环经济模式、稻—菇循环经济模式等。

2. 家庭生态农业模式

在黑龙江省农村应建立和推广家庭生态农业模式。例如,以生物食物链为平台,构建以"种加养"和沼气为核心的微观循环经济,形成"作物—家畜—沼气"的循环网,解决厕所卫生、畜圈卫生、秸秆气化、排除污染、庭院绿化等一系列问题,实现生物质能的循环利用,使农户庭院、养殖场成为绿色畜牧、绿色种植同步发展的自然经济体。

大力发展沼气是家庭生态农业模式的中心环节,它的前端可以促进农业向畜牧业转化,它的后端能够促进农村能源结构的改变,并且增加高效有机肥。黑龙江省家庭生态农业模式的发展,应充分利用沼气的模式,在推广沼气工程的基础上,促进"种养一体化"和"生态养殖"发展模式在农村的普及。

(二)绿色食品产业

黑龙江省在全国范围内有较大的发展绿色种植业的优势,具有发展有机、绿色、无公害食品的良好生态环境。将发展有机、绿色、无公害食品作为发展质量效益型农业,实现环保与经济双赢的切入点,不仅解决了经济发展问题,同时也解决了经济、资源、环境、社会可持续发展问题。无论从黑龙江省农业发展的已有优势还是从其产品的市场前景上看,都应该继续扩大绿色种植业的规模,以协调经济发展与环境保护。大力发展绿色食品产业,大力调整农业结构,继续实施"打绿色牌、走特色路"的发展战略,这对于改善日渐恶化的农业生态环境,提高黑龙江省的农产品质量,保障人民身体健康,增加黑龙江省农产品的出口创汇,促进农业循环经济发展等均具有十分重要的意义。

随着黑龙江省绿色食品产业的迅速发展,同时出现了若干制约着该产业健康发展的因素。主要体现在现有产地环境质量下滑,潜在产地环境资源尚未得到有效的规划和管理,农田灌溉水资源的质与量难以保证,适合基地使用的有机生物肥料和生物源农药严重供应不足,限量使用的除草杀虫剂管理有待加强,轮作难以实现。另外,产品贮运、龙头企业外向型经营与管理以及国际市场准入等环节还有待规范与加强。总之,确保黑龙江省具有潜力资源的农业绿色产业得以可持续发展的任务显得十分紧迫,具体来说黑龙江省发展农业绿色食品产业应采取以下途径。

(三)发展农产品加工业

农产品加工是连接第一产业与第二、三产业的桥梁,是提高农业效益、农村发展和农民致富的关键措施。农产品加工能使廉价农产品大幅度增值,附加值提高。

农产品加工业是构建农业循环经济的重要内容。循环经济在农产品加工业中的应用,主要体现在对各类农产品及其初加工后的副产品及有机废弃物进行系列开发、反复加工、深度加工,不断增值。农产品加工业不同于一般的工业,在其加工生产中产生的废弃物绝大多数属于原来农产品的组成部分,仍然含有大量的有机质,相对开发价值高,开发成本低,开发技术容易掌握。根据循环经济模式的要求,农产品加工要对加工过程中产生的副产品及有机废弃物进行成分分析,利用生物技术等高新技术手段,开发新的产品,延伸产业链,不仅加工企业本身不再产生污染,而且能够扩大企业规模,提高经济效益,把增加的经济效益留在农业生产体系内,使农产品加工业由资源消耗型向高效利用型转变,从基础上保证农业的可持续发展,实现经济效益、社会效益和生态效益的统一。

(四)发展观光农业

黑龙江省农业基础好,观光农业项目可以就地取材,建设费用小,应在适宜的农区发展观光旅游农业,转变传统的农业生产格局。例如可以发展居家型农业游,让旅游者住入农家,吃农家菜,观赏传统农业生产工具,如碾、磨、辘轳、马车、犁等物品,亲身感受黑土地农业文化,体验现代城乡生活的反差。农产品在狩猎、垂钓等旅游活动中可以直接销售给游客,其价格一般高于市场价格,而且可以减少运输和销售等费用。农民也可以通过出售山特产品,制作手工艺品(如黑龙江的鱼皮、木雕),发展服务业(出租车、饭店、旅馆)取得收益。

发展观光农业的同时,要充分挖掘当地的人文资源,不断完善充实农业循环经济建设的文化底蕴:科学地开发当地的生态资源,让游人在饱览湖光山色、体味田园美景的同时,让心灵也得到洗礼和升华。

五、农业废弃物的循环利用模式

循环型农业应建立能和自然生态循环相统一的人工生态循环技术系统,既能保持"石油农业"所创造的高效劳动生产率,又要消除"石油农业"存在的诸多缺陷。因此除包括种植业、养殖业、农副产品加工业之外,还需应用现代技术建立以农副产品废弃物为主要原料的人工生态循环体系,实现农业的可持续发展。

(一)沼气的综合利用

随着社会经济的持续发展,沼气利用已从过去单纯用作燃料和照明的生活领域向生产领域发展。沼气利用应借助规模化养殖厂,在适合区域内建立禽畜养殖厂、规模化沼气池、农产品加工企业,通过沼气生产的规模化,向周边农户和养殖厂自身输出沼气供做饭和照明,并且还可以利用沼液、沼渣发展绿色农产品种植,利用沼渣发展食用菌种植和禽畜养殖,再利用沼渣、沼液养鱼。在此基础上由农业向工业链接,从而使沼气利用成为一个具有能源、生态、环保和其他社会效益的产业化系统,实现资源的价值创造。多年的经验表明,农村有利用沼气的条件和优势,从农产品废弃物综合利用的角度出发,建立多种与养殖场链接的以沼气为纽带的生态链,不但为农村提供新型的能源途径,改善了农村能源利用结构,而且有效地降低了农业,特别是畜禽养殖业的面源污染,改善了农村生态环境。

推广沼气应从两个层面展开。第一,农业企业和农产品加工基地。第二,更微观的层面,即以家庭为单位。农业部门应支持有条件的养殖户建造沼气池,并指导其正确安全地使用沼气。以沼气为纽带的产业链多涉及农牧渔业等,形成一个复合的生态链,实现农业废弃物的综合循环利用。

针对黑龙江省农区生产中资源利用不合理的现象,应创建以农副产品废弃物为主要原料的人工生态循环系统,实现农业的可持续发展。黑龙江省畜牧业已具备一定的发展规模,不仅在一定程度上破坏了生态环境,也影响了农民生活质量的提高。要解决畜牧业污染,可按照循环经济的理念,使废物减量化、无害化、资源化,合理有效地利用资源。

1. 沼液在养殖业中应用

(1)沼液养鱼。养鱼的沼液不必进行沼渣、沼液分离处理,采用洒泼方式施用。沼液进入鱼塘增加鱼塘中的浮游生物量,加强光合作用,增加产氧量,减少鱼病,节约化肥、饵料等优点,效益显著。

(2)沼液喂猪。沼液喂猪不是指用沼液替代猪饲料,只是把沼液作为猪饲料的添加剂。将产气正常后一个月的沼液过滤后,放置 2～3h 就可用于喂猪。沼液喂猪能有效杀死猪霍乱、沙门大肠杆菌,猪寄生虫例如蛔虫、结节虫、鞭虫与球虫等有害致病菌,而且可以起到加快生产,缩短肥育期,提高肉料比的目的,特别在猪饲料营养水平较低的情况下添加液有显著作用。

(3)沼液喂鸡。沼液喂鸡是用沼液替代一部分水供鸡食用。一种方法是将沼液拌合在鸡饲料中饲用。另一种方法是与清水混合后供鸡饮用,产蛋率可以有一定程度的提高。据不完全统计,一般为8%左右。

2. 沼液浸种技术

应用沼气池发酵正常 2 个月以上的沼液,可以在播种前对水稻、玉米、红薯、花生、烟草等作物的种子进行浸种。种子宜选用上年生产的新种良种,陈种不宜用沼液浸种,浸种前进行筛选翻晒。

浸种后,种子萌芽早、出芽齐、抗病力强、发病率明显降低,幼苗生长旺盛,产量可以在一定程度上有所提高。

3. 沼渣的综合利用技术

沼渣含有较全面的养分和丰富的有机物,其中有机质36% ~49.9%;腐殖酸 10.1% ~24.6%;全氮 0.8% ~1.5%;全磷0.39%~0.71%,全钾0.61%~1.3%,还有一些富含矿物质的灰分,是优质有机肥料。

(1)沼渣作基肥。沼渣单作基肥肥效很好,若和沼液浸种、根外追肥相结合,效果更佳,粮食作物可增产10%左右。

(2)沼渣栽培蘑菇。沼渣养分全面,酸碱度适中,质地疏松保墒性好是人工栽培蘑菇的上好培养料。沼渣栽培蘑菇具有成本低、效益高、省料等优点。

以沼气为纽带的农业资源综合利用,是黑龙江省发展农业循环经济的核心,具有显著的经济效益和生态效益。通过在农户日常生活中使用沼气作为新能源,可以减少农区燃煤和木材的使用,减少农民生活支出,同时保护森林资源,改善农村人居环境。综合利用沼气残渣,可以减少农户生产中的化肥施用量,不但能够减少生产性支出,而且可以增强土壤肥力,发展绿色农产品种植,增加农民的经济收入,提高农民的经济效益。

(二)秸秆的综合利用

黑龙江省目前秸秆的循环利用还处于初级阶段,大多数未经加工和利用。不仅浪费资源,而且造成了大气污染。即使是简单的秸秆粉碎、铡切和还田,也未普及到。因此在秸秆循环利用方面,应以丰富的秸秆资源为依托,吸收消化国际上先进的科技成果,依靠科技进步与创新,加大秸秆综合利用的开发投入,形成自己的技术优势,研究开发主导产品,提高产品档次以及附加值。

目前黑龙江省对秸秆重点采取的可行措施有以下几种。

1. 因地制宜,实现秸秆还田

农作物秸秆中含有农作物生长所必需的氮、磷、钾、镁、钙、硫等营养元素,是丰富的肥料资源。通过秸秆间接还田、过腹还田、直接还田的办法,可以有效地提高土壤肥力,替代化肥,这使黑龙江省研究与推广作物秸秆的资源化利用对于保护环境、发展经济具有重大的现实意义。

2. 发展秸秆沼气工程,实现秸秆的循环利用

生产沼气是利用作物秸秆资源的有效途径。沼气作为一种清洁能源,不但可以解决农村能源不足的问题,改善农村环境,同时也可为农作物提供清洁高效的有机肥料,沼肥中含有丰富的氮、磷、钾以及农作物生长所需的微量元素,在为农作物提供营养肥料的同时也培肥了地力,改善了土壤的结构,降低了化肥农药的使用量,从而减少了农村的面源污染,提高了产品的质量。沼气热能利用率比秸秆直接燃烧高3～9倍,沼肥肥效比秸秆直接还田提高1～1.5倍。秸秆燃气技术还可以减少秸秆焚烧造成的大气污染,节约天然气、煤炭等不可再生能源,改善农民生活质量,减轻劳动强度,改善农村卫生条件。

3. 发展秸秆的深加工

农作物秸秆加工产品是国际市场有竞争力,而且是相对比较优势的产品。国际市场对秸秆粉的需求量相当大,国外鸡饲料就要求添加5%左右的秸秆粉,牛羊等牲畜对秸秆粉的需求量更大。国外1kg秸秆粉的价格相当于1kg黄玉米的价格,市场前景看好。可以把秸秆加工为秸秆粉或将秸秆压缩打包后运至牧区发展畜牧业。秸秆粉碎处理后,可以加工成食用菌培养基或防汛用草袋及日用草绳,也可以利用秸秆编织制作手工艺品。还可以利用秸秆

造纸,制作纤维板。不过秸秆制板利润空间较小,企业竞争力差,政府应给予一定的倾斜政策,如税收减免、补贴等,对综合利用资源的企业进行扶持等。

黑龙江省农村将秸秆作为燃料直接燃烧的现象十分普遍。秸秆热能利用率极低(仅 10% 左右),而且大量的氮磷钾和微量元素白白丢失,造成资源的巨大浪费。作物秸秆和其他农业废弃物一样,是一种可资利用的资源。但若不合理利用,不仅造成资源的浪费,还可能成为污染源,对生态环境造成破坏。

第二节　案例二:黑龙江省七台河市
循环经济试点①

一、七台河市经济的发展现状

黑龙江省七台河市位于黑龙江省东部,全市土地总面积 6221km²,其中市区 1767.1 km²,城市规划区面积为 907.8 km²。七台河市 1958 年开发建设,1983 年晋升为省辖市,现辖三区一县,分别为新兴区、桃山区、茄子河区和勃利县。全市总人口 88.4 万人,其中市区人口 51.5 万人。

近几年来,七台河市通过招商引资和大力发展民营经济,新上了一批规模较大的煤炭循环经济项目,拉动了全市经济快速增长。2007 年全市地区生产总值实现 138 亿元,比 2006 年增长 14.9%。其中第一、第二、第三产业增加值分别实现 17.1 亿元、69.6 亿元和 51.2 亿元,分别比 2006 年增长 7.2%、17.9% 和 13.6%。人均国内生产总值达到 15460 元。三次产业比例为 12.4:50.4:37.2。

---

① 《黑龙江省七台河市循环经济试点工作实施方案》。

全市非公有制经济实现增加值达 92.1 亿元,比 2006 年增长 19.2%。全口径财政收入实现 18.9 亿元,增长 16.2%。一般预算收入实现 8.6 亿元,增长 19.8%。城镇居民人均可支配收入实现 10885 元,增长 22.2%。农民人均纯收入达到 4291.3 元,增长 16%。

二、七台河市循环经济的发展现状

七台河市作为典型的资源型城市从 20 世纪 80 年代的"精煤战略",到"十五"时期的"焦化一号工程",到建设煤化工基地,通过大力推进煤转焦、煤转电和发展煤化工、煤建材等产业,七台河市煤炭产业链条不断得到延伸和发展,初步形成了"资源—产品—废弃物—再生资源"的循环经济发展雏形。

(一)七台河市循环经济的发展基础

七台河市循环经济的发展基础包括以下几个方面。

1. 煤炭产业链条逐步延伸

七台河市现有焦化企业 11 户,焦炭生产能力达到 540 万吨。其次,在煤化工方面,宝泰隆公司 20 万吨焦炉煤气制取甲醇项目一期 10 万吨已于 2007 年 10 月份投产。圣迈公司 10 万吨煤焦油加氢制取汽柴油项目、亿达信公司 8 万吨焦炉煤气制取甲醇项目正在建设。万昌公司 10 万吨苯加氢项目正在建设中。电力方面,全市总装机容量 90.8 万千瓦,年消耗煤矸石和转化洗中煤分别各 200 万吨。

2. 推行清洁生产初见成效

在各企业中广泛开展"三废"治理工作,大力推行选煤、动力配煤、炉前成型、炉内固硫组合技术改造,采用先进脱硫除尘技术,大幅度降低了污染物排放。目前全市清洁型煤生产能力已达 30 万吨,并有 5 个清洁型煤项目正在筹建中。洗煤企业新上了一批工艺和设备较为先进的煤炭洗选项目,精煤回收率不断提高,最高达 65%,而且全部实现了洗水闭路循环。全市原煤入洗能力达到 2400 万吨,实现可洗原煤全部入洗,基本不卖原煤。

3. 资源综合利用水平不断得到提高

为了加快发展循环经济,提高再生资源的综合利用水平,已先后建成了以煤矸石和粉煤灰为主要原料的煤建材企业 7 家,生产粉煤灰砌块、矸石空心砖、粉煤灰水泥等。多数焦化企业都已配套建设了粗苯回收。推进城市供热、民用燃气、煤气发电等煤气综合利用项目建设。开展了农业生产领域废弃物综合利用工作,发展青贮饲料,建设了农村沼气项目。同时,正在积极建设利用煤泥、矸石和荒煤气发电项目,积极谋划生活垃圾发电以及生物质型煤和粉煤灰制纸浆项目。过去的废弃物正在成为七台河市新的经济亮点和增长点。

4. 生态社区初步形成

在社会生活领域大力倡导绿色消费,在全社会初步形成健康文明的生活方式。结合社区管理和服务模式,全市建立了 23 个生态社区,在城区内实施了绿化、美化、净化、亮化工程,辟建公园、绿地和广场,大大改善了人居环境,已经步入省级园林城市行列。城市居民自来水入户率由 2000 年的 65% 提高到 2008 年 73%,集中供热普及率由 53% 提高到 70%,中心区排水管网普及率和垃圾无害化处理率达到 80%。

5. 资源型城市转型速度加快

在大力发展煤炭循环经济的同时,七台河市高度重视发展非煤替代产业和非公有制经济。非煤接续产业与煤炭工业之比由 2000 年的 47∶53 调整到 2008 年的 54∶46,家具制造、农业机械、医药化工等非煤支柱产业日益发展壮大。非公有制经济占全市经济总量的 70%,占地方经济比重达 91%,占全部税收的 48%,占全市从业人口的 70%。

6. 节能减排工作取得实效

七台河市把节能减排工作作为调整经济结构、转变经济增长方式的突破口,坚持把节约资源、降低消耗和保护生态环境放在突出位置。通过控制高能耗、高污染行业过快增长,加快改造和淘汰落后生产能力,全面实施重点节能工程,推动新建住宅和公共建筑节能以及全面推进主要污染物减排等工作,节能减排工作取得重大进展。2007 年,关闭小煤矿 77 处,淘汰小焦炉 3 座,完成减排治理工程 12 项,治理再生造纸厂 18 家,洗煤焦化企业实现废水循环利用。大唐七台河发电公司获全国环境友好型社会成果展金奖,被评为省环境友好型企业。万元 GDP 能耗下降 5.7%,削减化学需氧量 3600 吨,二氧化硫 2400 吨,超额完成黑龙江省下达的指标。

三、七台河市循环经济发展现存的问题

(一)产业结构单一

七台河市工业结构比较单一,经济增长主要依赖自然资源产出,煤、焦、电三大产业占全部工业增加值比重的 70%,占全部税收比重的 77%。城镇就业岗位的 60% 来自于煤炭及相关行业。产品结构中初级产品比重大,大多处于产业链低端,高科技产业发展滞后,第三产业欠发达,仅靠资源初级开发利用获得的经济增长难以持续。

(二)资源利用效率不高

首先,经过 50 年的开发建设,积存了大量煤矸石和粉煤灰,既占压大量土地,又严重污染环境。其次,焦化生产过程中所产生的剩余焦炉煤气、煤焦油,没有实现深加工,附加值也没有得到提高。

最后,尽管七台河市煤炭资源相对富集,但在全省四大煤城中,七台河市的煤炭储量最少,煤层最薄,开采条件最差,回采率低。

(三)资源枯竭问题迫在眉睫

目前七煤集团公司西部区矿井最长已服役44年,相当于已进入中老年期,最短的只能再服役5年,市属地方煤矿的部分矿井资源也将在3～5年内陆续枯竭。七台河矿区现有接续资源区为西峰区、岚峰区、铁南区、向阳区、鹿山区和十八里区以及勃利煤田马场区。这些资源接续区的勘探耗资巨大,初步估算需勘探费用5亿元以上。在这种形势的压力下,如何对即将耗竭的资源进行合理、清洁、高效的开发利用是七台河市要解决的当务之急。

(四)环境污染严重

1.空气污染

七台河市空气污染主要是煤烟型,2007年工业废气排放总量为259亿 m^3。工艺废气处理率、小型企业的燃煤锅炉废气除尘率和城市气化率都比较低,城市部分生活区燃煤污染仍很严重。矸石堆自燃、汽车尾气污染、原煤贮存运输等产生的烟尘和粉尘也加重了全市的空气污染。

2.水环境污染

2007年工业废水排放总量为1508.1万吨,废水排放达标率91.8%。城市生活污水排放量1507.3万吨,处理率仅为23%。地面水环境污染主要来自城市生活污水、部分企业废水和农田尾水,并且生活污水处理率低,尚未建设集中式城市污水处理厂和雨污分流的排污管网。

3.固体废物污染

全市固体废物以矸石、电厂粉煤灰和城市生活垃圾为主。2007年工业固废产生量为600多万吨,累计堆存量为6500万吨,占地

860 公顷。城市生活垃圾填埋占地 80 公顷,不仅造成景观影响,而且垃圾渗滤液和降雨冲刷导致周围农田、地表水及地下水的污染。

4. 生态环境破坏严重

煤矿开采造成地表沉陷,水体污染,地面植被破坏,产生的水土流失造成河水泛滥,自然景观和生态环境受到严重破坏。

另外接续产业规模弱小、人才匮乏、科技投入不足,这些都是在今后发展循环经济中需要解决的关键问题。

四、七台河市循环经济的发展目标及重点

(一)七台河市循环经济建设指标

根据国发[2005]22 号文件要求,结合七台河市实际,建立七台河市循环经济建设具体指标(见表 10.2)

表 10.2　七台河市循环经济建设具体指标

	指标名称	单位	2005 年	2007 年	2010 年	2012 年
一	经济社会发展指标					
1	地区国内生产总值	亿元	100.21	138	200	260
2	人均生产总值	万元	1.1351	1.546	2.22	2.6
3	三次产业比例		13.1:49.1:37.8	12.4:50.4:37.2	11:52:37	10:52:38
二	资源产出指标					
1	万元 GDP 能耗	吨标煤/万元	3.45	3.17	2.59	2.3
2	万元 GDP 水耗	立方米/万元	180	165	150	135
3	耕地保有量	万公顷	15.7		17.05	
4	煤资源产出率	万元/吨				
三	资源综合利用指标					
1	煤炭资源回采率					
	国有煤矿	%	73	75	78	81
	地方煤矿	%	76	80	83	85

	指标名称	单位	2005 年	2007 年	2010 年	2012 年
2	精煤回收率	%	35	36	39	42
3	煤炭伴生资源综合利用指标					
	矿井水综合利用率	%	40	50	70	80
	煤层气回收利用率	%				
4	焦炉煤气回收利用率	%	20	75	92	95
5	工业固废综合利用率	%	50	58	75	85
	煤矸石利用率	%	30	45	60	75
	粉煤灰利用率	%	25	30	40	60
6	水重复利用率					
	工业用水重复利用率	%	80	83	90	95
	农业节水灌溉面积	%	24	35	50	
四	污染物排放降低指标					
1	二氧化硫排放总量	万吨	3.78	3.72	3.71	3.69
2	COD 排放总量	kg/万元	2.84	2.67	2.44	2.25
五	环境保护指标					
1	工业废水达标排放率	%	80	91.8	100	100
2	城市空气质量达到二级标准天数	天/年	285	288	290	300
3	森林覆盖率	%	48.3	48.4	48.9	49.2
4	人均公共绿化面积	m^2	9.2	9.6	10	10.2
5	城市生活污水集中处理率	%	9.5	23	50	60
6	城市生活垃圾无害化处置率	%	83	84	85	88

（二）七台河市循环经济发展重点——循环型工业

七台河市围绕煤炭资源，以煤炭、电力、煤焦化等资源型产业循环经济建设为突破口，以工业园区为载体，通过延伸主导产业链条，发展高新技术产业和壮大非煤接续替代产业，促进产业结构升级，形成科学发展、集约型增长和资源节约的新工业产业格局。准确把握工业与农业、服务业之间的共生和依存关系，实现地区经济科学协调发展，使"焦化之都"与"山水园林城市"的发展定位达到和谐统一。

重点围绕煤炭、电力、焦化、建材产业，构建两大工业循环经济产业链，建设3个工业示范园区，发展和壮大5个接续替代产业，培育一批示范企业。组织循环经济关键技术的研发和运用，减少资源消耗和污染物排放，提高资源综合利用率。到2012年，万元工业增加值综合能耗降低25%以上，工业用水重复利用率达到90%以上，工业固废综合利用率达到75%以上。

1. 构建两大工业循环经济产业链

从资源节约入手，循环利用资源，通过有计划、分阶段的项目实施，扩大生产规模，开发高附加值的深加工产品。构建煤—焦—化工产业链和煤—电—建材两大工业循环经济产业链。

（1）煤—焦—化工产业链

通过在煤炭和焦化产业中发展循环经济，按照煤炭开采入洗—炼焦—化工延伸这3个层次开展循环链条的构建。利用矿井水、煤层气等煤炭伴生资源与服务业、电力等行业耦合，利用焦炉煤气、焦油与化工、电力、冶金等行业耦合，利用固废与农业和建材等行业耦合。以安全生产为前提，以提高"四率一值"为重点，即提高煤炭回采率、煤炭入洗率、精煤回收率、资源综合利用率以及煤炭的附加值，实施精煤战略，提高资源的附加值。

①在煤炭开采环节,提高煤炭回采率。一是加强勘探工作,对地质情况进行深入研究,改进储量计算方法,对矿区内的矿产进行综合评价。二是推行绿色开采,科学合理地布置开采顺序及采区、采面的煤炭回收工作,减少煤矿开采时的损失。三是采用清洁开采技术,减轻对土地资源的破坏,实现低开采、高利用、低排放的良性循环。四是采用新型高效通风机、节能排水泵,对设备及系统进行节能改造,完善煤炭综合加工体系。五是针对提高回收率工作加强管理、严格奖罚制度,到2012年,资源回收率在现有基础上再提高3～5个百分点。

②在煤炭洗选环节,提高原煤入洗率和精煤回收率。通过对现有洗煤厂的洗选技术进行改造,采用浮选、重介等关键技术,加强选煤厂的技术管理,提高回收率和精煤产能。同时利用洗选中煤以及产生的煤矸石、煤泥等资源发展电力和清洁能源型煤等其他产业。到2012年,精煤回收率在现有基础上提高4%～6%。

③在废物综合利用环节,提高资源综合利用率。对在生产过程中排放的矿井水、煤矸石、矿井瓦斯等"废弃物"进行资源化利用,提高其利用水平和利用率。利用煤矸石发电,生产新型建材和腐殖酸复合肥。利用矿井水供给生产、生活用水。利用矿井瓦斯发电和发展化工。到2012年,矿井水综合利用率达80%以上,煤层气回收利用率在现有基础上提高10个百分点。

④矿山生态恢复及环境综合治理等环节,提高复垦率,建设绿色矿山。充分利用煤矸石、粉煤灰复垦塌陷区,发展工业、农业复垦,复垦后作为工业用地,并利用七台河煤矸石含腐植酸的特性,恢复土地的功能,使其成为基本农田,发挥土地资源的效益。重点发展采煤塌陷区的土地复垦和居民搬迁以及治理煤矸石山。到2012年,复垦率达到70%以上,矿区绿化率达到50%。

⑤在焦化工业方面,以提高资源利用水平和解决环境污染为目标,按照《煤化工产业发展规划》确定的焦炭产能布局,通过淘汰落后炼焦企业,对现有的焦化企业进行资源整合和技术改造,将焦炭副产品进行集中利用,不断完善和延伸产业链条,走集约式发展、规模化经营之路。一是从市场需求出发,生产优质一级、二级冶金焦炭、铁合金专用焦炭、铸造焦等多品种、高质量的焦炭。二是重点发展煤焦油深加工,开发工业萘、酚类等下游产品,制取轻质燃料油,延伸煤焦油产业链。三是提高焦炉煤气回收利用率,用作工业加热炉用燃料、城市民用煤气、提取粗苯、制取甲醇、二甲醚、烯烃等,延伸焦炉煤气产业链。通过发展精细煤化工和煤化工下游产品,改变单一的煤焦化行业发展模式。到2012年,焦炭、煤焦油和焦炉煤气产业链得到充分延伸和完善。焦炭产量达到600万吨,煤焦油加工能力达到30万吨,粗苯加工能力达到10万吨,甲醇年产量达到50万吨,焦炉煤气利用率达到100%。煤炭及其相关产业循环经济体系如图10.2所示。

(2)煤—电—建材产业链

①在电力产业方面,按照清洁生产、环境保护的要求,对现有电力企业加大环境治理力度,重点解决烟尘、二氧化硫以及粉煤灰排放造成的环境污染问题,通过技术改造使其实现达标排放;在加快标志性电力企业建设步伐的同时,大力发展瓦斯发电、生物质发电、垃圾发电和风力发电,构建龙江煤电基地。提高燃煤发电效率、废水回收利用率,完善烟气除尘脱硫设施,推广节能环保技术。积极推进热电联产及热能梯级利用,重点支持焦化工业园区余热余气以及煤矸石、煤层气、生物质、垃圾发电等项目,提升低热值燃料发电比例,优化电力结构。到2012年,全市发电装机容量达到250万千瓦。

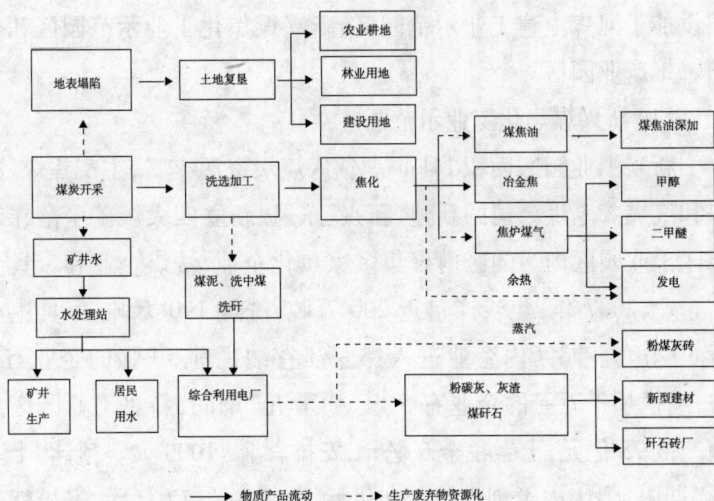

图 10.2 煤炭及其相关产业循环经济体系

②在建材方面,通过发展新型建材产业来消纳工业固体废弃物,支持发展以工业废弃物、城市建筑废弃物为主要原料的建材产品,适度发展干法水泥,鼓励炉窑余热利用,加快发展新型墙体材料,对大量的煤矸石、粉煤灰进行无害化处置。对煤炭开采产生的煤矸石和电厂产生的粉煤灰、炉渣、脱硫石膏等进行综合利用,生产具有一定经济规模的新型墙体建材,包括粉煤灰砌块、隔墙板等新型建材。利用粉煤灰、煤矸石制砖,重点发展煤矸石烧结承重和非承重空心砖。利用粉煤灰、炉渣等固体废弃物生产水泥产品。

2. 建设 3 个循环工业示范园区

以工业园区的建设作为发展循环型工业的切入点,通过物质交换、能量利用和信息共享,建立行业、产业间的共生和耦合,形成园区内部的循环体系,实现污染物排放最小化、资源利用最大化的目标,形成推进区域循环经济发展的重要支撑点和着力点。重点建设茄子河煤电建工业示范园区、新兴煤焦化工业示范园区和金河轻工产业园区。

(1)新兴煤焦化工业示范园区

新兴工业园区面积 14km²。辖区煤炭资源丰富,主产焦煤、肥煤和气煤。七煤公司的新建、新兴、东风、新立四大煤矿坐落在新兴区工业园区内。园区内聚集多家焦化企业、洗煤企业和家具生产企业,2007 年,焦炭产量近 200 万吨,洗煤 190 万吨,家具生产近 60 万套。园区内企业进入黑龙江省纳税前 50 强的企业有 5 户,纳税超千万元的企业有 5 户。"十五"期间,新兴工业园区共创产值 95 亿元,上缴税金 6 亿元,安排就业 11000 人。预计"十一五"期内,园区内可创产值 130 亿元,上缴税金 12 亿元,安排就业 13500 人。

园区主要功能体现在,发挥煤焦化产业集聚优势,整合资源,优化结构,提升化工产业规模和能力。通过园区内资源的梯级利用,依托龙头企业的发展,构建煤—焦—化工产业链。在抓好项目建设的同时,实现节能、降耗、环保,建成高速发展型、资源节约型和环境友好型煤焦化工业示范园区。

(2)茄子河煤电建工业示范园区

茄子河煤电工业示范园区面积 15 km²,人口 6.6 万,有富强、龙湖、大唐七台河电厂、龙洋焦电、德利建材等十几户规模以上工业企业。园区 2007 年实现工业增加值 7.2 亿元。园区内煤转电、煤建材链条初步形成。2007 年,煤转电装机容量 72.4 万千瓦,发电 49 亿度。煤矸石空心砖和粉煤灰空心砌块产能分别达到 2 亿块和 6000 万块。

以煤转电、煤建材产业为主体,整合周边资源,促进能量互补,保证资源的合理高效利用,形成园区内能量梯级利用基础,实现园区内各行业之间的耦合。利用循环经济产业链条的不断延伸促进服务业的发展,构筑多元化格局,构建资源循环型经济发展模式。延伸煤—电—建材产业链,打造煤电建工业示范园区。

（3）金河轻工产业园区

由于历史原因,原有两个老区已没有发展空间。为了七台河市未来的发展,规划建立以轻工业为主的金河轻工业示范园区。主要建设雨润集团禽类加工项目、盛昌公司蔬菜加工出口项目、康威制药厂等项目。结合种畜场农业示范园区建设,开发农产品加工物流区。到2012年,园区项目总投资4.6亿元,项目建成投产后年可实现销售收入10.5亿元,利税0.8亿元。

3. 发展和壮大5个接续替代产业

抓住促进资源型城市可持续发展和国家帮助资源枯竭地区实现经济转型的政策机遇,把发展接续产业提高到可持续发展的战略高度,做大做强5个接续替代产业,形成主导产业和接续产业全面发展的新格局。

（1）木制品加工业

加快双叶工业园二期扩建和配套基地项目建设,支持开发新产品,建设柜装、地板等新生产线,扩大生产和销售规模,发挥集群核心作用,带动区域内木制品配套企业发展。扶持森帝酒具、三元、永宏木业、宏宇木业等成长性好的木制品加工企业尽快做大,把木制品加工业发展成非煤支柱产业。到2012年,家具生产能力达200万套,产值达5亿元。

（2）机械制造加工业

依托勃农兴达公司小型农机的品牌优势、矿山机械设备的销地市场优势,用先进技术改造和发展农机、矿山设备等企业,提升机械制造业水平。扩大勃农公司产品生产规模,做大矿山机械制造业,加快建设七煤公司单体液压支柱及配件项目,积极谋划10万吨球墨铸铁管、球墨铸铁件项目。

(3)医药制造业

加快七台河制药厂扩建项目建设,推进日普兽药针剂项目、康威保健品公司水飞蓟素及万寿菊加工厂医药中间体提取加工项目建设。引导医药企业主动与知名药业挂靠联合,把制药业发展成重要的新兴产业。

(4)农畜产品加工业

在进一步扶持现有龙头企业做强做大的同时,发挥七台河市地处黑龙江省东部城市群中心的区域优势,利用域内及周边农业县、国营农场等一小时经济圈的农畜产品资源,继续引进知名品牌,建设大型龙头企业,把农畜产品加工培植成重要的接续产业。

(5)新型建材业

大力发展新型建材业。提高新型建材使用率,在全市范围内禁止使用实心黏土砖,强制推广新型建材。推动新型墙体材料和利废建材产业化,鼓励新建和改扩建项目使用节能型墙体材料。

4. 建设一批示范企业

推进以促进企业节约资源能源、废旧综合利用、清洁生产、技术进步等为主要内容的试点工作顺利开展。重点抓好七煤公司、大唐七台河电厂、宝泰隆、亿达信的循环经济示范企业工作,争取成为省级节约能源和清洁生产示范企业。通过示范工作的开展,积极探索发展循环经济的模式、方法和成功经验,在其他企业中推广和应用。七台河市循环型工业发展体系如图10.3所示。

(三)七台河市循环经济发展重点——循环型农业

七台河市循环型农业的发展重点是加快农业产业化升级步伐,要以龙头企业建设为重点,通过技术创新和自我创新,使现有

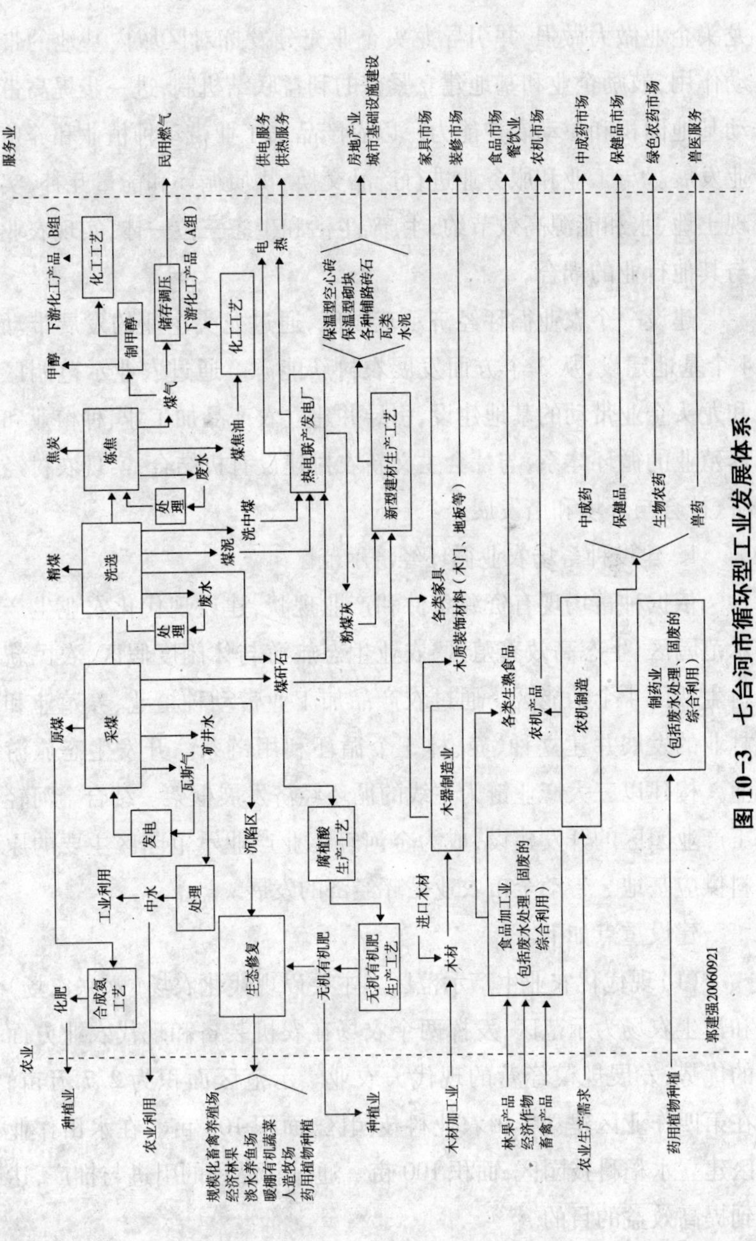

服务业

民用燃气 供电服务 供热服务 房地产业 城市基础设施建设 家具市场 装修市场 食品市场 餐饮业 农机市场 中成药市场 保健品市场 绿色农产品市场 兽医服务

下游化工产品（B组）
化工工艺
储存调压
下游化工产品（A组）
化工工艺
电 热
保温型空心砖 保温型砌块 各种辅路砖石 瓦类 水泥

甲醇 甲醇
煤气
焦炭 炼焦 煤焦油
热电联产发电厂
废水 处理
新型建材生产工艺
洗选 洗中煤 煤泥 处理
采煤 煤矸石 粉煤灰
发电
瓦斯气 矿井水
沉陷区
处理 中水 工业利用
合成氨工艺 化肥
生态修复
无机有机肥生产工艺
无机有机肥
废脂酸生产工艺
精煤 原煤

各类家具
木质装饰材料（木门、地板等）
木器制造业
各类生熟食品
农机产品
农机制造
进口木材 木材
食品加工业（包括废水处理、固废的综合利用）
制药业（包括废水处理、固废的综合利用）
中成药 保健品 生物农药 兽药

农业
种植业 农业利用
规模化畜禽养殖场 经济林场 淡水养鱼场 暖棚有机蔬菜 人造牧场 药用植物种植 种植业
木材加工业
林果产品 经济作物 畜禽产品
农业生产所需
药用植物种植

郭连强20060921

图10-3 七台河市循环型工业发展体系

龙头企业做大做强,并引导龙头企业充分发挥对区域内基地的带动作用,鼓励企业和基地建立紧密的利益联结机制,进一步提高带动基地面积和拉动农户能力。以农产品加工业带动种植业和养殖业发展。与工业和服务业进行产品交换、物质循环和能量互补,实现土地、水和能源高效节约,生产、生活和生态三位一体,实现农业与其他行业的耦合。

建设一个农业循环经济示范园区,通过龙头企业的发展带动4个基地建设,从3个方面发展农村新能源。通过农业示范园区和龙头企业带动的基地建设,引导并建立农产品加工业、种植业和养殖业的循环体系,与社会主义新农村建设有机结合,实现农村经济、社会与环境和谐发展。

1. 建设种畜场农业循环经济示范区

依据种畜场现有资源条件和产业现状,建设现代化农业生产示范园区、生态高效养殖区、农业生态旅游与休闲度假区、农民新村生活区4个功能区。通过农产品加工业带动种植业、养殖业和林业的发展并建立种、养、林3个循环利用链条。开发生态旅游业。构建以三大产业链为主线的循环经济发展框架。结合金河轻工产业园区的开发建设,成为金河轻工业产业示范园区主要的原料供应基地。带动全市农业循环经济的发展。

建设重点如下。

(1)现代化农业生产示范区。主要以现代化农场(永兴农场)和吕生农场为示范区,发挥两个农场在农机装备和现代农业方面的优势,发展规模经营的现代大农业。示范区面积为2.7万亩。在第四作业区建立旱田农业科技园区,面积100亩。在水田作业区建立水稻科技园区,面积100亩。通过新品种的引进与推广,达到提高效益的目的。

（2）生态高效养殖区。建立两个养殖区。①奶牛养殖区。集中在场部和第二作业区,占地30公顷,发展现代奶牛业。加快黑龙江爱地集团奶业项目的引进力度,尽快盘活勃利种畜场奶粉厂,实现拉动效应。②蛋鸡养殖区。集中在场部和周边作业区,发展蛋鸡产业。

（3）农业生态旅游与休闲度假区。重点开发汪清河水库休闲度假区和生态农业旅游区,突出果园、山水、林海、天然氧吧的特点,使之成为七台河市的后花园。

（4）农民新村生活区。重点建设第一、第二、第四和第六管理区4个自然村屯。建立经济合作组织,完善基础设施,提高小城镇品位。

2. 壮大龙头企业,带动基地建设

首先,以林泓米业、大自然油脂等企业为龙头,壮大粮油深加工产业,建设优质粮生产基地。扩大优质粮、油生产规模,提高无公害产品、绿色产品生产能力。以勃利县是国家重要商品粮基地并已纳入国家优质粮食工程计划为基础,加快有机农产品生产基地建设。通过"测土施肥、绿色肥料"的手段,用有机肥和生物农药来代替化肥和化学农药,减轻农业面源与点源污染。稳步提高粮食综合生产能力。重点发展优质、高产、高效品种和绿色食品生产,扩大高油脂、高蛋白大豆、高淀粉、高赖氨酸玉米、优质水稻的种植面积,提高单产,提高效益。到2012年,全市优质粮食作物播种面积达到160万亩以上,优质及专用品种普及率达到90%以上,粮食总产量稳定在4.5亿kg以上,粮油深加工产业产值达到5亿元以上。

其次,以雨润集团、大森林畜牧食品公司为龙头,壮大畜产品加工业,建设畜禽养殖加工基地。充分利用七台河市大森林集团年加工 1500 万只和雨润集团 3000 万只肉鸡生产能力,形成龙头企业拉动强势,加快畜禽养殖基地建设。扩大生猪、肉牛养殖规模,满足兰裕集团和周边三大肉牛加工龙头企业的加工源。在主导品种的规模化、专业化、标准化养殖中,将养殖业的资源进行循环利用。

(1)形成"种植粮食—饲料加工—畜禽养殖—畜产品深加工—粪便处理—新能源和肥料—种植"的循环链条,即种植业的产品或废弃物转化为鸡和生猪的饲料,鸡猪产生肉、蛋及深加工产品,鸡猪粪便通过沼气工程生产农村新能源,沼渣、沼液又生产有机肥料用于种植业。

(2)形成"种植业—养殖业—食品加工—污水和废物回收利用"产业链条,通过雨润、大森林等龙头企业的发展,向上延伸,带动玉米、大豆等作物的种植,玉米、大豆分别向饲料和食品工业转化。向下延伸,带动畜禽产品不断提高精细加工程度,实现向分割制品、各类熟肉制品、各类含肉食品转化,拉长养殖加工链条。同时将加工屠宰后产生的血、脏器、羽毛等废料进行资源化利用,经科学处理,制成蛋白有机复合肥,供种植合同户使用。通过这两条循环链的建设实现种植业和养殖业以及加工业的良性循环。重点建设大型示范养殖场,突出发展畜禽业,建设示范小区。到 2012年,全市大型养殖示范场达到 20 个,标准化示范小区 50 个,养殖专业村 100 个,重点养殖大户 1500 户,禽类生产加工能力达到4500 万只。畜牧业产值年均增长 15% 以上,占农业总产值的65% 以上。

再次,以龙湘烟叶公司、勃利万寿菊等企业为龙头,带动经济作物加工业发展,建设高效经济作物生产基地。重点支持龙湘烟叶公司复烤线改造和勃利万寿菊加工企业等项目。加大烤烟、红小豆、水飞蓟、万寿菊、白瓜子等高效经济作物种植面积。在壮大当地生产加工企业,提高产品附加值的同时,通过农产品交易,辐射周边市县,创造更大的经济效益。发展和引进高效经济作物品种,积极推广高效生产模式,力争到 2012 年,形成标准化、专业化、规模化生产基地,烤烟、北药种植面积分别达到 10 万亩、15 万亩,高效经济作物总面积达到 45 万亩。使高效经济作物成为农民增收的新亮点。

最后,以盛昌、天龙浩等蔬菜加工企业为龙头,带动蔬菜加工业,建设绿色无公害蔬菜生产基地。以无公害、绿色蔬菜、棚室蔬菜生产为重点,围绕城市需求,大力发展无公害蔬菜生产基地建设,以此带动无公害蔬菜的生产。努力扩大蔬菜种植面积,在施用化肥、农药上进行严格控制,增加产品花色品种,提高蔬菜品位,供应加工生产,实现产品增值。在增加农民收入,活跃农村经济的同时,还可带动包装、加工、运输、储藏、物质供应等多种产业的共同发展。

发展壮大新兴区、桃山区、种畜场无公害蔬菜种植基地,重点建设盛昌、天龙浩等蔬菜加工龙头企业。到 2010 年,全市绿色食品种植面积达到 70 万亩,无公害蔬菜面积达到 2 万亩以上。继续争取新标识的认证,力争每年新增绿色或无公害标识 4 个,全市绿色、无公害标识认证数量达到 45 个。积极发展绿色食品加工企业,绿色食品加工企业达到 10 个,绿色畜产品加工量达到商品总量的 40% 以上。

3. 推进农村新能源工程建设

以秸秆综合利用与畜禽粪便沼气发酵、工业余热回用为纽带,以工促农,实现农牧工废弃物资源化循环利用。利用工业生产的余热回用于周边农户,用于温室加温,充分利用剩余资源,降低农民生产成本,改善生活质量。形成工业余热—种植温室加温—种植—加工—再生能源—肥料—种植的良性循环与耦合。

在不方便使用工业余热的农村,推广使用"四位一体"沼气池。利用可再生能源(沼气、太阳能)、保护地栽培(大棚蔬菜)、日光温室养猪及厕所等4个因子,促进设施农业的发展。加大沼气由点到面、由示范到普及的推广力度,到2012年,沼气池在农户中的普及率在现有基础上增加一倍以上。

强力推广秸秆综合利用工程。继续引导畜禽养殖企业建立"秸秆—饲料—畜禽粪便—沼气、沼渣—肥料—种植—秸秆"的循环。同时大力推进秸秆气化炉项目建设。提高炉具在农户中的普及率,到2012年,秸秆气化炉在农户中的普及率要大幅提升,秸秆综合利用率达到90%以上。

通过以上重点工作的开展,力争到2012年,全市国家级、省级、市级龙头企业分别发展到3户、8户和40户以上,全市进入流通领域的农产品90%以上实现加工增值。基地面积发展到180万亩,订单面积达到150万亩,通过产业化带动农户7万户,促进农民户均增收1000元。农畜产品加工业销售收入达到20亿元以上。使农业在纵向与横向上与其他产业的联系得到拓展,产业链得以延伸。七台河市循环型农业发展体系如图10.4所示。

(四)七台河市循环经济发展重点——循环型服务业

通过中心物流园区、再生资源回收加工利用园区、污水处理等示范项目的实施,推动现代服务业全面参与循环经济建设,实现物质循环和资源节约,实现循环经济的全面开展。

1. 利用区位优势发展现代物流业

发挥七台河区位优势,大力发展交通运输业,规划建设中心物

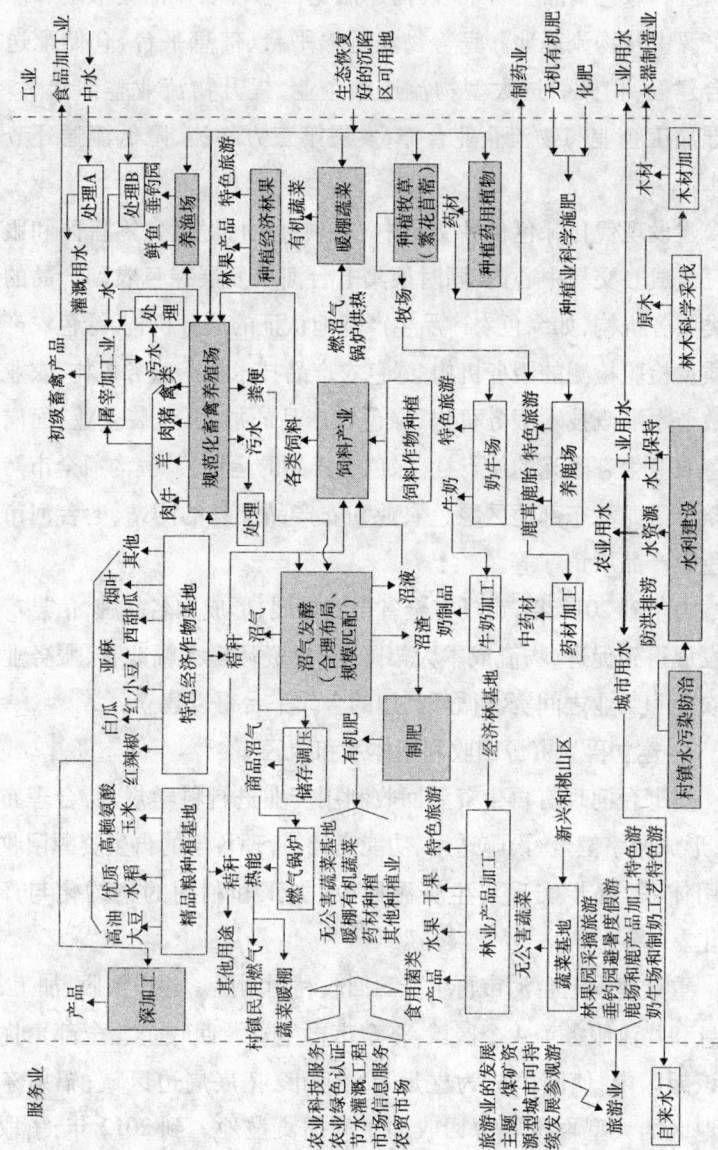

图 10-4　七台河市循环型农业发展体系

流园区和绿色食品交易中心,构建黑龙江东部农产品集散地和煤炭资源中转物流基地。完善物流运输平台、信息平台、仓储配送平台建设,积极引进大型物流连锁企业,提升物流业整体水平。引导加工企业与物流企业合作,发展第三方物流,降低流通环节成本。

建设现代化绿色食品交易中心。中心由批发区、零售区和服务区组成。交易中心内,同时聚集七台河市发展绿色农副产品的各类服务机构,如绿色农产品生产基地认证的服务机构、绿色农产品质量检验检测的服务机构、绿色农产品技术推广服务机构、农业高效节水灌溉技术服务机构、绿色农产品的加工、包装企业、面向绿色农业生态观光的旅行社、绿色农产品的运输公司、沟通全市乃至整个黑龙江东部地区绿色农业和农产品交易的网站、七台河市绿色农产品展销厅等。

力争到2012年,市场在全省得到拓展,形成知名品牌,信息产业发展得到促进,物流成本大幅降低,投资环境大幅改善,服务业与农业和工业之间资源循环利用的合作平台得以建立。

2. 建立再生资源回收利用体系和园区

对七台河现有再生资源回收利用产业进行科学规划,合理布局,形成网络健全、设施适用、功能完善、管理科学的再生资源回收利用体系,逐步实现再生资源回收、加工和利用的集约化与产业化。

重点建设七台河市再生资源回收利用园区。建设回收、加工、信息和物流服务等4个区域,将全市再生资源回收企业全部聚拢到该园区内,使园区成为立足七台河市、拓展周边区域,辐射东北地区的大型再生资源回收加工利用集散地。到2012年,争取实现中心城区90%以上的社区建立再生资源回收站,90%以上的再生资源回收从业人员纳入规范管理,90%以上的再生资源进入园区集中处理和交易,90%以上的再生资源得到回收利用。达到节约资源、保护环境的目的,实现废物的再利用和资源化。保障七台河市再生资源回收产业的有序发展,使再生资源回收利用产业发展成为重要的接续产业,形成七台河市新的经济增长亮点。

3. 发展生态旅游业

加快旅游基础设施的建设。构建以市区为中转中心、辐射带动七台河市及周边地区主要景点旅游交通圈。依托七密公路重要旅游通道,整合西大圈、石龙山等旅游资源,融入黑龙江省东部旅游圈,开发市内一日游、农业观光游、对俄三日游和黑陶、草笔等特色旅游商品。加大创优力度,积极引进国际旅行社,力争把俄罗斯旅游和购物团队引入七台河市。启动桃山湖旅游风景区开发建设。

4. 积极发展现代服务业

探索发展金融、保险、债券、融资体系,增强对地方经济增长的促进作用。加快企业服务平台建设和社会信用体系建设,建立健全企业信用基本制度,逐步建立起社会化信用服务网络体系。加强信息基础设施建设,推广应用信息技术,加强信息技术和信息网络的应用。积极推进政府、企业、社会公众信息资源的开发利用。积极发展行业协会,逐步建立与市场经济发展相适应的现代化中介服务体系。建立完善"三农"服务体系。加强社区服务基础设施和网点建设。加强对驻区单位、企业、学校的后勤保障和生活服务职能。强化社区服务功能,大力发展社区服务。

5. 实施绿色消费

在宾馆、商场、办公楼、大型公共活动场所等公共建筑,实施绿色照明工程等多种节能改造措施,推广使用太阳能和浅层地能,安装使用高效节水设备,鼓励中水回用。到 2012 年,公共建筑物的能耗每年下降3%以上,中水回用率达到 15%。推广使用节能灯具和设备,合理使用夜间照明系统。引导绿色消费,净化生活环境。加强宣传引导和服务,推广使用节能、节水器具和设备。创建节约型社区。

6. 配套建设城镇环保基础设施

为保证七台河市良好的人居生态环境,根据城市人口、城市功能和产业结构特点,配套建设生活垃圾处理设施、污水处理厂和排水管网设施。建设日处理能力 10 万 m^3 的污水处理厂,建设日处理能力 4 万 m^3 的再生水利用项目,筹建日处理 800 吨垃圾的发电厂。

通过发展循环型服务业,积极利用资源型城市转型提供的机遇调整发展第三产业,培育新的经济增长点,促进经济发展向循环型的生产与消费模式转变,实现各行业间的资源、能源交换和耦合,建立整个社会的循环经济体系,使资源减量化、资源化和循环再利用的原则充分体现在整体经济社会发展中,全面促进城市的发展,提升城市形象与综合竞争力。

(五)七台河市循环经济发展重点——全面推进节能减排工作

全面贯彻落实科学发展观,把节能减排作为调整和优化产业结构的重要目标和主攻方向,突出重点,全面推进,扎实做好节能降耗和污染减排各项工作,确保实现节能减排约束性指标。

继续推进控制高能耗、高污染行业过快增长。加快改造和淘汰落后生产能力。推进主要污染物减排工作。推动新建住宅和公共建筑节能。加强交通运输节能减排管理。加快节能减排科技进步工作和推进可再生能源的开发利用等重点工作。通过加强组织领导、建立健全节能减排考核体系,加大节能减排监督和检查执法力度,加强节能环保管理能力建设和重点企业节能减排管理,促进企业能源计量等措施,以全面实施十大重点节能工程、积极开展"千家企业节能行动"、全面推行清洁生产、资源节约和综合利用为切入点,以全面推进节能减排工作。

重点建设宝泰隆干熄焦技改、焦炉煤气制甲醇、煤焦油加氢项目,亿达信干熄焦显热发电,焦炉煤气制甲醇项目,纬地水泥余热发电,龙洋、鲁龙环保燃气电站;大唐电厂供热能力改造和二期扩建,德利热电厂燃用煤矸石和煤泥循环流化床锅炉等项目。

积极谋划培育生物质型煤、垃圾发电、粉煤灰制纸浆等一批以高新技术为主要特征的项目。解决多年以来因为原煤散烧、生活垃圾和工业固废堆积所带来的严重的环境污染问题,改善空气质量和生活、居住环境,减少温室气体排放,节约能源。

到 2010 年,全市万元 GDP 能耗由 2005 年的 3.45 吨标准煤下降到 2.59 吨标准煤,降低 25%。万元 GDP 水耗由 2005 年的 180 m^3 下降到 150 m^3。二氧化硫排放量由 3.78 万吨减少到 3.71 万吨,下降 2%。化学需氧量由 2.84 万吨减少到 2.44 万吨,下降 14%。工业固体废物综合利用率由 51% 提高到 75%。市区城市污水处理率不低于 70%。工业废水达标排放率由 73.8% 提高到 100%。

(六)七台河市循环经济发展重点——循环型服务业关键技术

通过产学研联合、自主研发等方式,增强重点企业引进设备的消化吸收能力。研发推广薄煤层机械一体化高效开采技术及装备、水煤浆制备等减量化技术,干熄焦技术、焦炉煤气 HPF 法脱硫净化技术、矿井水净化等资源化技术,矿区土地生态环境损害综合治理和塌陷土地建筑利用等再利用技术,焦化工行业的清洁生产技术、炼焦炉烟尘净化技术、焦化废水处理技术等。

五、七台河市循环经济的发展保障措施

1. 加强领导,建立组织管理体系

七台河市委、市政府高度重视循环经济工作,2007 年 12 月成立了七台河市循环经济建设领导小组,由市长任组长,常务副市长任副组长,各相关部门主要负责同志为成员,实行联席会议制。各有关部门各司其责,相互配合,实行分工负责制。市循环经济领导小组及其办公室要及时安排、部署、检查全市循环经济工作,及时协调解决工作中的实际问题。加强协调引导,建立政府、行业协会和企业、社区之间新的合作关系,形成领导小组办公室牵头组织,区县、部门全力配合落实,企业社区主动参与的发展循环经济长效机制。

2. 科学规划,建立政策保障体系

聘请国家发改委国土开发与地区经济研究所编制了《七台河市循环经济发展规划》(以下简称《规划》)。《规划》对七台河市发展循环经济的目的和意义、总体思路和目标及各产业的发展框架都做了科学的阐述和规划,为七台河市发展循环经济做出了科学的部署,促进整个工作的高起点推进。《规划》已经市人大讨论通过,指导全市循环经济工作的开展。

为保障循环经济工作顺利推进,七台河市委、市政府及相关部门出台了一系列政策措施——《七台河市饮用水水源地安全保障

规划》、《七台河市市区节水规划报告》、《七台河市"十一五"资源综合利用规划》、《煤矸石利用规划》、《煤化工产业规划》、《节能减排工作方案》、《区域热电联产规划》、《"十一五"期间七台河市主要污染物排放总量控制计划》和《"十一五"期间七台河市主要污染物排放总量控制工作实施方案》、《七台河市环境污染事故应急预案》、《加快新型工业化进程、提高循环经济发展水平的实施意见》等,建立健全政策保障体系。

3. 加大扶持,建立资金保障体系

市发改委汇同市财政局制定《循环经济专项资金使用管理办法》,设立市循环经济发展资金。市财政每年拿出 1000 万元,列入财政预算内,主要用于支持循环经济示范企业和示范项目的发展。

4. 依靠科技,建立技术保障体系

大力支持循环经济技术研究和开发,组织关键技术的研发攻关。依托高等院校和科研单位的技术力量,突破制约循环经济发展的技术瓶颈。以企业为主体,大力加强创新能力建设。鼓励、支持骨干企业建立工程研究中心、企业技术中心,形成企业自身发展循环经济的技术支撑。建立健全区域科技创新平台,加大政府对科技信息网络、科技中介服务及科研机构等平台建设的投入,增强科技创新持续发展能力,为发展循环经济提供强有力的技术支撑。七台河市煤炭及其相关长夜循环经济体系如图 10.5 所示。

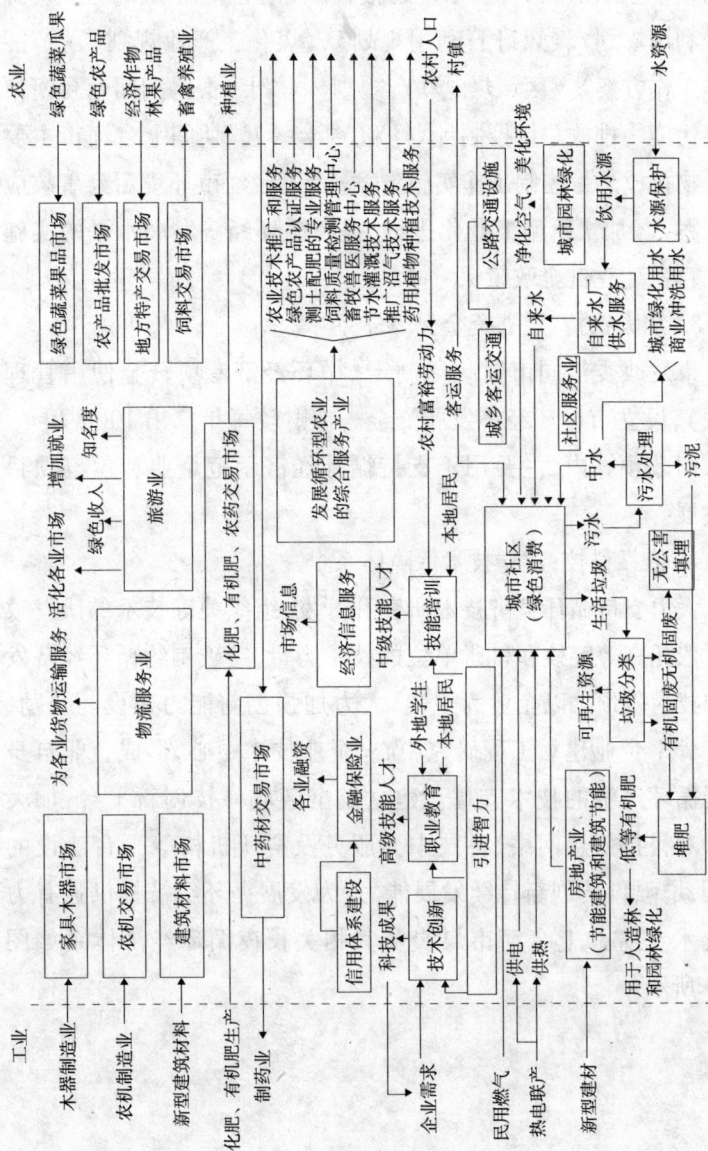

图10-5　煤炭及其相关产业循环经济体系

第三节 案例三:黑龙江省望奎县
望奎镇循环经济试点①

一、望奎县经济发展现状

(一)望奎县基本情况

望奎县地处黑龙江省中部,县境三面临河,是典型的农业县份。望奎镇位于望奎县中部,幅员面积 $56.7km^2$,耕地面积 5 万亩,全镇森林覆盖率为 18%。气候属于中温带大陆性季风气候,冬长夏短,秋早春迟,四季分明,日照充足,雨量适中,年平均气温 2.9℃,≥10℃ 以上有效积温 2650℃,年平均日照时数为 2640 小时,无霜期 128 天,年平均降雨量为 508mm。地下水资源丰富,水质较好。土壤肥沃,多黏底黑土及草甸土,有机质含量为 4.5%,适宜各种作物生长。大气环境质量达到国家 II 级标准,其中,SO_2 为 $0.02mg/m^2$、降尘平均值为 $9.2t/km^2 \cdot$ 月。

望奎镇是望奎县政治、经济和商贸中心,现辖 4 个行政村、24 个自然屯、10 个社区,人口 10 万人,其中,农业人口 2 万人,人均耕地面积 2.5 亩。2005 年全镇生产总值实现 10.1 亿元,农民人均纯收入实现 3150 元。2007 年全镇生产总值实现 13.8 亿元,农民人均纯收入实现 3360 元。目前,有线电视入户率为 80%,自来水入户率为 60%,住房砖瓦化率为 90%,道路砂石化率为 100%,通信普及率为 95%,城乡基础设施建设不断健全,各项社会事业逐步完善。望奎县是全国生态农业建设先进县、国家商品粮生产

---

① 《黑龙江省望奎镇望奎县循环经济规划方案》。

基地县、中国瘦肉型生猪之乡和瘦肉型商品猪生产基地县。望奎镇种养业发展较好,是全县绿色无公害瓜菜生产基地、无公害生猪生产基地,也是全县养猪第一大镇。

望奎镇工业园区是全县工业发展核心区和农副产品加工集中区,规划面积3.5 km²,园区道路、供电、通信等基础设施条件相对较好。依托全县丰富的农业资源,通过招商引资,引进了北京国能生物公司、河北天露糖业、北大荒肉业等知名企业资金近10亿元,陆续建设了一批大中型工业重点项目。目前,利用玉米秸秆资源,已初步形成"种植业—秸秆—发电"模式,年消耗玉米秸秆近20万吨,变秸秆资源优势为经济优势。利用农村丰富的玉米芯资源,生产呋喃甲醛系列产品;利用望奎县全省第一生猪养殖大县的优势,依托生猪屠宰加工项目,初步形成了粮食—生猪养殖—生猪加工的发展模式。全部工业项目实施以后,年可实现工业产值20亿元以上。

(二)望奎县经济发展概况

1. 农业发展现状

2005年,全镇农业总产值实现1.3亿元,农作物播种面积5万亩。粮食作物面积3.5万亩,粮食总产实现0.8万吨。绿色、特色经济作物种植面积达到1.5万亩。畜牧业得到进一步发展,全镇生猪、肉牛、家禽饲养量分别为7.8万头、5357头和16.1万只,畜牧业产值占农业总产值的53%。转移、输出劳动力1900人次,创收950万元。2007年,全镇农业总产值实现1.7亿元,农作物播种面积5万亩,粮食作物面积3.2万亩,粮食总产实现0.79万吨。绿色、特色经济作物种植面积达到1.8万亩。全镇生猪、肉牛、家禽饲养量分别为9.7万头、5662头和16.9万只,畜牧业产值占农业总产值的58%。转移、输出劳动力2150人次,创收1290

万元。

望奎镇对生猪产业非常重视,目前制定出台了安排建设用地、协调贷款、带薪离职等多项加快生猪产业发展的优惠政策和鼓励镇村干部带头养猪的具体办法,并先后创办了天源种猪场、厢红六村生猪养殖基地、圣态种猪场和新盛沅种猪场,在为龙头企业提供大量生猪的同时,繁育、自育出的优质仔猪,每年可为每户养猪户节约饲养成本近1000元,极大地促进了生猪养殖业的发展。主要表现为生猪饲养量、出栏量逐年攀升,已由2001年的5.1万头和3.7万头升至2007年的9.7万头和7.8万头(具体详见图10.6)。

（单位：万头）

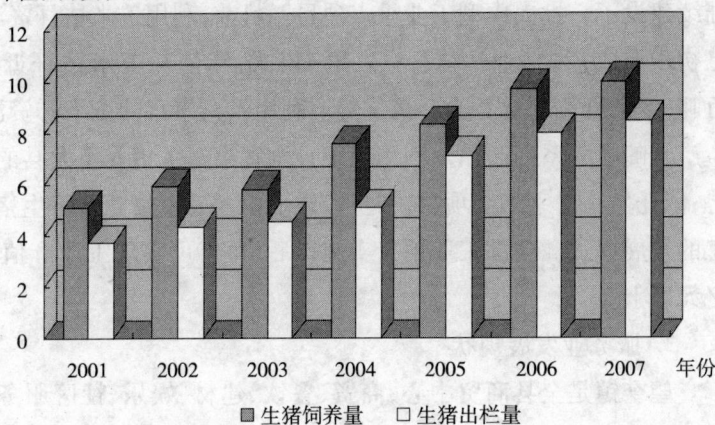

图 10.6　望奎镇历年生猪饲养规模示意

同时,望奎镇积极争取望奎县生态能源局的支持,统一规划土地,统一审批手续,统一办证,创建了占地1万 m^2 的环保型庭院养殖小区以及占地面积10万 m^2 的标准化牛舍5500 m^2 ,有奶牛养殖大户12户的望奎镇高产奶牛科技示范园区,极大地推动了畜牧业的发展,也促进了经济的良好发展。

2. 工业发展现状

近几年,望奎镇围绕"工业立镇、商贸兴镇、畜牧强镇"的总体发展思路,充分利用地域优势,以农副产品加工为主导产业,以畜牧为核心产业,通过发展特色经济,搞好扶持服务,初步建立了新型农区特色工业体系。

望奎镇工业园区是全县工业发展核心区和农副产品加工集中区,规划面积 $3.5km^2$,园区道路、供电、通信等基础设施条件相对较好。依托全县丰富的农业资源,通过招商引资,引进了北京国能生物公司、河北天露糖业、北大荒肉业等知名企业资金近 10 亿元,陆续建设了一批大中型工业重点项目。目前,利用玉米秸秆资源,已初步形成"种植业—秸秆—发电"模式,年消耗玉米秸秆近 20 万吨,变秸秆资源优势为经济优势。利用农村丰富的玉米芯资源,生产呋喃甲醛系列产品。利用望奎县全省第一生猪养殖大县的优势,依托生猪屠宰加工项目,初步形成了粮食—生猪养殖—生猪加工的发展模式。全部工业项目实施以后,每年可实现工业产值 20 亿元以上。

3. 服务业发展现状

望奎镇是全县商贸中心,商贸、餐饮、建材、娱乐、社区服务业发展迅速。现有个体工商户 5246 户,消费品批发零售总额占全县社会消费品批发零售总额的 70% 以上。

望奎镇近几年非常重视开展第三产业清洁生产,逐步提高了服务业管理水平,倡导了生态文明,树立了经济社会发展与资源、环境相协调的发展观,确立了"资源有限,取之有度"的资源观,培养了理性、绿色的消费观,初步形成了文明、健康的生活方式与可持续的消费方式。同时,各村依托镇区位、玉米秸秆和玉米芯资源优势,也在大力发展自身经济。目前有交通运输、农副产品加工等专业村屯 10 个,形成了一村一业、一屯一品的发展格局。

(三)资源能源及消耗情况

1. 可开发利用资源状况

(1)农作物秸秆资源。目前,望奎镇农作物播种面积 5 万亩,粮食作物面积约 3.5 万亩,主要种植玉米、大豆、水稻等农作物,年度秸秆产量基本稳定在 2 万吨左右(如图 10.7 所示),变动较小,

(单位:万吨)

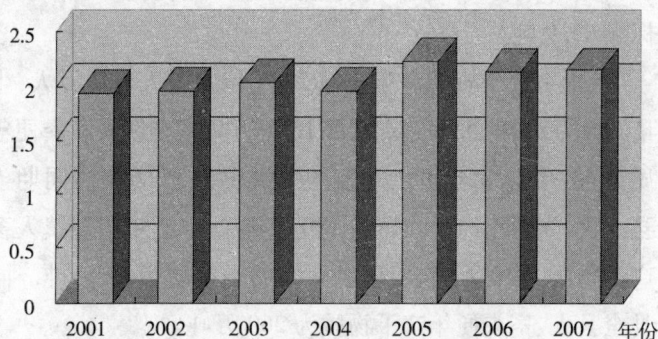

图 10.7　望奎镇历年秸秆产量(单位:万吨)

具备资源开发的稳定性保证。2005 年,望奎镇秸秆产量为 2 万吨,折合标煤 9740。其中,作为燃料的 70%,折合标煤 6820 吨,饲料和肥料占 30%(如图 10.8 所示)。

(2)薪柴资源。望奎镇现有用材林、薪炭林、防护林、四旁林 8800 亩。其薪柴可开发量为 892 吨,折合标煤 500 吨。

(3)太阳能资源。年平均日照时数为 2640 小时,日照百分率为 58,大于 0℃ 期间的日照时数约 1380 小时,占日照总时数的 52%。年光能辐射总量为 471kj/m^2,每亩耕地可获得太阳能相当

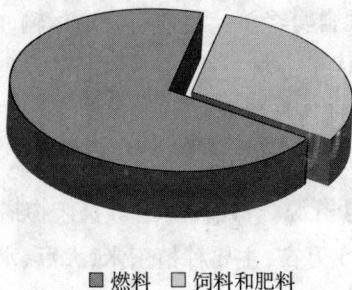

■ 燃料　□ 饲料和肥料

图 10.8　望奎镇秸秆利用途径比率示意图

于标煤 62.9 吨。

（4）人畜粪便资源。望奎镇 2005 年农村人口 2 万人，生猪饲养量 7.8 万头，牛 5357 头，家禽 16.1 万只。全镇人畜粪便年产干物质为 40 万吨，每年可供开发的干物质为 35 万吨。同期望奎县全县人、畜粪便年产干物质为 180 万吨。2007 年望奎镇人畜粪便年产干物质为 50 万吨，年可供开发的干物质为 42 万吨。同期望奎县全县人、畜粪便年产干物质为 260 万吨。

2. 主要生产和生活能源消耗情况

（1）农业主要能源和物资消耗情况。2005 年，全镇化肥施用量 2000 吨，农膜使用量 390 吨，农用柴油使用量 230 吨、农药使用量 28 吨。2007 年，全镇化肥施用量 1960 吨，农膜使用量 410 吨，农用柴油使用量 210 吨，农药使用量 24 吨。具体年度变动指标参见图 10.9。

（2）城区能源和物资消耗情况。2005 年，望奎镇城区生活用水 41.7 万吨，工业用水 59.3 万吨，工业和生活耗煤 8.7 万吨，城区年产工业及生活垃圾 2 万吨，望奎镇总用电量 5666 万千瓦时。2007 年，望奎镇城区生活用水 43.1 万吨，工业用水 79.9 万吨，工

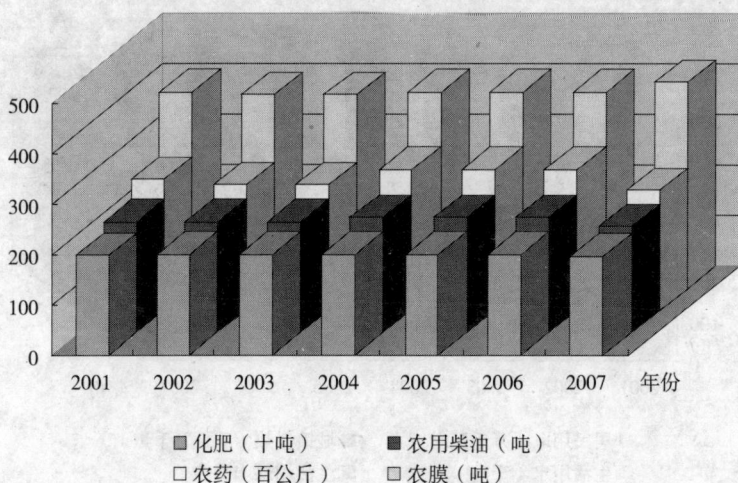

图 10.9　望奎镇历年农用物资消耗

业和生活耗煤 9 万吨,城区年产工业及生活垃圾 2 万吨,望奎镇总
用电量 5100 万千瓦时。具体年度变动指标参见图 10.10、图 10.11。

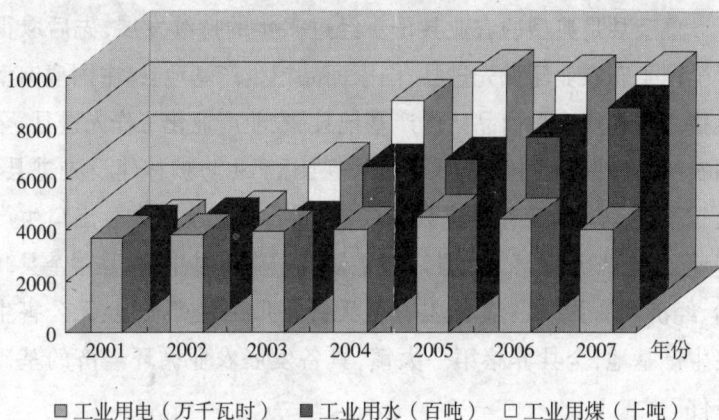

图 10.10　望奎镇历年工业能源和物资消耗

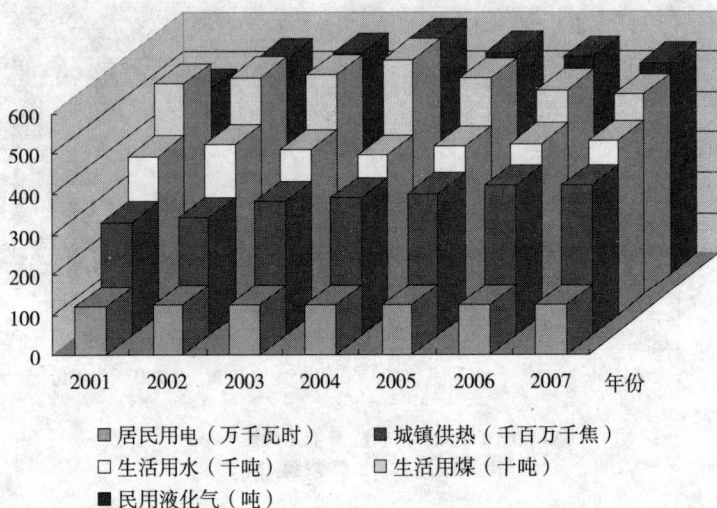

居民用电（万千瓦时）　城镇供热（千百万千焦）
生活用水（千吨）　生活用煤（十吨）
民用液化气（吨）

图10.11　望奎镇历年居民能源和物资消耗

二、望奎县循环经济的发展现状

望奎县是典型的农业县份。经过多年的持续发展,先后取得了全国生态农业建设先进县、国家商品粮生产基地县、中国瘦肉型生猪之乡和瘦肉型商品猪生产基地县、农业产业化工作先进县、全国农产品(瘦肉型生猪)加工业示范县、三北防护林建设先进县、全省畜牧(水产)工作先进县等荣誉,同时也是全国大豆出口生产基地县,全省养猪第一大县。望奎镇位于望奎县中部,是望奎县政治、经济和商贸中心,是全县绿色无公害瓜菜生产基地、无公害生猪生产基地,全县养猪第一大镇,具备发展农业循环经济的基础条件。

(一)循环经济发展基础

望奎镇着重对玉米秸秆资源进行了有效的开发利用,打造了生态良好的节约型循环农业体系。

1. 种植业较好地实现了资源的综合利用

(1)秸秆养殖,实现第一次增值。利用秸秆资源,通过青贮、生物发酵做饲料,节省大量的粮食,降低养殖成本,并采用政府投入一部分、养牛户自筹一部分、贷款解决一部分等方式筹措资金,加大了秸秆的利用力度,极大地促进了节粮型畜牧业的发展,提高了养殖业的效益和竞争能力。望奎县仅 2006 年就建成永久型青(黄)贮窖池 1856 个,容积达到 92800m³;简易窖池 18000 个、800000m³,其中最大的一个永久型窖池即位于望奎镇高产奶牛科技示范园区内,一次可贮秸秆 4000 吨。

(2)秸秆根茬还田,实现第二次增值。望奎镇积极推广秸秆根茬直接还田技术。每年种植玉米的耕地全部实现根茬直接还田,有效地改善了土壤的团粒结构和理化性状,提高了土壤的保水、吸水、黏结、透气、保温等性状。而且畜肥、秸秆还田,还可培肥地力,促进了无公害食品的迅猛发展,对推动农业的可持续发展有着十分重要的意义,提高了农民种粮的收益。

(3)玉米副产品加工转化,实现第三次增值。望奎县是全国商品粮生产基地县和全省玉米主产区,每年种植玉米面积达 120 万亩,剩余玉米秸秆近 50 万吨,所占秸秆剩余量比重较大。其他农作物秸秆资源也较为丰富,主要包括大豆秸秆、水稻秸秆及其他农作物秸秆(具体参见表10.3)。针对秸秆剩余量大、处理难、易发生火灾等严峻形势,望奎镇引进了玉米秸秆生物质能发电项目。2006 年 5 月 26 日,由北京国能生物发电有限公司和绥化市供电公司共同投资 5.53 亿元兴建的玉米秸秆生物质能发电项目在望奎镇开工建设,一期工程于 2007 年 11 月成功并网发电,成为东北地区第一个生物质能发电项目。生物质能发电项目每年燃烧秸秆 20 余万吨,使秸秆变废为宝,进行循环利用。每年可发电 1.75 亿千瓦时,年销售收入可达 7880 万元,税金 800 万元,提供就业岗位 1000 多个,直接增加农民收入 2000 多万元,为发展循环经济、实现农业可持续发展探索了一条新路。

表 10.3　望奎县秸秆资源统计

名称	种植面积/万亩	平均亩产/kg	总产/万吨	秸秆平均亩产/kg	总产/万吨
玉米	119.5	525	62.7	680	81.3
大豆	79.4	165	13.1	180	14.3
水稻及其他	40.9	—	43.9	—	15.7
合计	239.8	—	119.7	—	111.3

2. 养殖业在一定程度上实现了节能减排

望奎镇积极引导农民以沼气为纽带进行能源的开发和利用,发展循环经济。通过沼气池和燃池"双池"技术同步发展棚室瓜菜种植和生猪养殖业,形成了以日光节能温室、猪舍、厕所、沼气池组装配套的"四位一体"生态循环农业模式,与农村改房、改厨、改厕、改圈、改炕灶、改庭院等相结合,有效地治理养殖污染,实现了节能减排,改善了农村人居环境和生活质量,同时促进了无公害农产品的生产发展,农户受益程度大,综合效益明显。

到目前,望奎镇厢红五村、卫星镇水头村和莲花镇宽五西村依托沼气技术建成了生态富民小区。以厢红五村生态家园富民小区为例,建成区由 20 户按街式布局组成,每户占地面积 500m³,主要建设有太阳能保温房 93.5m³,每年采暖节煤 1 吨以上。太阳能保温猪舍 69m³,1.5m² 太阳能热水器。12m³ 沼气池,每年产沼肥 16 吨以上,效益 1600 元,每年可开发沼气 500 立方米,节约标煤 0.4 吨;1.5m² 厕所、高效节能炕连灶,年节约标煤 1 吨以上。

3. 研发并推广了"加温式沼气池"和生物质能发电技术

(1)"加温式沼气池"技术具有鲜明的地方适用性特点。多年来,望奎镇始终坚持探索创新沼气综合利用技术,研发了适用于北方高寒地区提高沼气综合利用率的关键技术——"加温式沼气池",改写了北方高寒地区冬季不能利用沼气的历史,使"一池三改"、"四位一体"和大中型沼气工程等能源技术模式得到进一步完善和推广。目前,望奎镇拥有专业施工队伍 6 个,懂技术、会管理的专兼职技术人员 58 名,其中 35 名技术人员获得国家沼气生产及太阳能利用职业技能证书。望奎镇依托县农村能源协会和沼气物业管理中心成立了镇沼气物业管理服务站,负责全镇民用沼气的建设、管理和技术指导。

2004 年在望奎县召开的全国能源办主任会议和东北四省区学术讨论会上,国家农业部科教司领导充分肯定了近年来望奎农村能源建设工作所取得的成绩,高度评价了"加温式沼气池"利用燃池给沼气池增温的技术,称之为"暖心池"。"加温式沼气池"技术对于高寒地区开展生态家园建设有着重要的推动作用,有效地解决了沼气池冬季产气率低、利用率低的难题,是高寒地区发展循环经济、实现农民家居温暖清洁化、庭院经济高效化、农业生产无害化的一项重大技术突破。

(2)在生物质能发电项目建设中积累了宝贵的可借鉴经验。秸秆发电是高科技、新型、环保、可再生能源利用项目,是缓解目前能源短缺的重要途径。生物质热电联产工程的建设,一方面将秸秆热能转化为电能、热能,可以开发出新的能源利用方式,变废为宝;另一方面,秸秆充分燃烧利用,可降低有害物质的排放。秸秆发电还设有烟气净处理系统和布袋除尘器,使经布袋除尘器处理的烟气排放量大大低于我国燃煤发电厂的烟灰排放水平。还可以替代望奎镇的供热小锅炉,有效地降低污染,保持生态环境。

国能生物质能发电项目作为黑龙江省第一个以燃烧玉米秸秆为原料的典型示范工程,在发电、燃料加工等方面都拥有一套稳定、成熟的生产技术,为生物质能发电的推广提供了宝贵的可借鉴经验。

4. 制定了发展循环经济的相关政策与措施

在相关支持性政策、措施的制定与推广方面,望奎镇政府积极地与县政府进行沟通,并达成一致。县政府按照科学发展观和建设社会主义新农村的要求,依托种养业资源优势,把开发清洁能源、发展循环经济纳入全县经济和社会发展"十一五"规划纲要,与经济工作同步研究部署,同步推进落实。望奎镇政府在招商引资方面,特别注重循环经济项目建设,鼓励和支持有实力、有技术的企业建设循环经济重大项目。对于近几年新上的生物质能发电等循环经济项目,望奎镇政府在土地税费等方面给予了最大优惠,并积极协调财政、金融等部门在贷款贴息等方面给予支持,解决了企业资金不足等难题。在农村清洁能源开发上,深入实施沼气建设项目,坚持多渠道为建池农户筹集资金和物资。同时,每年聘请专家指导能源工作,对各类技术人员定期开展沼气技术培训,为建设农村沼气工程创造了良好的制度与政策环境。

二、望奎县循环经济发展存在的主要问题

从循环经济的"3R"原则(减量化、再利用、再循环)看,望奎镇农业建设取得了显著成效,具备了深入发展农业循环经济的基

础。但是,综合分析,农业整体循环发展水平不高。以下几方面是目前存在的主要问题,也是本次试点工作拟解决的关键问题。

1. 农作物秸秆综合利用率有待进一步提高

目前,望奎县耕地面积235.9万亩,玉米、大豆、水稻年实种面积分别为119.5万亩、79.4万亩和10.4万亩,玉米种植面积比重最大(如图10.12所示)。经统计,全县历年秸秆产量稳定在110

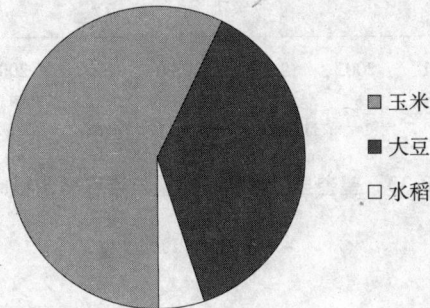

图 10.12　望奎县农作物种植比率

万吨以上,秸秆剩余量稳定在50万吨以上(具体详见图10.13所示)。其中,望奎镇秸秆产量稳定在2万吨左右(具体详见图10.14所示),均具备开发原料供给的稳定性与可能性。

特别是随着国家对粮食产业的扶持加大,县委、县政府对发展粮食产业的高度重视以及粮食价格的逐年上扬,粮食种植规模将不断扩大。加之畜牧产业和玉米深加工企业的强劲拉动,必将带动玉米种植面积大幅增长,从而带动全县秸秆产量的快速增长。考虑农村清洁新能源的利用和普及,预计到2010年,望奎县秸秆产量将稳定在120万吨左右,剩余量在80万吨左右。而目前生物质能发电项目每年燃烧秸秆量仅为20余万吨,秸秆消费量偏低,秸秆综合利用率有待进一步提高。

（单位：吨）

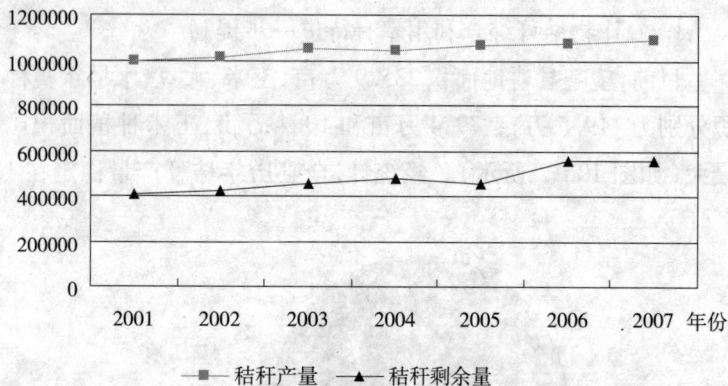

图 10.13　望奎县历年秸秆产量与秸秆剩余量比较

（单位：吨）

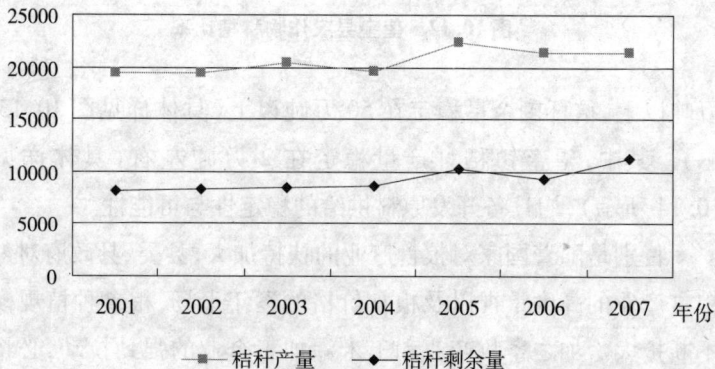

图 10.14　望奎镇历年秸秆产量与秸秆剩余量比较

2. 畜禽养殖废弃物利用率较低

望奎镇是发展中的畜牧强镇，畜禽养殖数量不断上升。2005

年,望奎镇所在地望奎县农村人口 38 万人,生猪饲养 138 万头,牛 14.2 万头,家禽 355 万只。2007 年,望奎镇所在地望奎县农村人口 42 万人,生猪饲养 192 万头,牛 19 万头,家禽 326 万只。随着畜牧业的规模化发展,畜禽产生的排泄物不断增多。2005 年全县人、畜粪便年产干物质即达到 180 万吨。但由于养殖业缺乏统一管理,城区周边养殖场及农户畜禽排泄物在生活区的露天堆放,造成交通不便、环境卫生状况较差、空气及水源的污染。同时排泄物综合开发利用率也很低。望奎县每年可开发排泄物干物质为 170 万吨,如全部合理利用开发为沼气,则可获得优质燃料 17 亿 m^3,折合标煤 120 万吨,可满足全县 8 万农户全年生活用能。但目前能够得到有效利用的还不到全部数量的 20%,大量的排泄物还依靠自然的方式解决,导致环境污染和资源流失。如果这些资源可以实现资源的多级利用,用有限的资源生产出多样化的产品,将对促进农业的可持续发展、延伸循环经济产业链起到非常大的作用。

3. 农业结构调整水平不高,产业链条亟待延长

目前望奎镇农业生产中的资源利用效率不高,产业链条不完整,增值空间不大。望奎镇工业园区的骨干工业企业都是近几年新建立的企业,均处于项目建成投产初期的开拓市场、规范运营的成长阶段。企业在副产品精深加工、资源回收利用、延长产业链条等方面,受资金、技术、人员等方面的限制,还未真正实现"吃干榨净"。国能生物质能发电产生的草木灰烬、北大荒肉业生猪屠宰废弃物、天露糖业及三合化工的工业废渣、废水等,目前均尚未得到有效的开发利用,产业链条尚有延长的可能与必要。发展农业循环经济,促进资源高效利用和能源的梯级利用,可以有效延长农业产业链条,为农民增加就业机会,拓展农业发展空间,达到资源利用最大化和环境污染最小化的社会效果。

4. 农业生产对农药、化肥的依赖性较强

目前望奎镇农业生产方式仍比较落后,生产中对农药、化肥的依赖性较强,使用量大。如 2007 年,望奎镇农业生产中化肥投入为 1960 吨,农药投入为 24 吨,农膜投入为 410 吨,柴油投入为 210 吨。多年来农业生产要素投入居高不下(具体详见图 10.15),利用率低、流失率高,导致农田土壤污染。随着试点工作的推进,必将逐年降低农业生产对农药、化肥其的依赖性。

(单位:吨)

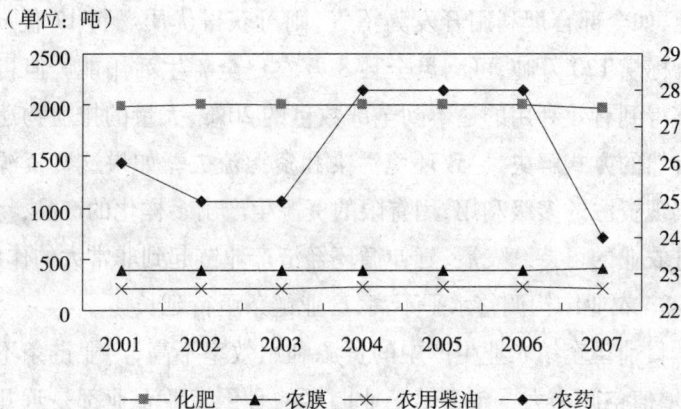

图 10.15　望奎镇历年农业生产中的农用物资投入(单位:吨)

5. 环境污染有待解决

近年来,望奎镇经济发展较快,城乡居民收入逐年增加,生活水平有了大幅度提高。但由于不合理的生产生活方式,造成了严重的资源浪费和环境污染。望奎镇目前年产垃圾 2 万吨,预计到 2010 年,全镇年产垃圾将达到 3 万吨。望奎县没有垃圾处理厂,所有垃圾均没有经过分类处理,而是采取简单填埋的办法进行处理。填埋垃圾不仅占用大量耕地,而且处理不彻底,各种垃圾暴

露,纸屑、包装袋等垃圾随处可见,未经处理的废弃物直接或间接地排入地下和空气中,严重污染着周边生态环境。

经化验,垃圾中的有机质含量达30%以上,其中氮、磷、钾是制造有机肥的主要原料,具备经工艺处理制成有机肥料的可能。同时,垃圾中也富含塑料、玻璃、金属等可提炼的有价值资源。因此垃圾被运至城郊废弃地深埋,造成了资源的较大浪费。实现垃圾综合利用,符合国家产业政策,也是城市垃圾处理的最有效途径,对改善居民生产条件和生活质量,形成人与自然和谐的生产环境和人居环境具有重要意义。

三、望奎县循环经济的发展目标与总体框架

循环型农业的发展重点是加大农业产业结构调整力度,使农业生产过程对生态环境和人体健康无害化,促进农业向无害化方向发展。循环型农业采用环境友好型技术,按照无害化要求组织生产,引导农业产业结构向无害化方向调整。加快农业产业化升级步伐,要以龙头企业建设为重点,通过技术创新和自我创新,使现有龙头企业做大做强,并引导龙头企业充分发挥对区域内基地的带动作用,鼓励企业和基地建立紧密的利益联结机制,进一步提高带动基地面积和拉动农户能力。

(一)望奎镇循环经济发展规划目标

1. 总体目标

望奎镇循环经济发展的总体目标是以科学发展观为统领,以转变经济增长方式为主线,以望奎镇为单元,逐步建成以资源消耗低、废物利用率高、经济效益好、环境污染小、人力资源得到充分利用为特征的循环经济体系。使产业结构不断优化,循环经济链不断延长,以镇为主体的循环和镇外的循环不断扩大。使资源利用

率明显提高,环境质量持续好转,可持续发展能力显著增强,成为我国乡镇级循环经济典型。

2. 阶段性目标

到 2010 年,通过循环经济发展规划的实施,完成循环经济园区基础设施建设,引进相关企业,在原有基础上接续产业链条。加大清洁能源、节能减排项目的推广力度,使全镇生产总值增加80%,万元 GDP 能耗、万元 GDP 水耗各降低 20%,生态环境质量有所改善,初步形成循环经济体系(见表 10.4)。

表 10.4　望奎镇循环经济发展阶段目标

	指标	单位	2005	2008	2010	2012
经济发展	地区国内生产总值	万元	101000	151000	182000	211000
	人均生产总值	万元	10860	15895	18958	21753
	三次产业比例	%	13:46:41	11:50:39	10:52:38	10:54:36
	农民人均纯收入	元	3150	3650	4380	5200
	企业清洁生产率	%	32	40	50	65
资源能源	万元 GDP 能耗	吨标煤/万元	0.905	0.855	0.767	0.717
	万元 GDP 水耗	m^3/万元	1.6	1.4	1.3	1.2
	耕地生产率	元/公顷	18318	21200	24100	29500
	节水农业比重	%	31	50	80	95
	禽畜粪便利用率	%	18	45	75	95
	秸秆利用率	%	30	60	80	90
	农膜回收利用率	%	70	85	90	>96
	工业固废综合利用率	%	80	90	95	>95
	工业用水重复利用率	%	35	48	65	80
	清洁能源利用率	%	30	50	75	85

续表

	指标	单位	2005	2008	2010	2012
生态环境保护	森林覆盖率	%	14	17.6	20	22
	绿色食品种植率	%	30	65	85	90
	土壤有机质含量	%	4.5	4.8	5.5	6
	化肥施用强度	kg/公顷	450	380	200	125
	农药施用强度	kg/公顷	8	6	4	2
	水土流失治理率	%	70	80	85	90
	人均公共绿地面积	m²/人	0.1	0.15	0.2	0.25
	饮用水达标率	%	100	100	100	100
	生活污水处理率	%	0	30	60	85
	生活垃圾无害化处置率	%	5	35	85	100
	二氧化硫排放总量	吨	700	680	650	620
	COD 排放总量	吨	2100	1900	1600	1300
	城镇空气环境质量		低于 GB3095 要求	达 GB3095 要求	达 GB3095 要求	优于 GB3095 要求
	水环境质量		达 GB3838 要求	达 GB3838 要求	达 GB3838 要求	优于 GB3838 要求
	城镇噪声环境质量		达 GB3096 要求	达 GB3096 要求	达 GB3096 要求	优于 GB3096 要求

(二)望奎镇循环经济发展总体框架

望奎镇发展循环经济的总体框架是实施"533"工程。即完善5 个循环经济产业链,培育 3 个循环经济示范区,实施 3 个循环经济重点项目。

1. 完善 5 个循环经济产业链

(1)粮食种植—生猪养殖—沼气—生物有机肥—粮食种植产业链。

(2)粮食种植—生猪养殖—生猪加工—副产品和废弃物加

工—粮食种植产业链。

（3）玉米种植—秸秆发电（供热）—生物有机肥—种植业产业链。

（4）玉米种植—玉米芯（秸秆）—化工产品—生物有机肥—种植业产业链。

（5）大豆、玉米种植—豆粕、玉米粕（豆油、玉米胚芽油）—饲料加工—生猪养殖—沼气和有机肥—种植业产业链。

2. 培育3个循环经济示范区

（1）生态农业示范区。以厢红五村、正兰五村、正兰后四村、厢红六村为示范区，支持鼓励农户科学种田，发展精准农业，按照循环经济指标要求使用化肥、农药。大力发展绿色种植业、规模养殖业。按照"四位一体"、"一池三改"模式建设沼气池，推广清洁能源，发展日光节能温室、阳光塑料大棚生产农产品，形成规模辐射生态农业。

（2）工业循环经济示范区。以望奎镇城西工业园区为载体，建设工业循环经济示范区。两年内完成基础设施建设，打造循环经济发展平台。引进与现有企业构成循环链条的企业，优先进入园区，将工业废弃物最大限度地资源化。

（3）绿色社区。以望奎镇建成区为基础，制定循环经济实施计划。加大"三废"处理力度，做到达标排放。节能、降耗达到指标要求。加强城镇绿化美化，提倡居民关爱环境，绿色消费，达到环境优美的乡镇要求。

望奎县循环经济产业链如图10.16所示。

3. 实施3个循环经济重点建设项目

根据望奎镇现有基础和未来发展要求，到2012年，重点实施3个循环经济项目建设。

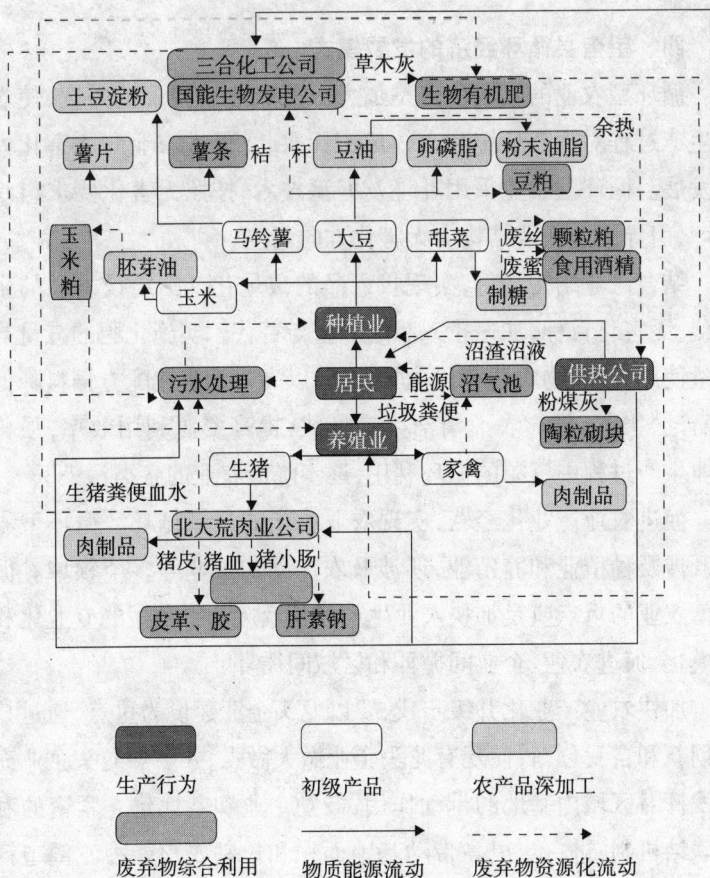

图 10.16　望奎镇循环经济产业链

（1）生物有机肥项目。

（2）生猪副产品—猪血、猪皮、小肠深加工项目。

（3）有机大豆制品深加工项目。

四、望奎县循环经济的发展模式

循环型农业的发展重点是加大农业产业结构调整力度,使农业生产过程对生态环境和人体健康无害化,促进农业向无害化方向发展。循环型农业采用环境友好型技术,按照无害化要求组织生产,引导农业产业结构向无害化方向调整。

结合产业结构调整,实现投入品的减量化。围绕投入品的生态化、无害化目标,加速投入品的减量与替代。实施化肥的减量与精量使用,用生物农药替代化学农药,以高效无害化配方饲料降低"畜产公害"。推广农业清洁生产模式,提高资源利用效率,强化农业生产过程中资源的循环利用,逐步降低农业的各类污染。

促进农业产业化经营,实现农业生产的区域循环。循环型农业既涉及种植业和养殖业,还涉及农产品加工业等多个领域。循环型农业的重点应是加快农业生产经营及废弃物利用的专业化和规模化,促进农业、企业间循环和区域间循环。

加快农业产业化升级步伐,要以龙头企业建设为重点,通过技术创新和自我创新,使现有龙头企业做大做强,并引导龙头企业充分发挥对区域内基地的带动作用,鼓励企业和基地建立紧密的利益联结机制,进一步提高带动基地面积和拉动农户能力。望奎镇循环型农业建设阶段指标见表10.5。

表 10.5   望奎镇循环型农业建设阶段指标

指标	2005 年	2008 年	2010 年	2012 年
农业总产值/亿元	10.1	15.1	18.2	21.1
农业增加值/亿元	9.77	10.75	11.2	13.01

指标	2005 年	2008 年	2010 年	2012 年
农业产值在农林牧渔产业总产值的构成/%	40	< 37	< 33	< 30
种植业产值在农业产值的构成/%	90	< 87	< 83	< 80
牧业产值在农林牧渔产业总产值的构成/%	55	> 59	> 62	> 65
农民人均纯收入/元	3150	3650	4380	5200
恩格尔指数/%	67	< 60	< 55	< 45
水资源利用率/%	50	> 57	> 64	> 70
水土流失治理率/%	70	> 80	> 85	> 90
城区有机垃圾农用率/%	40	> 50	> 70	> 80

资料来源:根据《望奎县"十一五"发展规划》计算得到。

(一)农业循环经济示范区

依据循环经济发展理念和工业生态学原理,研究和建立入驻园区企业的链接关系。遵循望奎镇工业园区发展规划,对进入园区的企业进行严格把关和审批,特别是在发展循环经济、环境保护、"三废"综合利用等方面,进行严格的评估论证,努力实现废物交换、循环利用和清洁生产。目前,进入园区的 200 万头生猪屠宰加工、生物质能热电联产、天露糖业等项目,在烟尘排放、"三废"治理等方面均达到设计标准。同时在企业间建立循环经济发展的有效链接,形成合理的产业链:种植业(玉米、大豆)—粮食深加工、秸秆发电—饲料(玉米粕、大豆粕)—生猪养殖—生猪加工—废弃物加工—沼气(沼肥)—种植业。

构建 5 个产业链。

(1)依托生猪屠宰加工项目,初步形成粮食—生猪养殖—生猪加工(副产物加工项目,主要有血液、皮及骨的综合利用技术)—废弃物加工(以沼气为主要技术依托,在提供能源和供暖的前提下,为生产生物有机肥提供原料来源)—粮食的循环经济模式。充分利用望奎县全省第一生猪养殖大县的优势,使200万头生猪屠宰加工项目投产,带动全县5万农户养殖生猪,实现基地每年增收近亿元。生猪粪便资源可生产生物有机肥和进行沼气开发利用。

(2)依托大豆深加工项目,初步形成大豆—豆粕(豆油、卵磷脂)—生猪养殖—废弃物加工(有机肥)—粮食的循环经济模式。利用丰富的大豆资源,生产有机大豆油、卵磷脂等系列产品,每年消耗大豆10万吨。豆粕可作为优质高蛋白饲料用于生猪养殖。

(3)依托沼气开发利用项目,初步形成种植业—养殖业—沼气(沼肥)—种植业的循环经济模式。结合望奎镇畜牧生产和瓜菜生产优势,利用牲畜粪便推广"一池三改"民用沼气模式,实现粮—猪—汽—肥—田的循环框架,最终达到全镇受益农户4800户、6万吨沼肥还田的目标。

(4)依托国能生物质能发电项目,初步形成种植业—秸秆—发电—生物有机肥—种植业的循环经济模式。引进丹麦BWE生物质能发电技术,利用玉米秸秆发电,每年消耗玉米秸秆近40万吨,辐射全县15个乡镇,使基地农户增收4000万元,变秸秆资源优势为经济优势。可利用草木灰资源生产高品质复合肥。

(5)依托玉米深加工项目,初步形成种植业—玉米胚芽油、玉米粕—养殖业—生物有机肥—种植业的循环经济模式。可利用玉米芯、灰渣资源生产高品质复合肥。

（二）发展优势产业,推动循环经济基地建设

1. 优质粮食产业

抓住国家实施优质粮食工程的政策契机,保证望奎镇纳入国家优质粮食工程计划,稳步提高粮食综合生产能力。重点发展优质、高产、高效品种和绿色食品生产,扩大高油脂、高蛋白大豆、高淀粉、高赖氨酸玉米、优质水稻的种植面积,提高单产,提高效益。以工业用粮、饲料用粮为方向,通过良种化工程、专业化种植和标准化生产,扩大优良品种和先进栽培技术覆盖面,巩固提高粮食综合生产能力。应用先进配套组装技术,进一步挖掘耕地增产潜力,提高粮食品质和单产。高标准建设"双高"大豆、优质水稻和高淀粉、高赖氨酸玉米基地,保障畜牧业生产和加工企业原料供应。玉米、大豆、水稻三大作物播种面积要稳定在 180 万亩以上。到 2012 年,园区辐射优质粮食作物播种面积达到 200 万亩以上,优质及专用品种普及率达到 90% 以上,粮食总产量稳定在 4.5 亿 kg以上。

2. 畜牧产业

走科技兴牧、龙头强牧之路,完善良种繁育、防疫、技术推广体系,建设一批大场大户和养殖小区,推进生猪、黄肉牛、大鹅生产基地的规模化、集约化养殖,努力打造"中国北方猪城和畜禽产品集散中心"。加强活体畜禽的品牌包装与营销,为活体畜禽的宽范围流通创造条件。高标准实施好世行贷款奶源基地、肉牛产业开发工程,积极发展草食畜牧业。到 2012 年,畜牧经济占农业经济的比重要达到 63%。

3. 绿色食品和有机食品产业

着力在技术推广、质量监控、品牌整合、加工增值、市场销售上搞突破,推动绿色食品基地升级。重点建设玉米、大豆、瓜菜、马铃薯、水稻等绿色食品基地,进一步要求其在生产和加工过程中,不施用任何人工合成的肥料、农药、除草剂、生长调节剂、添加剂、防腐剂等化学物质,完全按照有机农业和有机食品生产标准及技术规范运作实施,加工、认证有机食品。依托龙头企业牵动,突出发展烟、菊、薯、瓜菜、桑蚕等特色种养业,构建一乡一业、多乡一业的特色产业格局。到2012年,园区辐射绿色、有机食品认证面积达到100万亩。

4. 食品加工产业

依托现有加工企业和畜禽、粮食、甜菜、瓜菜等资源,以有机、绿色、无公害食品为方向,以开发精细、营养、保鲜和方便食品为重点,实施生猪、甜菜、粮食等精深加工项目,提高农副产品深度开发和转化进程。重点建设猪肉及脏器加工、菜糖生产线扩建、酒类加工及风味休闲食品生产等项目,争取在规划期内,培植一批生产规模大、加工层次深、科技含量高的现代化企业集团。充分利用畜禽、粮食资源,以绿色、有机食品为主导,引进大型知名食品加工企业,提高转化程度,开发精细、营养、保鲜和方便食品。肉类食品要围绕北大荒肉业主副产品精深加工,加快初级产品向多品种、高档次、系列化方向发展,开发熟肉系列、肠类系列、发酵肉系列、罐头系列制品,提高低温肉制品比重。粮食食品要围绕绿色、无公害食品加工生产,引进油、调味品及休闲食品生产企业。2012年前,食品工业园要重点引进建设畜禽肉制品加工、大豆调和油、马铃薯加工等项目。

5. 农产品深加工产业

重点发展粮食深加工、生化医药等产业。粮食化工以农业产业化经营为纽带,充分发挥望奎县丰富的玉米、大豆、马铃薯等农产品资源优势,利用糖厂、帆布厂等闲置厂房、场地,引进国内知名农产品加工企业,生产糖、酸、醇、酶等化工产品,延长产业链条。生物化工综合利用北大荒肉业猪毛、血、内脏等副产品,大力开发下游高附加值产品,形成以副产品精深加工为主的生物化工产业链。2012 年前,精细化工园要重点抓好玉米淀粉深加工、马铃薯变性淀粉、大豆蛋白、血蛋白粉等项目的招商入园准备工作。

6. 农业高新技术产业

借助中国农业机械化科学研究院、哈工大、东北林大、东北农大、国家大豆工程技术中心等高校科研力量,发挥其技术创新优势,瞄准先进生产技术,引进一批适于望奎县建设的高新技术项目,实施高新技术产业化示范工程,促进科研成果产业化。开发对重点产业和企业有重要影响的主导产品,培育发展一批高新技术企业。重点在新材料、新医药、新能源、生物技术、环保、机械制造等领域取得突破,进一步抓好生物菌肥、呋喃甲醛、叶黄素树脂油深加工等高科技项目。依托更多国内高校和科研院所,引导现有企业开展产学研一体化或建设研发中心。通过营造宽松的投资环境,引进高新技术项目,实施高技术产业化示范工程,促进科研成果产业化和技术创新,开发高新技术装备和主导产品,培育催生一批高新技术企业和科技孵化器。2012—2020 年重点建设新材料、环保生物技术、新医药、新能源、电子、机械制造等高科技项目。

(三)转变工业发展思路,改造现有工业体系

望奎镇工业的发展,应对现有工业体系进行改造,即以农业产业园、工业集中区为重点,以工业园区为载体,以企业之间、产业之间的循环链建设为主要途径,以实现资源在不同企业之间和不同产业之间的最充分利用为主要目的,进一步优化经济发展环境,加强基础设施建设,打造循环经济建设发展载体和平台。加大对现有具备循环经济发展潜力的企业扶持力度,增强企业自身发展实力,吸引有实力的企业进入园区,与现有骨干企业协作,延长产业链条,共同开发建设循环经济项目,真正实现产业循环,建立起以二次资源的再利用和再循环为重要组成部分的循环经济机制。

以建材、医药和食品等行业的主导产品为重点,以产品生命周期全过程的资源使用和环境影响最小化为原则,大力开展产品的生态设计与研制开发,通过产品的绿色升级换代,突破绿色壁垒,提升产品在国内外市场上的竞争力。运用经济手段,引导产业关联的生态化转向,培育规模布局合理、功能互补的生态工业集中区,推进具有循环型工业特点的零排放工业示范建设。以主导产业为载体,大力发展具有废物吸纳作用的环境无害化、资源再生与循环利用产业,重点扶持有益于社会废弃物回收利用的非竞争性产业建设,改善提升工业系统的生态功能。同时,依靠科技进步,提高工业生产的资源利用效率。建立以企业为主体,产学研紧密结合的技术创新体系。开发清洁生产技术、清洁能源与可再生能源技术、节能节水技术、无废少废工艺、废物再生循环利用技术以及先进的管理技术,提高技术进步对发展循环型工业的贡献率。

(四)推进农村资源综合利用工程建设

1. 能源的阶梯利用

工业生产的余热可以回用于周边农户,用于温室加温、秸秆发酵等。充分利用剩余资源,降低农民的生产成本,改善生活质量。利用生物质能源的国能生物质能发电项目建设总规模为年处理秸秆38万吨,年供热100万GJ。新上2台25MW发电机组,配套130吨锅炉2台。计划总投资5.53亿元。该项目一期工程已于2006年5月开工建设,第一台发电机组于2007年11月并网发电。2008年拟扩建第二台发电机组,完善配套生产设施,新建城区换热站17座,铺装供热管线1万m。整个项目投产后,年发电量2.8亿度,创产值1.4亿元,可实现税收2000万元,基地农户增收4000万元。通过逐步拆除自备锅炉,减少烟尘排放量699吨,减少SO_2排放量122吨,每年节约标煤1.74万吨,可有效地改善城区生态环境,提高能源综合利用率。

2. 水资源的阶梯利用和循环使用

排水采用雨污分流制,沿青望路及新建主次干路敷设雨污排水管线。生活污水进入排污主管线,流入污水处理厂,处理达标后,集中排入二道乌龙沟。雨水沿雨水管线直接排入二道乌龙沟。污水生产企业必须建设污水处理厂,处理达标后,排入厂区外围的主排水管道。规划敷设 DN600—DN1000 雨污排水管线 44.8km,新建日处理污水 2 万吨的污水处理厂一处,沿县城北排水出口护坡修砌二道乌龙沟 14.2km。

3. 废弃物的循环利用

对生产、生活垃圾进行无害化处理,是变废为宝、变害为利,构建资源节约型和环境友好型社会的一个重要环节。未经处理的废弃物直接或间接地排入地下和空气中,严重污染着周边生态环境。垃圾中的有机质含量达 30% 以上,其中氮、磷、钾是制造有机肥的主要原料,通过一系列的工艺处理,拟将有害垃圾制成有机肥料。垃圾综合利用符合国家产业政策,也是城市垃圾处理的最有效途径。2012 年前,园区规划建设有机肥加工厂 8000m²,购置处理生产线一条。在园区内不方便使用工业余热的农户,推广使用"四位一体"沼气池。利用可再生能源(沼气、太阳能)保护低栽培(大棚蔬菜)、日光温室养猪、户用燃气及厕所等 4 个因子,促进生态农业的发展。一户农民建一个 8～10m³ 的沼气池,可供 5 口之家做饭、照明,投入资金不到 2000 元,可连续使用 15～20 年,每年可节省烧煤、烧柴的费用 300 元以上。沼液、沼渣可作肥料、农药,还可养殖蚯蚓,喂家禽,节省农药、化肥开支 300～500 元,2 年就可收回投资,并且每年节约烧柴 4～5 吨,可保护森林 3 亩左右。

（五）循环型社会建设

定位循环型社会体系,可划分为 3 个环节:社会生活环节、环保意识形成环节、政府监管与引导环节。

1. 社会生活环节

（1）推进绿色消费。绿色消费是全新的消费理念,它引导消费的价值取向和行为方式,其内涵至少应包括以下 3 个方面。①倡导消费者在消费时选择未被污染或有助于公众健康的绿色产品。②在消费过程中注重对垃圾的处置,不造成环境污染。③引导消费者转变消费观念,崇尚自然,追求健康。在追求生活舒适的同时,注重环保、节约资源和能源,实现可持续消费。从居民的角度来讲,以下行为都会降低垃圾排放率:购买简易包装或大包装产品;选择更为耐用的商品;减少一次性消费品的使用;用天然气代替煤炭做燃料;购物时使用自带的耐用布袋。从企业的角度来讲,由企业制作印有产品广告的纸袋发放给居民作为不可降解塑料袋的替代品,这样既介绍了企业的产品,又减少了不可降解塑料袋的使用,还可对超市、食杂店销售使用的塑料包装袋进行收费,以限制居民对塑料袋的使用。餐饮业要禁用塑料发泡餐具,改用可降解餐具。逐步禁止餐饮部门继续使用一次性卫生筷子,必须使用消毒筷子,以减少木材的浪费。

（2）促进望奎镇绿色社区的建设。积极开展生态家园富民小区和农村户用沼气项目建设,开发利用太阳能,进行生活污水处理、净化,开展综合利用。

（3）重视望奎镇生态环境的保护。依托望奎镇生活污水与生活垃圾的综合处理,通过垃圾分类,加强生活垃圾、建筑垃圾的回收处理及中水回用,降低居民日常生活对望奎镇环境的破坏。

（4）建立再生资源回收利用体系。资源回收利用是构建循环型社会的重要组成部分,它是以保持良好的生态环境和资源利用为前提,把废品加工处理变成下一轮生产的资源,形成循环利用,以实现经济的可持续发展。同时,与传统工业经济相比,资源回收利用产业增加了多个生产环节,不仅需要工人数量多,而且需要的类型全面。在延长的产业链条中,许多环节都是劳动密集型产业,如再生资源前期准备过程中的回收、整理、分类、运输,前期的某些技术加工(如拆卸、除污、消毒)等工作,大部分都靠人工作业,可以吸纳望奎镇大量富余劳动力。因此,望奎镇应依托再生资源回收利用体系的发展,在整个社会范围内形成"自然资源—产品—废弃物—再生资源"的循环经济体系。

2. 环保意识形成环节

(1)生产领域内循环经济意识的培育。循环型社会建设的重要一点就是要提高企业的环保与生态意识,要求企业能主动配合资源循环利用的具体要求,在很大程度上降低废弃物回收成本。望奎镇政府对企业应建立循环经济教育机制。对各企业领导人及基层执行者的观念转换,可以通过举办循环经济培训班、研讨班、生态建设学术报告会等方式,在全县范围内予以推广。通过教育使业主真正了解他们所作所为的重要意义与社会价值,认识到以循环经济模式带动望奎镇区域经济发展的可行性与重要性,从而切实做到树立全新的、科学的循环经济发展观,增强其配合行为主动性的产生。

(2)社会范围内环境文化的建设与普及。从发展循环经济角度说,消费比生产意义更重要。生产是由需求和消费引发的,如果每一个消费者都能自觉地抵制一次性产品和资源消耗型产品的使用,那么任何一家企业都不会再继续生产这些产品,整个社会就会减少资源消耗,减轻环境污染,就有利于可持续发展。因此实施循环经济不仅需要政府的提倡和企业的自律,更需要社会公众的参与。居民环境意识的培养,绿色消费观念的形成,道德水准的提高,团结和睦的人际关系的形成等都是建设循环型社会的重要内容。

目前针对公众培养绿色消费意识,参与循环经济和循环型社会建设的宣传,应重点从以下 3 个方面进行。①尽量减少废弃物的产生。其内容包括防止过量包装,尽可能减少包装垃圾,引导公众正确购物,尽量消费环境友好型产品。②教育公众尽可能减少垃圾排出量,并做到垃圾分类投放。③增进重复利用意识。即要求公众对购买的一次性易耗品,应加强反复、多次使用,对生活耐用品如旧衣服、旧家电、旧家具等可以捐赠或送给别人使用,不要随意丢弃。

望奎镇各有关部门要组织开展形式多样的宣传培训活动,普及循环经济知识,宣传典型案例,引导全社会树立正确的消费观。充分运用电视、报纸、广播等媒体,开辟"循环经济"专栏,扩大宣传教育的途径。各级教育部门应将循环经济理念和知识纳入基础教育内容,贯彻到教学过程中。特别是在中小学教育中应增加环境保护和可持续发展的内容,提高各类学校环境教育普及率。另外要充分利用科普教育阵地,以多种形式深入到农村群众,使广大农民认识到实现经济发展与环境保护相协调的重要性,帮助他们增加知识,提高认识,改变落后的思想观念和行为方式,增强全社会的资源忧患意识和节约资源、保护环境的责任意识,把节约资源、回收利用废弃物等活动变成全体公民的自觉行为,逐步形成节约资源和保护环境的生活方式与消费模式。通过对公众的教育和循环经济理念的普及,使公众尽量减少一次性产品的使用和避免过度的包装。推广简易包装,使用自备的购物袋,优先购买再生用品或可重复使用产品等行为,以及为促进垃圾的减量化和再生利用而对分类收集给予合作。利用自行车和公共交通工具,减少日常生活给环境造成的压力。另外,提倡关心望奎镇环境,通过参加和支持环保教育与环保学习等环保方面的活动,促进望奎镇循环型社会的建设。

3. 政府监管与引导环节

镇政府应确立循环经济发展的社会支撑系统,建立发展循环经济的政策支持体系、体制与技术创新体系和激励约束机制,支持对循环经济支撑体系和可再生资源回收利用的科学研究工作,着手可再生资源分类回收利用基础设施建设。从社区建设、服务管理、消费、再利用的过程入手,建设生态居住小区和生态社区,从体制上、技术上和观念上为发展循环经济提供良好的整体氛围和机制,逐步建设循环型社会体系,如图 10.17 所示。

(六)构建循环经济与可持续发展保障体系

1. 推行农业标准化生产

按照政府推动、市场引导、企业带动、农民实施的模式,建立农业生产标准体系、产品质量体系、农业监测体系和推广实施体系,加快农业标准化进程。普及和推广农业标准化知识,培养有文化、懂技术、会经营的新型农民。结合农业生产实际,规划建设一批以国家、行业标准为主导,地方标准为配套的粮食、畜禽、蔬菜等优势农产品标准化生产示范基地,实现产前、产中和产后全过程标准化。积极开展农产品认证、质量管理体系认证,提高农产品质量和市场竞争力。建设农产品质量检测站和市场速测点,基本形成以县级检测机构为中心,乡、村、企三级为基点的检测体系,保证农产品质量安全。到 2012 年,园区辐射标准化农业生产覆盖面要达到 80%。

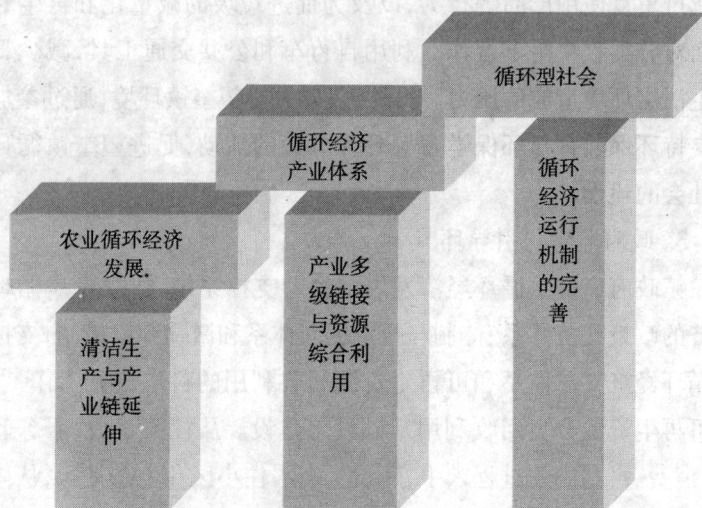

图 10.17   望奎镇循环型社会建设的整体思路

2. 深化产业化经营

依托优势产业,引育并重,做大做强一批产业化龙头企业。重点发展高效益、深加工型企业,提升农业产业化经营水平。积极推进农产品的精深加工和综合利用,提高农业经济效益和竞争力。创新企业与农户的产业化利益联结机制,强化法制监督和管理,提高合同履约率,真正结成命运共同体。鼓励有条件的企业收购农民土地或农民以土地入股,使耕地变为第一生产车间,农民变为员工。重点要扶强扶壮生猪、菊花、甜菜、大鹅、玉米等骨干支柱产业。探索推广网上订单和期货交易等现代流通方式,鼓励发展新型农业合作组织,提高农业生产的组织化程度。到 2012 年,园区通过产业化机制联结农户要达到 60% 以上。

3. 建立农业信息的网络服务系统

介绍传播循环型农业的成功经验和先进技术,以及通报农业生态环境变化状况,对农业循环经济发展进行监督和评估。围绕循环型农业的发展,推广先进农业技术,建立循环型农业科技的推广服务体系,包括节水灌溉及水资源高效利用技术,种植业、养殖业废弃物再生资源转化利用技术,化肥和化学农药投入减量化及安全无害化绿色食品生产技术,无公害食品、绿色食品、有机食品标准化生产技术,推动"净菜上市"的绿色包装技术等。

4. 大力开展节能降耗

大力推进土地、能源、水资源的节约。

(1)节约用地。提倡种植业向优质、高产、高效发展。在发展养殖业、修建民居、修路、建厂、小城镇基础设施建设等方面都要注意节约用地、集约用地。

(2)节约用肥。依托测土配方施肥项目,普及科学施肥知识,大力开展测土配方施肥技术指导与服务,优化配置肥料资源,合理调整施肥结构,提高肥料利用率。

(3)推广节药技术。推广使用高效、低毒、低残留农药,实行统一防治、承包防治等措施,提高农药利用率。

(4)推广节水技术。提高自然降水利用率和利用效率,缓解资源型缺水的紧迫状况和季节性干旱对农业生产的威胁。

(5)推广节能技术。加快省柴节煤灶(炕)的升级换代,大力发展节油、节电、节煤等农业机械技术,降低农业装备能耗。

5. 推进废弃物资源化利用

对农村在传统的生产和生活中产生的各种废物和污染源要进行处理和实现资源化,化害为利,变废为宝。

(1)大力普及农村沼气,建设"四位一体"能源生态模式;在集约化养殖场和养殖小区,建设大中型沼气工程,推广生态养殖模式。

(2)加快实施乡村清洁工程。乡村清洁工程以自然村为基本单元,建设秸秆、粪便、生活垃圾等有机废弃物处理设施和农田有毒有害废弃物收集设施,减少农村生产生活废弃物造成的环境污染,实现农村家园清洁、水源清洁和田园清洁。

(3)构建乡村物业化服务机制。实施以村为单元,由专人负责农村生活垃圾、污水、秸秆等废弃物回收处理,进而形成以村为基本单位、农户为基本服务对象的乡村物业化服务体系。

6. 加强环境保护和生态建设

一方面要减少化肥和农药的使用。农用化肥的大量施用,特别是氮肥的大量使用,不仅影响肥效的发挥,而且还使土壤中的氮、磷、钾和微量元素比例失调,土地板结,肥力下降,浪费严重。还会造成化肥对土壤和水体的污染,影响农产品的安全和广大人民群众的身体健康与生命安生。农药不合理地过量使用,不仅严重制约了农产品的销售,而且严重危及广大人民群众的身体健康和生命安全。因此,要提倡科学合理地使用农药,推广综合防治、生物防治办法,大力发展沼气,用沼液代替农药。另一方面要建设良好的生态环境。治理农村面源污染,对生活污水可采取沼气厌氧发酵的办法来治理。对生活垃圾也不能随便乱倒,要逐步进行分类处理,能堆肥的要堆肥。对废玻璃、金属物品、废纸、废塑料和农村二、三产业产生的各种废物要逐步建立回收利用体系,提高资源循环利用率和无害化处理率。

发展农业循环经济,要改变以往农业发展过度依赖土地资源和大量增加物资投入的增长方式,用"减量化、再利用、再循环"的循环经济理念指导农业生产,使农业生产方式由"资源—产品—废弃物"的线性经济向"资源—产品—再生资源—产品"的循环经济转变,实现资源利用节约化、生产过程洁净化、产业链接生态化、废物循环再生化和大众消费绿色化,提升土地产出率和资源利用效率。望奎镇循环经济产业链结构见图10.18。

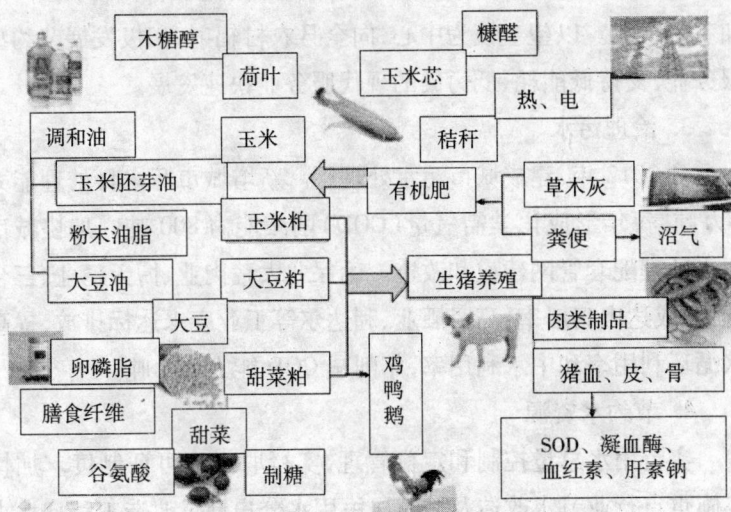

图 10.18　望奎镇循环经济产业链

(七)全面推进节能减排工作

全面贯彻落实科学发展观,以提高能源利用效率和减少污染物排放为核心,强化全社会的节能减排意识,加快建设资源节约型,环境友好型社会,确保实现各项节能减排指标。

1. 加强监管

按国家要求淘汰现有的落后生产工艺、技术和设备。严格执行国家调控政策,严格控制新建高能耗、高污染项目。建立新上项目与地方节能减排指标挂钩的机制。

2. 调整能源结构

积极推进风能、沼气、生物质能的开发和利用。建成投产国能望奎生物质能热电联产项目,力争开工建设风力发电项目,进一步推广农村民用沼气工程和节柴节煤炕连灶。以城西工业园区为平台,加快发展低能耗、高附加值的食品、医药、化工、纺织、农副产品加工等产业。以望奎镇为中心,向全县农村辐射,积极发展节约型服务业,支持低能耗、低污染的现代服务业快速发展。

3. 治理污水

到 2012 年,建成城市污水处理厂。新增城市污水日处理能力2 万吨,每年形成化学需氧量(COD)削减能力 800 吨。加快城市污水处理配套管网建设和改造。确保北大荒肉业、博天糖业、三合化工、成达肉鸡屠宰、高贤酒业、利达尔等工业废水达标排放,提高水循环利用率和中水利用率,年削减 COD 能力 325 吨。

4. 节约水资源

实行用水总量控制和定额管理,实行取水许可证制度。加快实施重点行业节水改造及城镇居民用水分户计量改造工程。大力发展高效节水农业,推广旱田深耕深松、微灌、水肥一体等节水技术和水田浅湿节水灌溉技术。

5. 废弃物综合利用

加快工业废弃物、秸秆等农业废弃物和林业"三剩物"综合利用、农村粪便资源化利用产业化示范工程建设。加快望奎镇生活垃圾处理项目、县人民医院、中医院等卫生院所垃圾无害化处理项目建设。

6. 建筑节能

大力推广节能省地环保型建筑,所有新建筑要严格执行建筑节能设计标准,不断扩大优质新型墙体材料应用范围和比例。到2012 年,所有新建住宅和公共建筑要严格实施节能 50% 的设计标准,并推行节能65%设计标准的试点,既有建筑节能改造面达到15%的目标。深化供热体制改革,逐步实行供热计量收费制度。

通过一系列节能减排措施,到2012年,全镇万元GDP能耗由2005年的0.905吨标准煤下降到0.717吨标准煤,降低20%。万元规模以上工业增加值能耗由2005年的5.5吨标准煤下降到3.6吨标准煤,降低35%。全镇化学需氧量(COD)控制在1300吨以内,比2005年降低38%。二氧化硫排放量控制在620吨以内,烟尘排放量控制在510吨以内。

五、望奎县循环经济的发展保障措施

1. 加强组织领导,加快构建循环经济发展考核指标体系

循环经济试点工作对于加强农业基础设施建设、保护农业生态环境、促进农业结构调整、增加农民收入、提升农民生活档次都具有重要意义。县委、县政府决定把循环经济试点工作作为全县经济工作的重中之重,成立望奎镇循环经济试点工作领导小组,组长由县长担任,副组长由相关副县长担任,成员由望奎镇、发改局、农委、财政局、环保局、生态能源局、建设局的主要领导组成。领导小组对试点工作负总责,定期听取试点工作进展情况汇报,协调解决试点工作实施中出现的问题。各成员部门要团结协作,各司其职,各尽其责,为试点工作顺利实施创造良好的条件,积极推进试点工作的开展。领导小组办公室设在发改局,办公室主任由发改局局长担任。领导小组办公室具体负责试点工作方案制定、资金管理和情况综合。同时,试点乡镇也相应成立组织机构,制定并试行符合望奎镇实际的循环经济核算指标体系,将生态效益、资源利用率、污染物排放等循环经济发展指标纳入地方部门和干部绩效目标考核范围。

2. 科学规划,建立政策保障体系

制定《望奎镇循环经济发展规划》和《望奎镇循环经济试点建设规划》,使试点工作有组织、有计划地进行。要严格把住项目建设准入关口,对高能耗、高污染的企业要严格控制,保证园区建设质量。在试点工程建设中,严格执行资本金制度、项目法人制度、招投标制度、工程监理制度和合同制度,健全工程质量管理制度和竣工验收制度,严把施工的每个环节,以确保工程质量和投资效益。要通过公开招标,选择有资质的施工队负责施工,选购优质的建筑材料和设备,聘请专业监理工程师对工程进行监理,全程进行跟踪监督。在工程建设中要积极应用新技术、新材料,突出科技创新,提高工程的科技含量,努力把每个循环经济重点项目建设成为精品工程和优质工程。

同时,为了保障循环经济试点建设工作的顺利推进,望奎镇党委、政府及相关部门应出台一系列相关的政策措施,建立健全政策保障体系。

3. 建立多元化投入机制

进一步加大对循环经济试点工程的资金投入,采取政府补助、集体投入、银行贷款、企业、农户自筹等多种形式,多渠道筹集建设资金,保证试点工程建设所需的资金。对试点工程建设资金要坚持科学管理,统筹使用,规范运作,做到专账专户,专款专用,坚决杜绝挤占、挪用、截留资金的现象发生。严格遵循预算程序,避免超计划、超标准、超规模的滥建和无效投资,确保资金的合理使用。

4. 强化科技创新,努力建立循环经济技术支撑体系

紧紧围绕发展循环经济的全过程,开展科技创新,特别是要重点加强对种植业和养殖业新品种、新技术的推广,加强有机废弃物的资源化利用技术研究、生物质能源技术研究和农产品无公害标

准化生产技术体系研究,加强农产品检验检测技术研究,为农产品质量安全和市场准入提供科学依据,从而建立起发展农村循环经济的技术支撑体系。

依靠科技,重点组织开发和示范有普遍推广意义的资源节约和替代技术,延长产业链和相关产业链接技术、零排放技术、有毒有害原材料的替代技术、再生资源的回收处理技术以及绿色再制造等技术,努力突破制约循环经济发展的技术瓶颈,积极支持建立循环经济信息系统和咨询服务体系,及时向社会发布有关循环经济的技术、管理和政策等方面的信息。开展信息咨询、技术推广、宣传培训等。

5. 搞好宣传培训,提高循环经济的认识水平

望奎镇党政部门应切实贯彻循环经济的科学理念,将循环经济纳入学习工作计划,定期举办循环经济培训和辅导讲座,适时举办循环经济发展论坛,开展群众性大讨论活动,使广大干部群众更深刻地认识循环经济对整个社会的巨大作用。全镇教育、宣传等职能部门要加强循环经济知识的普及力度,积极开展"绿色企业"、"绿色社区"、"绿色机关"等创建活动,并进行必要的检查验收。在企业层面上,可以由环保部门或科技部门对企业的负责人分批进行循环经济培训,再由他们对本企业中层干部进行培训,最后由中层干部对职工进行教育培训。学校、社区、农村也要开展类似的层层教育培训活动,鼓励各类社会团体积极参与循环经济建设。新闻媒体要坚持正确的舆论导向,开通发展循环经济的信息渠道,广泛开展多层次、多形式的循环经济宣传造势工作,加大循环经济理念的传播力度。总之,大力宣传发展循环经济和建设资源节约型社会的法律法规、方针政策和先进典型,进一步增强广大干部群众的责任感和紧迫感,使其自觉地加入到循环经济试点工

作中来,推动项目建设又好又快地发展。

6. 加快信息建设,构建循环经济发展的信息支撑体系

循环经济是一种生态经济,必须建立高效的信息反馈和信息控制机制,体现信息化在循环经济中的调控作用。尽快在望奎镇建立循环经济的信息管理系统,整合废弃物的性质及来源、循环型企业、循环型技术等信息,规范信息的收集、合成、传输、反馈等机制,以电子政务、企业信息资源共享为重点与切入点,建立循环经济信息交换平台,及时发布各类循环经济市场信息,实现资源共享,为农业产业及各企业间实现废弃物、能量等交换提供信息帮助,以顺畅、便捷的信息交流来确保循环经济体系的高效和有序运行。

参 考 文 献

[1] A. Bruggink. A FineChemical Industry for Life Science Products: Green Solutions to Chemical Challenges. Chemical Sciences, July 2003:69-113.

[2] Brown Lester R. Eco-Economy:Building an Economy for the Earth. London,2001.

[3] De Simone LD. Popoff F. Eco-efficiency. Cambridge: The MIT Press,1997.

[4] De Angelis G, Medici F, Montereali MR, Pietrelli L. Reuse of Residues Arising From Lead Batteries Recycle: a Feasibility Study. Waste Management, Dec 2002, Vol. 22: 925-930

[5] Faber M. Niemes H, Stephan G Entropy, Environment, and Resources. Springer,Berlin Heidelberg New York,1995. S

[6] Feng Zhijun and Yan Nailing. Putting a Circular Economy into Practice in China. Sustainability Science. 2007(1):95-101

[7] Houillon G, Jolliet O Life Cycle Assessment of Processes for the Treatment of Wastewater Urban Sludge: Energy and Global Warming Analysis. Journal of Cleaner Production, Feb 2005, Vol. 13: 287-299.

[8] Lehni M. . State-of-Play Report. WBCSD Project on Eco-efficiency Metrics&Reporting. Geneva,World Business Coucil for Sustain-

able Development,1998

[9]Mikael Skou Andersen. An Introductory Note on the Environmental Economics of the Circular Economy. Sustainability Science. 2007(1):133-140

[10]OECD. Eco-efficiency. Paris,Organisation for Economic Cooperation and Development,1998.

[11]OECD. Environment Taxes Recent Developments in China and OECD Countries,2003.

[12]Porter ME:Cluster and the New Economics of Competition [J] Harvard Business Review,l998:11

[13]Pearce DW, RK Turner. Economics of Natural Resources and the Environment[M]. Harvester Wheatsheaf, Hemel Hempstead, 1990.

[14]Pearce DW, JJ. Warford. World Without End: Economics, Environment, and Sustainable Development [M]. New York: Oxford University Press, 1993.

[15]S Ulgiati,HT Odum & S Bastianoni. Energy Use, Environment Loading and Sustainability: an Energy Analysis of Italy [J]. Ecological Modeling, 1994(73):215-268.

[16]Stuart Ross, David Evans. Use of LifeCycle Assessment in Environmental Management [J]. Environmental Management, Jan 2002, Vol.29: 1.

[17]Tim Jackson. Clean Production Strategies. Lewis Publisher. USA,1993. 1-3

[18]William JBaumol, Wallace EOates. The Theory of Environmental Economics and Policy Design. Beijing: Economics&Science

Press,2003

[19]Saxenian A:Regional Advantage,Culture and Competition: Silicon Valley and Route 128, Cambridge MA: Harward University Press,1994

[20]曹光辉、齐建国:《循环经济的技术经济范式与政策研究》,《数量经济技术经济研究》2006 年第 5 期。

[21]戴备军:《循环经济实用案例》,中国环境出版社 2006 年版。

[22]陈华、岳西泉:《国外发展循环经济财税杠杆的实践及对中国的启示》,《辽宁经济统计》2006 年第 4 期。

[23]丁同玉:《发展循环经济的科技策略的探讨》,《科学管理研究》2003 年第 6 期。

[24]丁卫健、齐鑫山:《农业循环经济的结构、模式与配套技术》,中国环境科学学术年会优秀论文集,2006 年。

[25]杜世勋、曹利军:《循环经济技术范式和企业持续技术创新研究》,《管理评论》2005 年第 2 期。

[26]范柏乃:《城市技术创新透视:区域技术创新研究的一个新视角》,机械工业出版社 2003 年版。

[27]顾丽、彭福扬:《面向循环经济的企业技术创新研究》,《科学学与科学技术管理》2005 年第 2 期。

[28]冯长:《从发达国家的经验看我国循环经济的发展模式》,《边疆经济与文化》2006 年第 9 期。

[29]冯之浚:《循环经济立法研究》,人民出版社 2006 年版。

[30]范俊荣:《黑龙江省发展循环经济的法律对策》,《环境保护》2008 年第 8 期。

[31]黄贤金:《循环经济:产业模式与政策体系》,南京大学出

版社 2004 年版。

[32]侯新培、翟国勋、侯新月等:《寒区节能日光温室"五位一体"生态能源系统》,《农机化研究》2004 年第 2 期。

[33]黄海峰、刘京辉等:《德国循环经济研究》,科学出版社2007 年版。

[34]黄少安:《循环经济需要制度和技术双重保障》,《学术月刊》2006 年第 1 期。

[35]何秀娟:《建立绿色技术体系推进循环经济发展》,《安徽科技》2005 年第 6 期。

[36]姜国刚:《东北地区循环经济发展研究》,中国经济出版社 2007 年版。

[37]金涌、[荷兰]Jakob de Swaan Arons:《资源·能源·环境·社会——循环经济科学工程原理》,化学工业出版社 2008 年版。

[38]金涌、董丽华、赵凤云:《循环经济与科学技术》,《河北科技大学学报》2004 年第 4 期。

[39]刘旭东:《新的经济增长方式与就业拉动》,《沈阳师范大学学报(社会科学版)》2004 年第 6 期。

[40]刘滨、王苏亮、吴宗鑫:《试论以物质流分析方法为基础建立我国循环经济指标体系》,《中国人口、资源与环境》2005 年第 15 期。

[41]刘华波、杨海真、顾国维:《基于生态效率建立我国循环经济评价指标体系的思考》,《四川环境》2006 年第 3 期。

[42]刘华:《发达国家循环经济立法的模式及借鉴》,《中国科技投资》2007 年第 7 期。

[43]刘华、常素巧:《激励政策在发展循环经济中的杠杆作

用》,《河北学刊》2006 年第 7 期。

[44]刘明松:《影响我国循环经济发展的科技因素及其对策》,《科技进步与对策》2005 年第 8 期。

[45]李相合、关立新:《区域经济协调:振兴东北经济的必由之路》,《当代经济研究》2004 年第 6 期。

[46]李王锋、张天柱:《城市循环经济指标体系案例研究》,《生态经济》2005 年第 10 期。

[47]李慧明、王军锋、朱红伟:《论循环型社会的内涵和意义》,《中国环境报》2005 年第 2 期。

[48]李东升:《发展循环经济应解决动力机制问题》,《理论视野》2008 年第 10 期。

[49]李云燕:《我国循环经济发展中的政府行为分析》,《宏观经济管理》2008 年第 7 期。

[50]陆静超、马放、张晓先:《渐进式制度变迁与循环经济政策》,中国环境科学出版社 2009 年版。

[51]鹿春芳:《适应扩大的消费需求加快发展农产品加工业》,《农产品加工学刊》2006 年第 2 期。

[52]刘红侠、陶建国、王建芳等:《畜禽养殖业污染与循环经济》,《污染防治技术》2003 年第 9 期。

[53]李相合、关立新:《区域经济协调:振兴东北经济的必由之路》,《当代经济研究》2004 年第 6 期。

[54]李群芳:《论循环经济模式对环境库兹涅茨曲线的影响》,《当代经理人(中旬刊)》2006 年第 11 期。

[55]李云燕:《循环经济运行机制——市场机制与政府行为》,科学出版社 2008 年版。

[56]奈民夫·那顺、高翔、梁继业:《循环经济的产业化体

系》,《内蒙古农业大学学报(社会科学版)》2002 年第 1 期。

[57]潘天敏、严坤元:《辽宁省"四位一体"日光大棚与农业循环经济》,《社会科学辑刊》2004 年第 1 期。

[58]秦荪涛:《基于免疫的生态工业企业集群可持续发展研究》,《财经论丛》2004 年第 4 期。

[59]乔宗寿、王琪:《毛泽东经济思想发展史》,上海人民出版社 1993 年版。

[60]邱寿丰:《探索循环经济规划之道:循环经济规划的生态效率方法及应用》,同济大学出版社 2009 年版。

[61]任勇、周国梅:《中国循环经济发展的模式与政策》,中国环境科学出版社 2009 年版。

[62]任勇、陈燕平:《我国循环经济的发展模式》,《中国人口、资源与环境》2005 年第 5 期。

[63]任勇、吴玉萍:《中国循环经济内涵及有关理论问题探讨》,《中国人口、资源与环境》2006 年第 4 期。

[64]任丹丹等:《基于 4R 原则的农业循环经济初探》,《环境科学动态》2005 年第 4 期。

[65]尚杰:《中国农业资源可持续利用的途径研究》,《黑龙江工程学院学报》2002 年第 2 期。

[66]尚杰:《农业生态经济学》,中国农业出版社 2000 年版。

[67]尚杰、佟光霁:《论绿色食品与农业环境保护》,《学术交流》2000 年第 1 期。

[68]尚红云、周生军:《循环经济发展评价与政策设计》,中国财政经济出版社 2008 年版。

[69]单计光、谭支良、汤少勋:《养殖业排泄物对环境的潜在影响与生态管理》,《重庆环境科学》2003 年第 12 期。

［70］孙国强：《循环经济的新范式》，清华大学出版社 2005 年版。

［71］四川循环经济研究中心：《发展循环经济的动力机制和制度保障》，见冯之浚主编：《循环经济在实践——中国循环经济高端论坛》，人民出版社 2006 年版。

［72］佟光霁：《我国农业科技园区的功能定位、建设原则与发展对策》，《科技导报》2002 年第 10 期。

［73］王维平：《循环经济须有三大经济政策支撑》，《光明日报》2005 年 3 月 3 日。

［74］王炜：《循环经济是技术——经济范式的变革》，《湘潭师范学院学报（社会科学版）》2005 年第 4 期。

［75］王战华：《以"循环经济"考核"GDP"的一般想像》，《管理与财富》2004 年第 1 期。

［76］吴大华：《中国循环经济的政府引导及激励政策》，《管理现代化》2007 年第 4 期。

［77］徐大伟、王子彦、谢彩霞：《工业共生体的企业链接关系的分析比较——以丹麦卡伦堡工业共生体为例》，《工业经济》2005 年 24 卷第 1 期。

［78］元炯亮：《生态工业园区评级指标体系研究》，《环境保护》2003 年第 3 期。

［79］袁云峰、朱启贵：《西方发达国家循环经济发展状况及借鉴》，《经济纵横》2005 年第 3 期。

［80］肖华茂、彭剑：《区域循环经济发展的动力机制研究》，《研究统计与决策》2008 年第 13 期。

［81］约瑟夫·熊彼特：《经济发展理论》，商务印书馆 1990 年版。

[82]尹建中:《循环经济实践的基本类型分析》,《山东师范大学学报(人文社会科学版)》2005年第6期。

[83]袁云峰、张波:《循环经济发展模式》,《中国统计》2005年第2期。

[84]杨代新:《发展循环经济的路径与动力机制研究》,《经济丛刊》2008年第5期。

[85]张落成:《中国废旧物资回收利用状况与发展对策》,《科技导报》2003年第10期。

[86]杨雪峰:《循环经济运行机制研究》,商务印书馆2008年版。

[87]赵立祥等:《日本的循环型经济与社会》,科学出版社2007年版。

[88]赵涛、徐凤君:《循环经济概论》,天津大学出版社2008年版。

[89]张小兰:《对技术创新与循环经济关系的分析》,《科学管理研究》2005年第2期。

[90]张思峰等:《循环经济:建设模式与推进机制》,人民出版社2007年版。

[91]郑季良:《循环经济的技术实现和机制研究》,《昆明理工大学学报(理工版)》2005年第3期。

[92]诸大建:《循环经济2.0:从环境治理到绿色增长》,同济大学出版社2009年版。

[93]诸大建:《C模式:中国发展循环经济的战略选择》,《中国人口.资源与环境》2005年第6期。

[94]张思锋、周华:《循环经济发展阶段与政府循环经济政策》,《西安交通大学学报(社会科学版)》2004年第9期。

［95］周宏春、刘燕华:《循环经济学》,中国发展出版社 2005 年版。

［96］左铁铺:《加快发展循环经济,构建节约型社会》,《中国建材》2005 年第 10 期。

［97］周国梅、任勇、陈燕平:《发展循环经济的国际经验和对我国的启示》,《中国人口、资源和环境》2005 年第 4 期。

［98］中关村国际环保产业促进中心:《循环经济国际趋势与中国实际》,人民出版社 2005 年版。

［99］徐云:《绿色概念——21 世纪经济与环境发展大趋势》,中国科学技术出版社 2004 年版。

［100］徐玖平、胡知能、黄钢、刘英:《循环经济系统规划理论与方法及实践》,科学出版社 2008 年版。

［101］张思锋:《循环经济:建设模式与推进机制》,人民出版社 2007 年版。

［102］赵君:《东北地区发展循环经济的法律对策》,《辽宁大学学报(哲学社会科学版)》2008 年第 5 期。

附录1　东北地区循环经济
发展相关政策法规①

黑龙江省循环经济发展相关政策法规

《加快建设节约型社会近期重点工作的实施意见》

《黑龙江省节能减排综合性工作方案》

《黑龙江省循环经济发展规划纲要》

《加快构建节能型产业结构的实施意见》

《黑龙江省节约能源条例》

《黑龙江省循环经济发展规划纲要》

《黑龙江省农村可再生能源开发利用条例》

《黑龙江省湿地保护条例》

《黑龙江省农村能源发展规划》

吉林省循环经济发展相关政策法规

《吉林省全面推进循环经济加快发展的实施意见》

《吉林省循环经济发展"十一五"规划》

《吉林省节能"十一五"规划》

《吉林省"十一五"节水型社会建设规划》

《吉林省白山循环经济示范区规划》

---

① 根据《中国循环经济年鉴(2008)》及各省政府网站内容进行整理。

《吉林省四平市循环经济示范区规划》

《吉林省西部盐碱地生态经济发展"十一五"规划》

《松花江流域水污染防治"十一五"规划》

《辽河流域水污染防治"十一五"规划》

《吉林省建设节约型社会实施方案》

《吉林省人民政府关于全面推进循环经济加快发展的实施意见》

《关于限制使用实心黏土砖的实施意见》

《关于加快推进木材节约和代用工作的实施意见》

《关于资源综合利用(除工业外)认证管理办法》

《关于进一步加强节能工作的实施方案》

《吉林省节能减排综合性工作方案》

《吉林省固定资产投资项目节能评估和审查管理办法》

《吉林省节水型社会建设规划纲要》

《吉林省工业节能降耗工作实施意见》

《吉林省工业节水管理办法》

《落实松花江流域水污染防治"十一五"规划的实施意见》

《吉林省松花江流域水污染防治条例》

《吉林省辐射污染防治条例》

《吉林省西部地区生态环境保护与建设若干规定》

《吉林省城市机动车排气污染防治条例》

《吉林省城市节约用水管理条例》

辽宁省循环经济发展相关政策法规

《辽宁省发展循环经济试点方案》

《辽宁省重点企业强制性清洁生产审核实施细则》

《关于加强清洁生产管理有关问题的通知》

《辽宁省节约能源条例》

《辽宁省人民政府关于做好建设节约型社会重点工作的通知》

《辽宁省节能监察办法》

《辽宁省资源型城市经济转型专项规划》

《辽宁省产业能耗指导目录》

《辽宁省取水许可证和水资源费征收管理实施办法》

《关于进一步加强农村能源建设工作的意见》

《公共建筑节能设计标准》

《民用建筑节能保温工程施工质量验收规程》

《工业废渣混凝土多孔砖》

《工业企业应用泵及附属设备节能降耗技术管理规范》

《工业企业应用炉窑节能降耗技术规程》

《点燃式轻型在用汽车排气污染物排放限值》

《清洁生产——水泥行业》

《辽宁省镁资源行业节能降耗管理》

《装备制造业防锈工艺规范》

《热电联产能耗限额与计算》

《辽宁省行业用水定额》

附录2 东北老工业基地循环经济相关统计数据

主要指标	黑龙江	吉林	辽宁	全国
单位 GDP 能耗 （指标值，吨标准煤/万元）	1.354	1.52	1.704	
单位工业增加值能耗 （指标值，吨标准煤/万元）	2.093	2.37	2.649	
单位 GDP 电耗 （指标值，千瓦时/万元）	908.53	957.23	1332.69	
沼气池产气总量 （万立方米）	4289.4	1888.5	10,963.8	1,017,485.7
废水治理设施数（套）	1167	731	2097	78210
工业废水排放总量（万吨）	383,888	39,666	95,197	2,566,493
工业废水排放达标量（万吨）	32,780	347,040	87,969	2,260,719
生活污水排放量（万吨）	70,584	58,191	125,800	3,102,001
废气治理设施数（套）	4110	2970	10,280	162,325
工业废气排放总量 （亿标立方米）	7283	5730	23,946	388,169
工业烟尘排放量（万吨）	42.2	29.1	48.7	771.1
生活烟尘排放量（万吨）	9.9	9.4	22.9	215.5
工业粉尘排放量（万吨）	12.9	10.8	41.3	698.7
工业固体废物产生量（万吨）	4130	3113	14342	175632
"三废"综合利用（万元）	175,738.6	220,825.5	517,482.6	13,512,691.9

续表

主要指标	黑龙江	吉林	辽宁	全国
生活垃圾清运量(万吨)	963.2	568.2	771.4	15214.5
无害化处理厂数(座)	15	8	12	460
无害化处理能力(吨/日)	8574	5231	10,447	271,791
无害化处理量(万吨)	221.3	216.9	436	9437.7
生活垃圾无害化处理率(%)	23	38.2	56.5	62

资料来源:课题根据《中国循环经济年鉴(2008)》进行整理。

责任编辑:王青林
装帧设计:周涛勇
责任校对:于晓萍

图书在版编目(CIP)数据

东北老工业基地循环经济发展模式研究/尚杰 姜国刚
于晓萍 著. -北京:人民出版社,2010.7
ISBN 978 - 7 - 01 - 009064 - 1

Ⅰ.①东⋯ Ⅱ.①尚⋯②姜⋯③于⋯ Ⅲ.①工业基地-
自然资源-资源利用-研究-东北地区 Ⅳ.①F124.5

中国版本图书馆 CIP 数据核字(2010)第 121087 号

东北老工业基地循环经济发展模式研究
DONGBEI LAOGONGYE JIDI XUNHUAN JINGJI FAZHAN MOSHI YANJIU

尚 杰 姜国刚 于晓萍 著

人民出版社 出版发行
(100706 北京朝阳门内大街 166 号)

北京新魏印刷厂印刷 新华书店经销

2010 年 7 月第 1 版 2010 年 7 月北京第 1 次印刷
开本:880 毫米×1230 毫米 1/32 印张:9.625
字数:240 千字 印数:0,001-2,000 册

ISBN 978 - 7 - 01 - 009064 - 1 定价:24.00 元

邮购地址 100706 北京朝阳门内大街 166 号
人民东方图书销售中心 电话 (010)65250042 65289539